KB270111

한국경제의 세계화전략

열린 사고와 부단한 개혁만이 발전을 약속한다

한국경제의 세계화전략

열린 사고와 부단한 개혁만이 발전을 약속한다

대외경제정책연구원장
이 경 태

比峰出版社

머리말

    1998년 6월에 15년간 정들었던 산업연구원을 떠나 대외경제정책연구원으로 자리를 옮겼다. 당시에는 아시아 외환위기의 충격으로 세계경제가 동반추락하지나 않을까 하는 우려가 높았고, 국내적으로도 구조조정이 초미의 관심사로 떠올랐기 때문에 언론매체로부터 기고와 좌담 요청이 많았고, 그 결과 지난 3년여 동안에 상당한 분량의 원고가 쌓이게 되었다.

    자신이 쓴 글들을 정리해 보는 것은 개인적으로는 분명히 의미가 있겠지만, 과연 잠재적인 독자들이 얼마나 있을지, 과연 읽힐 만한 가치가 있는 것인지에 대해서는 자신이 서지 않았다. 그런데 다행히도 비봉출판사의 박기봉 사장이 출판을 적극 권유하여 용기를 갖게 되었다.

    지난 3년여 동안에 세계경제와 한국경제는 격랑 속에서 좌초하지 않고 위기의 고비를 넘기면서 새로운 도약을 준비해 왔다. 세계경제의 가장 큰 성과는 거시정책의 공조체제가 굳건히 다져졌다는 점일 것이다. 아시아 외환위기가 러시아, 아르헨티나, 브라질 등으로 확산되면서 세계공황의 가능성까지 거론되었을 때, 미국과 EU 등의 서방 선진국들은 동시적인 금리인하와 반(反)보호무역을 통해서 시장심리의 안정을 도모하였다.

    그간의 국내적인 성과는 무엇보다도 시장경제의 원활한 작동에 필요한 법·제도가 전면적으로 도입되었다는 점일 것이다. 물론 제도의 변화가 저절로 행동의 변화를 가져오는 것은 아니며, 오늘날 한국 경제가 안고 있는 문제점들의 바탕에는 제도를 따라가지 못하는 의식과 관행이 도사리고 있는 것이 사실이다.

정책의 국제공조는 날로 더해 가는 세계경제의 통합에 따라 불가피하게 증대되는 불안정성과 불확실성을 해소해 줄 것이다. 따라서 세계정부와 세계중앙은행의 설립이라는 이상이 현실화되기는 어려운 상황에서, 최근 주권국가간에 벌어지고 있는 정책공조는 앞으로도 계속해서 강화될 필요가 있다.

앞으로의 변화와 개혁은, 지금까지 만들어낸 제도적 틀이 우리의 의식과 관행을 지배하도록 하는 데 주안점이 두어져야 한다. 외환위기 이후에 도입된 대부분의 제도는 서구에서 오랜 기간에 걸쳐 진보, 발전되어 온 산물이며, 따라서 문화적, 사회·정치적으로 이질적인 우리에게는 생경한 부분이 많기 때문에 그것이 이 땅에 뿌리를 내리는 데는 상당한 시간이 소요될 것이다. 여기에 더해서 제도의 작동 여부를 감시, 감독해야 하는 정부가 때로는 이익집단의 압력이나 정치적인 득실을 고려하기 때문에 제도의 집행력이 떨어지는 것이 사실이다.

1998년 초에, 그때까지의 글들을 모아서 『산업강국에의 길』이란 제목의 평론집을 출간할 때에는 주제별로 분류하였으나, 이번에는 단순히 연도별, 일자별로 분류했다. 외환위기의 발발, 위기의 극복, 경제의 침체와 회복 등 순간순간의 긴박했던 상황에서 정책토론을 주도했던 주요 이슈의 흐름과 그에 대한 견해를 독자들에게 전달하는 데는 이것이 더 알맞은 방법이라 생각했기 때문이다.

이 책이 나오기까지 교정, 편집, 인쇄의 전과정을 꼼꼼히 챙겨 준 비봉출판사의 박기봉 사장에게 감사를 드리며, 원고의 타자를 맡아 준 대외경제정책연구원의 황승경 씨와 민유경 씨의 노고에 대해서도 고마운 마음을 전하는 바이다.

2001. 11
이 경 태

목 차

1999

2001

1998

제2의 외환위기를 막으려면

문화일보 포럼, 1998. 8. 18

1997년 여름 태국에서 촉발되어 동아시아 및 러시아 지역으로 광범위하게 확산된 금융위기는 세계교역 위축, 금융시스템 불안 등 여러 경로를 통해 세계 경제에 매우 부정적인 영향을 미칠 위험성을 내포하고 있다.

동아시아 경제가 당초의 예상과는 달리 아직도 회복의 실마리조차 보이지 않고 있는 이유는 일본 경제의 악화와 동아시아 경제구조 조정의 복잡성 때문이다. 일본은 동아시아 경제에 성장활력을 불어넣기는커녕 엔화 약세 추이를 반전시킬 수 있는 개혁의지와 실천능력을 시장에 보여 주지 못함으로써 오히려 세계금융시장 불안정의 원인을 제공하고 있다.

일본 경제침체의 주범은 폐쇄적 경제시스템과 금융부실이다. 폐쇄적 경제시스템은 과도한 흑자와 엔고를 불러와서 세계 최고의 경쟁력을 자랑하던 제조업을 비틀거리게 만들었고, 금융부실은 경제의 빈혈을 악화시켜서 재정 확대를 통한 경기부양책을 무용지물로 만들고 있다. 일본의 실패가 우리에게 주는 교훈은 경제개혁이 전제되지 않는 경기부양은 별로 효과가 없다는 것이다.

동아시아의 경제구조조정은 그 대상이 금융·기업·정부의 모든 부문을 망라하는데다가, 지금까지 옳다고 믿어 왔던 기존의 제도와 관행을 일거에 변화시켜야 하는 엄청난 작업일 뿐만 아니라, 구조조정 전문가의 부족과 기득권층의 반발로 인해 난항을 거듭하고 있다.

반면에 미국 경제는 실리콘밸리로 상징되는 정보기술혁명과 월가로 대표되는 금융경쟁력에 의해 굳건히 지탱되고 있다. 따라서 설령 미국 수출의 30%를 차지하는 아시아시장이 붕괴되더라도, 내수주도적인 미국 경제는 큰 충격을 받지 않을 것이다. 미국 경제가 심각한 타격을 받지 않으면 이는 아시아 국가에는 반가운 소식이 아니다.

왜냐하면, 미국 입장에서는 아시아 국가들을 지원하기 위해서 대규모의 지원을 하기보다는 현재 추진중인 미주자유무역지대 형성을 서두르고 유럽연합(EU)과의 전략적 협력을 강화하는 등 짝바꾸기를 선호할 수도 있기 때문이다. 지금까지도 미국은 국제통화기금(IMF)을 통해서 긴급 구제금융을 제공하는 것 이외의 지원은 고려하지 않고 있으며, 아시아 국가들이 스스로 개방적 시장경제 개혁을 통해서 위기를 돌파하도록 요구하고 있을 뿐이다.

물론 미국도 동아시아 국가들이 제2의 환란을 겪으면 자국의 이익에 유리할 것이 없기 때문에 일정한 범위 내에서는 협력을 강화할 것이다. 긴축적 금융정책의 운용을 신중히 하고, 개방적 무역체제를 유지하며, IMF 증자를 지원하고, 엔화 안정을 위한 협조적 시장개입에 참여하는 것 등이다. 그러나 이 조치들은 어디까지나 보조적이고 제한적인 성격의 것이며, 동아시아 경제회복의 1차적인 책임은 동아시아 국가에 있다.

세계경제는 당분간 성장권인 미국, EU와 침체권인 동아시아 지역으로 양극화할 것이다. 미국이 비록 금년 2/4분기부터 성장이 둔화되고 있다고는 하나, 소비심리와 투자심리가 모두 안정되어 있다는 점을 감안하면 경기침체로까지 확대되지는 않을 전망이다. EU는 출범하는 단일통화체제하에서 시장 확대와 경쟁 격화를 통해서 경제효율이 더욱 높아질 것으로 기대된다.

동아시아에서는 외환위기를 겪지 않은 싱가포르 경제가 금년에 들어서 급격히 하강하고 있고, 고도성장을 구가하던 중국 경제도 국영기업 부실화와 금융부실 등 내부의 구조적인 결함과 화교 자본의 유입감소 등의 불안요인이 노정되고 있다. 유럽과 아시아에 걸쳐 있는 러시아의 외채 지불유예(모라토리엄) 선언은 지금까지 동아시아 위기의 영향권에서 벗어나 있던 EU경제에도 일정한 타격을 줄 것으로 우려되고, 동아시아 경제에는 추가적인 불안요인이 될 것이다.

대외경제 여건의 악화는 가까스로 외환위기를 넘기고 있는 우리에게 제2의 외환위기가 오지 않을까 하는 불안감을 안겨 준다. 이에 대한 대비책은 우선 경제구조조정 노력을 일관되고 강력하게 실시해서 설령 아시아의 다른 나라가 외환위기를 겪더라도 우리는 비켜갈 수 있는 차별성을 확보하는 것이다. 다음으로는 외국인투자자들이 모든 아시아 국가들을 동일하게 보아 원화를 공격하더라도 방어해 낼 수 있는 유동성을 충분히 확보하는 것이다.

러시아 위기의 파장

개혁 서둘러 '한국은 다르다' 보여야

중앙일보 좌담, 1998. 8. 19

참석자: 이경태 대외경제정책연구원 원장
유한수 포스코경영연구소 선임연구위원
권성철 중앙일보 전문위원(사회)

사 회: 어느 정도 예견됐던 일이지만 러시아가 모라토리엄 선언과 루블화 평가절하를 단행했습니다. 어떻게 보십니까. 세계경제가 파국으로 가는 조짐인가요.

이경태: 아직 그렇게까지 얘기할 단계는 아닙니다. 그러나 동남아·한국·일본·중국 등 아시아 경제가 가뜩이나 어려운 상황에서 러시아까지 연쇄적으로 문제가 터져 상승효과를 낳으리란 불안감이 고조되고 있는 게 사실이죠.

사 회: 러시아가 모라토리엄 선언까지 하게 된 이유를 어떻게 보시는지요.

유한수: 외환위기에서 시작됐으나 근본원인은 러시아의 재정적자 때문이죠. 러시아 정부가 적자를 만회하려고 무리수를 쓴 탓입니다. 재정위기의 원인은 러시아의 지하경제가 번창하고 탈세가 많았던 점을 들 수 있습니다. 정부의 관리능력·리더십 부재가 문제지요. 아직은 러시아 국내문제라고 할 수 있습니다.

이경태: 러시아의 개혁 입법이 통과되지 않고 옐친 정부와 공산당간의 갈등이 계속되고 있는 것도 간과할 수 없습니다.

사 회: 러시아 사태의 파장을 짚어 봅시다. 90일간 지불유예가 단기적으로 어떤 파장을 불러올까요.

이경태: 러시아의 공공채무 2천억 달러 중 루블화 외채는 620억 달러 정도입니다. 러시아의 대외지불 능력이 완전히 바닥났다고 볼 수는 없어요. 루블화를 평가절하하면서 단기자본이 빠져 나갈 우려가 커 모라토리엄이란 처방을 한 것이라는 분석이 많아요.

유한수: 러시아는 동유럽에 많은 위성국가를 거느리고 있는 나라입니다. 사회주의 국가는 내부거래가 많죠. 때문에 러시아의 모라토리엄은 동유럽 국가에 상당한 타격을 줄 겁니다. 동유럽을 신흥시장으로 꼽고 활발히 진출하고 있는 우리에게도 이런 점에서 영향이 있겠죠.

사 회: 러시아 사태와 최근의 엔화 약세·위안(元)화 위기 등은 연관이 있지 않을까요. 독일 등이 아시아에서도 자금을 회수할 가능성을 어떻게 보십니까.

유한수: 국제금융시장에 심리적 불안감이 커지겠죠. 러시아에 꿔 준 자금이 상당기간 묶이면 신규자금 공급이 어렵지 않겠습니까. 일본이 동남아에 1천억 달러를 물렸지만 그 자체로 일본의 타격이 크지 않았던 예로 보면, 독일도 직접적인 타격은 심각하지 않을 겁니다. 하지만 국제금융시장에 미칠 심리적 악영향이 문제죠.

사 회: IMF는 재원이 바닥나 사태 수습에 적극 나서기가 어려울 것 같은데요.

유한수: IMF의 출연금 2천억 달러는 이미 거의 바닥났고, 미국에 180억 달러를 추가 출연토록 요청하고 있으나 의회의 반응이 소극적입니다. 때문에 러시아 문제는 아직은 국내적 위기라고 하지만 사태가 확산되면 조정자가 있어야 하는데, IMF가 그 역할을 해주기 어려울 것 같아 문제가 될 겁니다. 그러나 사태가 악화되면 IMF뿐 아니라 서방 선진7개국(G7)이 나서서 막을 것으로 봅니다.

사 회: 러시아 문제로 인해 아시아와 한국으로 들어올 돈이 적어질 가능성이 있는데, 외자도입이 절실한 우리에게는 큰 악재가 되지 않겠습니까.

이경태: 미국은 한국에 대해 좀더 두고보자는 입장입니다. 현대자동차 노사분규와 기아자동차 국제입찰, 서울·제일은행 매각 등 세 가지가 상징적인 의미를 갖고 있어요. 이 문제의 처리 방향에 따라 외국인이 한국에 적극적으로 투자하느냐 마느냐가 달려 있는 셈이죠. 미묘할 때 대외여건이 불리하게 움직이고 있는 게 사실입니다.

사 회: 한국에 대한 외국인의 시각은 아직 크게 달라지지 않은 것 같은데, 이처럼 대외여건마저 나빠지고 있으니 어떻게 해야 합니까.

유한수: 외국인은 한국을 두 가지 관점에서 보고 있어요. 하나는 구조조정의 성공 여부이고, 두번째는 한국경제가 되살아나겠느냐는 것이죠. 우리는 아직 높은 점수를 받지 못하고 있는 실정입니다. 외국인이 기대하는 수준까지 신속하게 구조조정을 하건, 경제를 빨리 회복시키건 하나를 선택해 보여 줘야 합니다. 한국은 러시아와 다르다는 것을 보여 줘야 돈이 들어올 겁니다.

사　회: 러시아 문제가 우리 경제에 어떤 영향을 미칠까요.

유한수: 실물경제쪽 영향은 거의 없다고 봐요. 우리가 진출대상으로 삼는 동유럽 쪽에 간접적인 영향을 미치겠죠.

이경태: 우리의 대러시아 공식 수출은 17억 달러 정도이나 음성거래는 이보다 더 크다는 얘기가 있는데, 이 부분에 문제가 있을 수 있겠죠.

유한수: 루블화에 투자했던 국제투기자금이 엔화나 위안화에 입질을 해볼 수도 있으며, 이에 따른 교란도 나타날 수 있습니다.

사　회: 이런 상황에서 우리는 어떤 식으로 대처해야 할까요. 우리 힘으로 해결이 어려운 부분도 적지 않을 것 같은데요.

이경태: 무엇보다 외국인투자자들에게 러시아와 달리 한국은 투자해도 안전하다는 인식을 심어 주는 게 필요합니다. 또 외자조달 외에도 국내 저축을 적극 활용하는 것이 중요합니다. 지금은 저축이 많이 돼도 돈이 돌지 않기 때문에 신용경색을 풀어 자금순환을 시키는 게 급선무입니다.

사　회: 아무리 돈을 풀어도 산업자금화가 안 되는 게 현실입니다. 내부적으로는 만기연장 외에 신규대출은 거의 없는 상황이라 해외차입이 불가피한데, 러시아 사태가 터지는 바람에 금리가 더 올라가 기업 입장에서는 부담이 클 것으로 우려됩니다.

유한수: 그렇겠죠. 러시아 사태 때문에 조금이라도 위험 가능성이 있는 나라는 신인도가 더 떨어지고 금리는 높아지는 악순환이 되풀이될 것입니다.

이경태: 우리가 구조조정을 하는 데 고통이 크다고 하면 외국인들은 대게 두 가지 반응을 보입니다. 하나는 개혁하기 싫어하기 때문이라

는 것이고, 다른 하나는 한국이 그 정도로 어려운 줄 몰랐다는 것
입니다.

사 회: 외환정책은 어떻습니까. 400억 달러를 넘은 외환보유고를 놓고
너무 많다, 그렇지 않다는 논란이 있습니다. 또 환율 적정 수준에 대
한 논란도 있는데 어느 정도가 적정하다고 보십니까.

이경태: 종전에는 '외환보유고는 연간 수입의 3개월치'가 적정하다고
했으나 지금은 위기상황이므로 단기외채 규모의 외환보유고는 필
요하다고 봅니다. 환율 역시 수출이 중요한 만큼 엔화 가치 변동
에 따라 적절히 평가절하하는 것이 바람직할 것 같습니다.

유한수: 같은 생각입니다. 외환위기를 겪지 않은 싱가포르·일본·중
국·대만 등은 공교롭게도 800억 달러 이상의 충분한 외환보유
고가 있으니 국제투기자금의 공격 여지도 없었다고 봅니다. 이런
맥락에서 볼 때 우리도 위기를 벗어날 때까지는 충분히 쌓아 놓
아야 할 겁니다.

사 회: 민간기업들은 러시아 사태에 어떻게 대처해야 할까요.

유한수: 우리 기업은 동유럽에 자동차·전자 등의 분야에 많이 진출해
있는데, 중장기적으로 약간의 타격이 우려됩니다. 그러나 러시아
사태로 인해 우리가 볼 직접적인 타격은 크지 않을 것입니다.

이경태: 단기적 파장은 그리 크지 않을 것이란 분석에 동감입니다. 러
시아에 대한 우리의 수출비중은 1.2%로 미미하고 경협 관련 채권
도 완전히 못 받는 것은 아니거든요. 장기적으로도 '90일 모라토
리엄' 이어서 사태가 전반적으로 확산될 것 같지는 않습니다.

사 회: 당장 파장이 크지는 않을지 몰라도 중장기적으로 국제금융시장이

불안해지고, 이는 결국 한국에도 적잖은 영향을 미칠 텐데요.

유한수: 비관적·낙관적 시나리오가 다 있습니다. 주로 원자재를 수출하는 러시아가 덤핑에 나서게 되면 기초 원자재 가격은 안정될 것이므로 우리에겐 유리할 수도 있겠죠. 비관적으로는 국제금융시장에서 엔·위안·루블화에 대한 불안감이 가중되고 국제경제 주체들이 내몫 챙기기에 나서면 경색이 올 수도 있습니다.

사　회: 도쿄·뉴욕시장의 반응은 아직 차분한 것 같은데요.

유한수: 대러시아 채권이 미미하다는 등, 직접적인 영향은 없다고 판단한 때문일 겁니다.

사　회: 전체적으로 종합해 볼 때 국제자본의 이동이 있을지는 몰라도 당장 세계시장에 큰 영향은 없다는 것 같은데, 그래도 국제금융시장 동향을 예의 주시해 적절한 대책을 마련해야 할 것 같습니다.

유한수: 그렇습니다. 중국이 무너지면 경합관계인 아시아 전체에 충격이 크겠지만, 러시아의 파장은 그 정도는 아닐 겁니다.

이경태: 외자조달·수출 여건이 불리해지고 있는 것은 사실이므로 기업도 팔 것은 파는 등 개혁 노력을 배가해 차별화된 모습을 보여야 합니다.

사　회: 오랜 시간 감사합니다.

러시아 모라토리엄선언의 의미

한국경제신문 茶山칼럼, 1998. 8. 19

러시아 정부와 중앙은행은 8월 17일 루블화 표시 외채에 대한 90일간의 모라토리엄(지불유예)을 선언하였다. 동시에 금년 말까지 루블의 변동폭을 대폭 확대함으로써 사실상 루블화의 가치가 33.6% 평가절하되는 것을 용인하는 조치를 발표하였다.

이같은 결정은 러시아 금융외환상황이 지속적으로 악화되는 가운데 루블화의 평가절하 및 지급불능 등의 사태를 우려한 외국인투자자들이 러시아 외환시장에서 자본을 회수함에 따라, 러시아 정부가 루블화 평가절하의 압력을 견디지 못한 데서 나온 것으로 보인다.

특히 최근 소로스 퀀텀펀드 회장이 러시아 정부가 현 경제위기를 극복하기 위해서는 적어도 5백억 달러 이상의 막대한 외환을 보유해야만 가능할 것이라고 밝히면서 결국 15～25% 정도의 루블화 평가절하가 불가피할 것이라는 견해를 표명한 후, 러시아 외환시장 및 주식시장은 큰 혼란에 빠지게 되었다.

물론 러시아 금융외환시장이 악화된 보다 근본적 이유는 지난 1992년 시작된 러시아 경제개혁이 차질을 빚고 있기 때문이다. 특히 러시아가 건전한 재정상태를 이루지 못하고, 부족한 재정수입을 보충하기 위해 지속적으로 국제금융기구로부터의 지원이나 단기국채의 발행에 의존해 온 것이 문제점으로 지적될 수 있을 것이다.

더욱이 동아시아 금융위기 이후 국제자본의 대신흥시장 투자에 대한 경계심이 높아지고 아울러 러시아의 주요 수출품인 원자재의 국제가격이 급락하면서, 러시아 경제는 더욱 취약한 상태에 빠지게 된 것이다.

그러나 러시아의 이번 조치를 러시아 대외채무 전반에 대한 모라토리엄으로 확대 해석하는 것은 적절치 못하다고 생각된다. 러시아 정부가 루블화의 가치를 더 이상 현수준에서 유지하기 어렵다는 판단 하에 아직까지 어느 정도(약 150억 달러)의 외환을 보유하고 있는 상태에서 "통제된 루블화의 평가절하"를 위해 단기자본의 유동을 막기 위한 수단의 일환으로 불가피하게 루블화표시 외채에 대한 한시적 지불유예조치를 취한 것으로 보아야 할 것이다.

그럼에도 불구하고 이번 조치로 러시아 정부의 대내외 신뢰도는 크게 손상될 수밖에 없을 것이며, 러시아 경제는 큰 어려움에 당면하게 될 것으로 예상된다. 차입한 외환으로 고금리의 루블화표시 단기국채를 매입함으로써 수익을 취해온 러시아 은행의 구조상 루블화의 평가절하로 상당수 러시아 은행의 파산이 우려되며 이는 기업들의 연쇄도산으로 이어질 가능성이 크다. 또한 생필품의 대외의존도가 큰 러시아에서 루블화의 가치하락은 물가상승으로 나타날 것으로 보인다.

금번 조치에 대한 대외적 파장은 무엇보다도 이번 모라토리엄이 러시아 대외채무에 대한 전반적인 모라토리엄으로 확대될 것인가에 달려 있을 것이나, 현시점에서 이러한 가능성은 낮다고 판단된다.

이 경우 동아시아 금융위기가 러시아를 거쳐 전세계 개도권 및 이행기경제권에 확산될 것이 우려되는데다 정치적으로 핵보유 군사대국인 러시아에서 반(反)서방세력이 대두할 위험을 감수해야 할 것이기 때문이다.

IMF의 재원이 바닥난 상태이고 IMF 재원증대에 미국 의회가 반대하고 있는 상황에서 미국이나 IMF 차원에서의 즉각적인 대규모 지원은 용이하지 않을 것이다. 그러나 러시아가 갖는 위상과 사태악화가 가져올 파장을 감안할 때, G7차원에서 조만간 러시아 금융위기에 대한 대책이 마련될 것으로 전망된다.

어려운 상황에 처해 있는 우리 경제에도 러시아 경제의 혼란은 또 하나의 부담으로 작용할 것으로 보인다. 우리 수출의 1% 정도를 점유하고 있는 대(對) 러시아 수출이 급격히 감소할 수밖에 없을 것이다. 다른 이행기경제권 및 개도권 국가에 대한 수출에도 부정적인 요소로 작용할 것이다.

또 외국인투자자들의 투자심리 위축으로 외국인투자 유치에 다소 추가적인 어려움이 예상된다. 그러나 이 경우 우리가 구조조정을 강화하고 외환보유고를 늘림으로써 여타 개도권 국가들과의 차별화에 성공할 경우, 그 여파는 최소화할 수 있을 것으로 판단된다.

따라서 이와 같이 격동하는 세계경제 속에서 우리로서는 러시아 금융외환위기를 예의 주시하면서, 현재 추진하고 있는 경제개혁을 보다 가속화시킴으로써 우리 경제에 대한 신뢰도를 제고하는 것이 최선의 대책일 것이다.

세계경제위기 확산 예방
선진국 협조 없으면 대공황 우려

매일경제신문 좌담, 1998. 8. 31

참석자 : 장병주 (주) 대우사장
조윤제 서강대 국제대학원 교수
이경태 대외경제정책연구원 원장

러시아가 모라토리엄을 선언하면서 동남아시아에서 촉발된 위기는 세계를 한 바퀴 돌아 다시 아시아 전체를 강타하고 있다. 뉴욕 증시마저 최악의 상황으로 빠져들고 있어 대공황이 발생하는 것은 아닌가 하는 걱정도 제기되는 실정이다. 『매일경제』는 전문가 대담을 통해 최근에 발생한 일련의 사태가 어떻게 전개될지, 또 위기를 벗어나기 위해서는 어떤 노력을 기울여야 할지에 대해 조명해 봤다.

사 회: 세계금융시장은 지금 대혼란에 빠져 있다. 이 와중에 세계경제는 대공황에 진입했다는 주장과 진입할 가능성이 크다는 주장도 제기됐다. 대공황 가능성이 있다고 보는가.

장병주: 세계대공황 발생은 디플레이션 발생에 따른 신용경색과 생산활동 저하, 통화의 경쟁적인 평가절하, 보호무역주의 강화에서 그 조짐을 찾을 수 있다. 그런데 유감스럽게도 지금 이 세 가지 징후가 모두 나타나고 있다.

우선 디플레이션 발생은 원유, 곡물, 비철금속 등 국제상품 가격의 지속적인 하락에서 찾아볼 수 있다. 또 세계경제의 한 축을 차지하는 일본경제가 1990년대부터 주가하락, 부동산가격 하락 등의 심각한 자산 디플레이션 발생으로 소비둔화와 신용경색이 나타나 경제활동이 마비되어 있는 상황이다.

최근에는 러시아가 모라토리엄을 선언함에 따라 신흥시장 국가의 환율이 크게 동요하고 있다. 신흥시장 통화뿐 아니라 일본 엔화도 미국 달러화에 대해 1995년 4월 이후 44% 정도 평가 절하됐다.

조윤제: 지금과 같은 국제금융제도와 질서는 2차세계대전 종식과 함께 형성된 것이다. 국제통화기금(IMF)을 중심으로 하는 브렌튼우즈 체제는 1970년대 초 미달러화의 금태환 정지, 변동환율제 전환 등 변화를 거치면서도 그런대로 작동됐다.

하지만 지난 10년간 세계경제는 너무 급격히 변했다. 50년 전에 형성된 지금의 국제금융제도의 골격이 전자·통신혁명이 주도해 온 국제금융시장을 규제하기에는 어려움이 많다.

기존 제도는 냉전종식 후 국제금융시장에 참여한 사회주의 경제를 안정적으로 흡수해 원활한 금융시장 흐름을 담보하는 데도 한계를 보였다.

세계는 조만간 큰 경제위기를 맞고 그 위기를 통해 새로운 금융질서와 제도를 형성해 나갈 시점에 이르렀다.

이경태: 대공황은 정책의 중대한 실패가 있어야 한다. 하지만 현재까지 선진국 정부는 대공황을 초래할 정도로 어리석지 않다고 본다.

세계적으로 주가가 동반하락하고 있는데 이는 경제전망이 불투명해져서 투자자들이 주식에서 금리가 확정된 채권 쪽으로 옮기기 때문이다. 주가하락을 곧바로 대공황으로 연결시켜 생각하기는 어렵다.

또 만약에 세계경기가 더 나빠진다면 미국 등 서방 선진국들이 공동금리 인하, 공동재정 확대 등으로 협력할 것이기 때문에 대공황 가능성은 높지 않다.

사　회: 대공황 가능성이 있다고 할 때 선진국이 협조하거나 국제금융기구들이 나서서 막을 수 있는 상황이라고 보는가. 대공황을 막을 수 있거나 그 영향을 최소화하는 방안으로는 무엇이 있겠는가.

장병주: 대공황이 발생할 조짐이 나타나고 있는 것일 뿐 이미 발생한 것은 아니다. 따라서 막을 수 있는 상황이라고 본다.

지금 가장 중요한 것은 엔화 약세로 인해 국제투자자금이 미국으로 지나치게 유입되는 것을 막는 것이다. 이를 위해서 지난 1985년 선진 7개국(G7)이 플라자 합의를 했을 때와 마찬가지로 협조를 해야 한다. 미국은 금리를 인하하고 일본은 적극적으로 부실금융기관 정리와 내수를 진작해 엔화가치 상승을 유도해야 한다.

조윤제: 현재 국제금융제도와 질서의 한계는 무엇보다 국제 유동성자금이 풍부한 데 비해 이것이 불안정하게 움직임으로써 필연적으로 나타나는 개별국가의 유동성 부족을 메워 줄 수 있는 제도나 기구가 없다는 것이다.

거의 모든 주요국들이 자본거래를 개방하고 있고, 국제금융거래가 단순히 국제실물거래를 뒷받침하기 위해서가 아닌 그 자체의 수익을 위해 이뤄지는 상황에서, 2,000억 달러의 기금밖에 없는 IMF가 국제중앙은행으로 기능하기엔 역부족이다. 2,000억 달러면 홍콩과 중국이 갖고 있는 외환보유고보다도 적은 액수이다.

현재 국제금융시장은 미달러화가 주된 국제통화의 구실을 하고 있기 때문에, 지금과 같은 상황에서 한 나라가 외환유동성 위기에 빠졌을 때 현실적으로 최종 대부자 역할을 할 수 있는 곳은 미국 정부밖에 없다. 하지만 이는 현실적으로 불가능하다. 미국 국민과 의회, 정부는 달러 유동성 위기에 빠진 국가들에 대한 지원을 자기들 납세자들의 돈이라고만 생각하고 있기 때문이다. 냉전 종식과 함께 미국내에서 이런 고립주의는 심해지고 있어 당분간 국제금융시장의 혼란은 지속될 전망이다.

이런 상황에서 가장 시급한 것은 IMF 재원을 대폭 늘리는 것이다. 그렇지 않을 경우 각국은 외환유동성 위기를 피하기 위해 보유고를 더 쌓아 두려고 할 것이다.

이것이 용이하지 않을 때는 아시아지역 중앙은행간의 협력, 아시아태평양 경제협력제(APEC) 내에서의 협력 등을 통해 외환보유고를 풀(pool)제로 활용하거나 크레디트 라인(credit line)을 설정할 수 있다.

이경태: 통화정책을 통한 대공황 예방이 중요하다. 주식시장 폭락 사태가 있더라도 통화팽창을 통해 실물경제로 파급되는 것을 막아야 한다.

현재 상황이 지난 1929~30년도와 크게 다른 것은 국제금융시장이 그때보다 훨씬 고도로 통합됐다는 점이다. 따라서 금융시장의 불안정이 실물경제로 파급되는 것을 차단하기 위해서 선진국 정부 및 중앙은행간의 협력이 긴요하다.

희망을 잃지 말자

서울경제신문 松峴칼럼, 1998. 9. 14

현재의 고통이 아무리 뼈에 사무치더라도 내일에의 희망이 있으면 능히 참고 견딜 수 있다고 한다. 실직과 도산 및 소득 감소의 힘든 나날을 보내고 있는 우리들에게 한 줄기 빛과 같은 경구라고 하지 아니할 수 없다.

우리가 희망을 가져도 좋은 이유는 두 가지다. 하나는 스스로의 잘못을 인정하고 고쳐 나가겠다는 겸허한 자세를 잃지 않았다는 것이고, 다른 하나는 시행착오를 겪으면서도 한 발 한 발 목표를 향해서 전진하고 있다는 점이다.

외환위기를 겪은 나라들 중에는 위기의 원인을 내부에서 찾지 아니하고 외부의 탓으로 돌리면서, 과거 복귀적이고 퇴행적인 정책으로 사태를 모면하려고 하는 경우가 있다. 이에 비해서 우리나라는 외환위기의 어려운 상황 하에서도 무역 및 투자자유화를 가속화했을 뿐만 아니라 기업과 금융, 공공부문과 노사관계에 걸친 전면적인 개혁을 통해서 경제구조와 체질을 바꾸겠다는 전향적인 입장을 취하고 있고, 국민들도 이에 대해서 공감하고 있는 것이다.

필자는 얼마 전에 모대학의 최고경영자 과정에서 강연하면서 외환위기가 마른 하늘에 날벼락처럼 찾아왔는지, 또는 우리 경제의 구조적 취약성에서 연유한 것인지를 물었다. 놀랍게도 거의 대부분의 경영자들은 위기의 원인을 외부보다는 내부에서 찾아야 한다고 대답하였다.

최근에 세계의 유명한 경제학자들이 아시아 위기에 대해서 진단하고 처방을 내리고 있다. 그 중에는 선진금융기관들의 이기적인 행동과 IMF의 비현실적인 요구 때문에 아시아국가들이 헤어날 수 없는 곤경에 빠져들고 있다는 주장이 적지 않다. 이런 말들은 하루빨리 구조조정의 괴로움으로부터 벗어나고 싶어하는 우리들의 바램에 들어맞기 때문에 듣기에 달콤하기 그지없다.

그러나 우리는 외환위기가 발발하기 전부터 무엇을 바꾸어야 하는가를 이미 알고 있었으며, 다만 실천에 옮기지 못해서 역경을 자초했다는 점을 아직도 명심하고 있기 때문에 실업자가 급증해도 사회불안이 야기되지 않는 것이다.

외국인들은 일반적으로 우리의 구조조정 속도가 너무 느리다거나 정치논리가 지나치게 개입된다고 비판한다. 물론 타당한 점도 많고 경청해야 할 부분도 적지 않다. 그런데 외국인들이 알아야 할 점은, 우리가 당면하고 있는 구조조정의 범위와 깊이가 근대자본주의 역사상 유례가 없을 정도로 엄청나다는 것이다. 이른바 글로벌 스탠더드의 잣대로 보면 우리의 금융기관과 기업은 대부분 부실하고, 구조조정의 대상이다. 뿐만 아니라 관치금융과 관치경제에 길들여진 의식과 관행을 혁파하는 시스템 전환이 불가피하다.

따라서 우리나라에서는 빅뱅식 개혁보다는 단계적 접근이 현실적으로 타당성을 갖는다. 시스템 전환의 경우에 빅뱅이 실패할 가능성이 높다는 것은 소련 경제의 몰락에서 실증되었다. 새로운 제도를 수용할 수 있는 내부역량을 축적할 수 있는 시간을 주지 아니하고 구체제를 일거에 허물어버리면 무정부 상태가 오게 되는 것이다.

우리는 엄청난 구조조정을 효율적이고 체계적으로 해나가는 데 필요한 경험과 전문성이 턱없이 부족하다. 우리에게 조언을 해주고 있는 세계은행과 국제통화기금 등의 전문가들조차도 그들이 가진 기존의 지식과 경험만으로는 충분하지 않기 때문에 조언과 학습을 병행한다고 한다.

경험과 전문성의 부족 때문에 우리의 개혁과정은 다소간의 시행착오가 불가피하며 다만 시행착오를 최소화하는 것이 요구되는 것이다. 시행착오를 최소화하기 위해서는 과거의 실수를 철저하게 분석하고 교훈을 찾아내는 자세가 있어야 한다.

우리가 적지 않은 시행착오를 겪으면서도 꾸준히 구조조정을 해온 사실에 더해서 한 가지 다행스러운 점은 세계경제가 전반적인 침체국면은 모면할 것이라는 조그마한 징조가 보인다는 점이다. 일본의 금리 인하, 미국 그린스펀 연준의장의 금리 인하 가능성 발언 등으로 국제적 공조체제가 작동할 것 같고, 엔화의 강세로 중국 위안화 절하 가능성이 낮아지며, 미 의회가 IMF증자를 통과시킬 가능성이 높아진 점 등은 우리에게 희망을 안겨 주는 낭보이다.

지금까지의 시행착오를 거울삼아서 앞으로의 개혁을 가속화함으로써 세계경제의 흐름을 최대로 이용하면 우리는 미국이 대공황을 극복한 업적에 버금가는 성공사례를 만들어낼 것으로 확신한다.

시장경제, 대안은 없다

내외경제신문 포럼, 1998. 9. 21

아시아 경제위기를 계기로 미국 주도의 신자유주의적 시장경제에 대한 회의론이 대두되고 있다. 그 배경을 보면 외환위기가 동남아국가연합(ASEAN), 한국, 러시아, 중남미 등의 신흥시장에 집중돼 발생하고 있는데, 이들 국가는 공통적으로 최근에 와서 세계화의 물결에 적극 편승해서 무역과 자본시장을 개방해 왔으나 약속된 번영은 찾아오지 않고 대신에 혹독한 어려움만 겪고 있기 때문이다.

가장 먼저 반기를 든 사람은 말레이시아의 마하티르 총리다. 그는 말레이시아 경제의 번영을 위해 어떠한 경제체제가 가장 적합한 것인지에 대한 결정권은 당연히 말레이시아 국민들이 가져야 한다고 주장하면서, 국제통화기금(IMF)과 서방선진국들의 비난에도 불구하고 외환통제와 적극적인 경기부양을 실시하고 있다.

일본의 관료집단은 미국식 자본주의에 대해 드러내놓고 비판하지는 않지만 내심으로는 일본식 체제의 우월성을 아직도 신봉하고 있다. 그들은 일본 제조업의 초일류 경쟁력과 엄청난 무역흑자를 가지고 현재의 어려움을 견뎌나갈 수 있을 뿐만 아니라 종국에는 미국을 누를 수 있다고 믿고 있다.

우리나라에서도 경제의 어려움이 날로 가중되자 IMF프로그램에 대한 반감이 생기고 있으며, 일부 언론은 이러한 국민정서를 자극하면서 구조조정은 뒤로 미루고 경기부양부터 하자는 논리를 펴고 있다. 며칠 전 일부 언론들은 IMF가 연례보고서에서 자신들의 정책실수를 인정했다고 대서특필까지 했으나 이는 명백한 오보임이 판명됐다.

지금 우리가 추진하고 있는 금융·기업·노사·공공부문 개혁은 외환위기 발발 이전부터 시급히 추진해야 한다고 우리 스스로 선택한 내용들이지, 외부의 강요에 의한 것이 아니다. 외환위기의 근본원인이 관치경제·관치금융이기 때문에 이를 수술하지 않고는 외환위기가 다시 올 수도 있는 것이며, 경제회복을 기대할 수도 없다.

우리가 구조조정을 해야 하는 이유 중에서 외국인투자자들의 신뢰를 회복해 외자조달을 확대해야 한다는 것은 매우 중요하지만 그것이 전부는 아니다. 왜냐하면 설령 외자가 필요 없는 상황이라고 하더라도 구조조정 없이는 경제침체를 모면할 수 없기 때문이다.

과거의 구(舊)소련과 오늘날의 일본을 보면 이 점은 매우 분명해진다. 구(舊)소련이 붕괴하고 오늘날의 일본이 8년 동안의 불황에서 헤어나지 못하고 있는 것은 대외신뢰도 저하로 인한 외자부족 때문이 아니라 구조개혁에 실패한 결과 자원배분의 효율성이 심각하게 훼손됐기 때문이다.

아시아·태평양경제협력체(APEC)에서 신흥경제국들은 자유화에 병행해서 내부역량 축적의 중요성을 강조하고 있다. 이는 준비가 안된 자유화 때문에 국내경제가 타격을 받고, 나아가서 사회적 불안정이 야기되면 자유화에 대한 신뢰 자체가 위협받을 수 있음을 주목하기 때문이다.

우리가 지금 하고 있는 구조조정은 결국 세계화의 위험을 최소화하고 이점(利點)을 극대화하기 위해 내부체제를 정비하는 것이다. 우리의 구조조정 원칙은 시장경제를 구축하는 것이며, 시장경제는 그것이 미국식이든 독일식이든 본질은 같은 것이다.

　과거 우리가 채택했던 시장경제와 오늘날 일본의 시장경제는 경제발전의 한 단계에서 효력을 발휘하기는 했으나 세계화와 정보화로 특징지어지는 21세기에는 적합하지 않다는 사실을 명심해야 한다.

대공황은 오는가 ?
한국경제가 사는 길

중앙일보 좌담, 1998. 9. 24

참석자 : 이한구 대우경제연구소 소장
　　　　　이경태 대외경제정책연구원 원장
　　　　　정진영 세종연구소 연구위원
　　　　　김정수 본사 전문위원(사회)

국내경제가 갈수록 심각해지는 상황에서 밖에서는 세계공황이라는 절망적 시나리오까지 나돌고 있다. 만일 세계공황이 눈앞의 현실로 닥친다면 한국경제의 장래는 어찌 될 것인가. 세계공황의 가능성을 점검하고 만일의 경우에 대비하는 한국 나름의 생존전략을 전문가 대담을 통해 정리해 본다.

사　회: 최근 세계 경제공황을 우려하는 목소리가 높아지고 있다. 정말 대공황이 닥칠 가능성이 있나.

이경태: 최근의 경제위기가 심각한 것은 사실이다. 그러나 대공황으로까지 악화될 가능성은 거의 없다고 본다. 미국의 크루그먼 교수는 "대공황이 발생하려면 모든 좋지 않은 일들이 한꺼번에 일어나야 한다"고 했다. 이를테면 미국·유럽의 주가 동반폭락, 러시아의 환율 폭등, 아시아·중남미의 경제위기 악화, 독일·미국 등 선진국의 정책협조 실종 등이 동시에 벌어지면 대공황으로 갈 수도 있다는 것이다. 그러나 이런 일들이 한꺼번에 일어날 가능성은 극히

작다. 더구나 1929년의 대공황 때에 비해 현재 세계 각국 지도자 및 경제담당자들은 지혜와 경험을 더 풍부히 갖고 있다. 따라서 세계경제가 공황에 이르도록 방관하지는 않을 것이다.

사 회: 그러나 세계경제의 상호연관성이 깊어지면서 위기의 전파속도도 유례없이 빨라졌다는 점을 간과해서는 안 된다. 어느 한 지역에서 경제위기라는 전염병이 돌면 곧바로 세계로 퍼져 나갈 수도 있다. 아직 전염병에 걸리지는 않았다지만 선진국들은 동남아 등 현재 전염병을 앓고 있는 지역에 투자해 놓은 것이 많다. 일각에서 연쇄부도에 의한 대공황을 우려하고 있는 것도 이 때문이다.

이한구: 아시아 위기 초기에 느긋하게 지켜보기만 하던 미국의 태도에 최근 변화가 일고 있다. 이제는 미국도 위기의식을 느끼고 있다는 얘기다. 미국은 금리인하 등 세계경제의 파국을 막는 유력한 수단을 갖고 있다. 그러나 클린턴 대통령의 스캔들로 미국의 정치적 리더십이 위기를 맞고 있어 다른 나라 문제에 적극적으로 나서기에는 시간이 걸릴 것으로 보인다. 따라서 미국 등 선진국의 대응속도에 비해 경제위기의 전염속도가 훨씬 빠를 수밖에 없다. 선진국의 대응이 늦어지면 자칫 국수주의적인 금융·환율 경쟁이 세계 각국에서 일어나 세계 대공황의 우려도 그만큼 커질 수 있다. 그러나 이같은 가정에도 불구하고 세계 각국간에 경제위기 확산을 막기 위한 공감대가 충분히 형성돼 있어 대공황의 가능성은 거의 없다고 본다.

사 회: 다음달에 서방선진7개국(G7) 회담이 예정돼 있는 등 선진국들도 한 달 전에 비해 아시아·러시아 발(發) 세계 경제위기에 대해 더 진지한 자세로 접근하고 있다. 선진국들이 정책협조를 통해 금리를

공동인하 한다든가 국제통화기금(IMF)이 국제투기자금의 규제방안을 마련중이라는 소식도 들린다. 그같은 협의가 실제로 이뤄질 것인가, 또 이같은 처방으로 현재의 세계 경제위기를 치유할 수 있는가.

정진영: 과거 경험으로 보면 각국의 이해관계가 달라 G7회담을 통해 금리인하 등의 결정이 당장 이뤄지기는 어렵다. 그러나 IMF가 추진중인 국제투기성자금 규제 등은 곧 이뤄질 가능성이 크다. 국제금융계의 대부격인 조지 소로스마저 핫머니 규제의 필요성을 역설하고 있다. 핫머니의 폐해가 심각하다는 인식이 전세계적으로 확산됐다는 얘기다. IMF를 중심으로 한 핫머니 규제가 성공적으로 이뤄지면 세계 경제위기는 상당부분 해결의 실마리를 찾을 것이다.

이한구: IMF가 국제 투기자본을 규제한다 해도 새 시스템을 만들려면 시간이 많이 걸린다. 또 새 시스템이 과연 세계 각국의 이해관계를 충분히 충족시킬 수 있을지도 의문이다. 게다가 핫머니 규제만으로는 세계 경제위기의 근본적 해결이 어렵다.

정진영: 소로스는 채권국에도 책임을 지우자고 주장했다. IMF 역시 채권금융기관 책임론을 거론하고 있다. 돈을 빌려 간 나라가 부도날 경우 빌려준 금융기관도 책임을 져야 한다는 뜻이다. 미국의 금융기관이 한국의 부실기업·금융기관에 빌려 줬는데 부도가 났다면 이를 공동책임지우자는 식의 접근방식인데, 이는 현재 국제 금융위기의 해결방법이 될 수 있다. 또 세계 주요 통화의 환율변동폭을 줄인다든가 하는 방법도 유용한 수단이 될 수 있다. IMF가 중심이 돼 달러·유로·엔 등에 대한 환율안정장치를 만들면 실효성도 클 것이다.

사 회: 한국경제가 더 나빠질 것이라는 전망이 속속 나오고 있다. 여기

에 세계공황까지 닥치면 우리 경제는 최악의 상황을 맞는 셈이다. 어떻게 대처해야 하는가.

이경태: 한국은 지금 '거친 바다에 떠 있는 한 척의 보트'와 같다. 여기에 대공황까지 닥치면 보트가 흔적도 없이 사라지는 대재앙을 맞을 수도 있다.

사 회: 대재앙이란 구체적으로 어떤 것인가.

이경태: 사상 유례없는 대량실업, 금융경색은 물론 경제시스템의 기반 붕괴 등이 그것이다.

정진영: 세계공황이 닥칠 우려가 적은 만큼 동아시아지역의 공황 가능성과 이에 대한 한국의 대책을 논의하는 게 더 현실적이라고 생각한다.

사 회: 좋은 지적이다. 그러나 동아시아에 공황이 닥치면 한국이 혼자 애쓴다고 해결하기는 어려울 것이다. 공황때면 모두 망할 수밖에 없지 않은가.

이한구: 일본을 앞장세워 동아시아 전체의 수요를 끌어올리는 방법이 있을 수 있다. 일본의 재정투자나 경기부양은 동아시아 경제위기의 유력한 해법이다. 일본 국내의 경기부양이 여건상 어렵다면 한국 등 동남아시아의 젊은 경제에 자본을 투입해 경기부양을 꾀하도록 유도하는 것도 한 방책이다.

사 회: 일본의 책임감 있는 노력을 촉구하기가 쉽지 않을 것이다.

이한구: 한국정부가 정부 차원에서 일본에 전아시아권의 수요진작책을 건의하면 어떤가. 또 물물교환식의 무역을 제의하거나 과잉공급 부문에 대한 공동 감산을 제의할 수도 있다.

사 회: 동아시아 전체 차원의 구조조정을 하자는 뜻인가.

이한구: 그렇다. 게다가 아시아가 극한 위기로 치닫게 되면 미국·유럽도 더이상 팔짱만 끼고 있기는 어렵다. 전염을 막기 위해 뭔가 대책을 내놓을 수밖에 없다.

이경태: 실제 준공황 상태가 되면 세계 각국의 정책이 자국 이기적으로 흐를 가능성이 크다. 말로는 공조(共助)를 외치지만 혼자만이라도 살아 남자는 식의 경쟁이 이뤄지면 정말 곤란한 상황이 올 수도 있다.

이한구: 동아시아 공황이 일어나면 각국이 서로 과잉공급을 줄이는 등 해결책 마련에 나서게 되고, 선진국도 어차피 못 받을 부채를 탕감해 주는 식으로 문제를 풀어갈 수밖에 없다. 문제는 이때 정치적 위험이 닥칠 수 있다는 것이다. 자국보호·국수주의적 경향이 짙어지고 시장경제에 대한 회의가 전사회에 확산될 것이다. 또 책임추궁론이 고개를 들면서 정치상황이 극도로 혼란해질 수 있다.

정진영: 동아시아 각국은 남미 등에 비해 협력체제가 너무 부족하다는 것도 문제다. 한국은 경제위기 극복을 위해 여타 아시아 국가와의 차별화를 강조하고 있다. 이는 말레이시아나 중국·대만도 마찬가지다. 이처럼 자기만 살아남겠다는 논리는 선진국의 호응을 얻기 어렵다. 아시아 전체를 묶어 정치세력화하는 등의 해법을 찾아야 한다. 그러려면 한국보다는 일본이 앞장서야 한다. 일본이 국내 소비를 늘리고 저축을 줄여 주변국의 수출증가와 경기부양을 도와 줘야 한다. 이는 곧 일본이 동아시아 경제의 주도국으로서 충분한 책임과 역할을 해줘야 한다는 뜻이다. 이를 위해 우선 일본의 저축률을 10%대로 낮춰야 한다.

이경태: 아시아 전체의 공조체제 구축은 쉽지 않다. 아시아국가들의 입

장과 생각이 제각각이기 때문이다. 경제위기에 대한 아시아 각국의 대응만 봐도 이는 쉽게 알 수 있다. 말레이시아는 독자노선을 택한 반면 한국은 IMF처방을 따르고 있다. 일본은 아시아통화기금을 만들자고 했다가 미국이 반발하자 철회했다.

이한구: 동아시아는 10년 넘게 수출경쟁을 벌이느라 각개약진 경향이 강했다. 그러나 이 지역에 대한 일본의 영향력은 아직도 막강하다는 점을 간과해선 안 된다. 아시아 위기에 대해 서유럽·미국이 수수방관한다면 일본과 긴밀한 협력체제를 갖추는 것만이 한국의 유일한 대응책이 될 것이다.

사 회: 우리 경제의 불황이 계속되고 대외여건이 악화되면서 환란과 공황에 대비해 외환보유액을 최소 7백억 달러 이상 보유해야 한다는 주장이 일각에서 나오고 있다. 그러나 외환보유액을 늘리려면 이자 등 비용부담이 만만치 않아 반대의견도 많다.

이한구: 불황과 외환보유액 확충은 다른 문제다. 수출증대로 달러가 많이 들어오면 외환보유액을 늘리는 건 당연하다. 그러나 남의 빚을 얻어 억지로 외환보유액만 늘리는 건 반대다. 그럴 돈이 있으면 지금은 외채부터 갚는 데 써야 한다.

이경태: 우리 경제는 내년이 올해보다 더 나빠질 가능성이 크다. 세계경제의 불안도 여전할 것이고, IMF의 지원능력도 한계에 왔다. 또 외채상환 등 외환수요도 내년부터 크게 늘어날 것이다. 반면 외평채금리 폭등 등으로 달러를 마련할 길은 막힌 상태다. 따라서 빚을 내서라도 외환보유액을 가능한 한 많이 확충해야 한다.

이한구: 그랬다간 나중에 갚을 때 더 많은 비용과 대가를 지불해야 한다. 외채·외환보유액·경기를 따로 떼놓고 봐선 안 된다. 외채를 줄이면서 외환보유액을 늘리는 방안을 찾아야 한다.

사　회: 세계 불황이든 아시아의 공황이든 외부에서 아무리 거센 파도가 몰아쳐도 한국 경제가 이를 극복할 수 있는 방법이 있다면.

이한구: 실물 부문, 즉 산업조직이 우선 튼튼해져야 한다. 또 국제자본의 급속한 이동에 견딜 수 있도록 금융체질을 강화해야 한다. 대외관계도 크게 개선해야 한다. 위기 때 즉각 지원이 가능하도록 미국·유럽과의 유대를 긴밀히 하고 범아시아 블록을 만드는 등에도 관심을 기울여야 한다.

이경태: 지난해 외환위기 때 이를 극복하자는 국민적 공감대가 있었다. 그때 하고자 했던 금융·기업 구조조정 등을 지속적으로 해나가는 게 중요하다.

정진영: 국제협력체제를 갖추는 게 무엇보다 시급하다. 한국·중국·일본을 잇는 해저터널·대륙횡단철도 등 동북아 인프라 확충도 좋은 방법이다. 이는 경기부양 효과도 있어 동아시아 위기극복에도 도움이 된다.

김대통령 방일(訪日) 의의

문화일보 포럼, 1998. 10. 7

김대중 대통령이 10월 7~10일 일본을 공식 방문하고 있다. 김대통령의 이번 방일은 특별한 의미가 있다. 과거 동아시아 기적을 이룩한 두 주역인 한국과 일본이 지금 모두 경제적 어려움에 빠져 있으며, 양국 정부 모두가 이러한 경제적 난관을 극복하기 위해 출범한 새로운 정부라는 점 때문이다. 얼마 전까지만 해도 고도성장의 경제대국으로 부상한 일본은 여타 국가들의 동경의 대상이었으며, 다수 국가들이 일본식 경제발전 모형을 배우려고 노력해 왔다. 또한 일본과 유사한 경제체제를 가지고 '한강의 기적'을 이룬 한국도 대다수 개도국에 지향해야 할 경제발전 모델을 제공해 온 것이 사실이다.

그러나 현재 한국은 외환위기로 국제통화기금(IMF) 관리체제하에서 정부가 금융·기업 구조조정을 비롯한 강력한 경제개혁을 추진하고 있으며, 일본 정부도 금융 불안 및 경기침체에서 벗어나기 위해 금융개혁과 경기부양에 역점을 두고 있다. 김대통령의 방일은 그 어느 때보다도 경제부문에서 양국간 협력과 공동보조의 필요성이 증대되는 시점에서 이뤄진 것이다. 이에 따라 양국간 경제협력도 과거 정상회담에서 현안으로 거론되어 왔던 한·일간 무역불균형의 시정이나 일본의 대한(對韓) 투자증대와 같은 경제교류의 활성화에서 한 걸음 더 나아가 양국간 정책협력과 세계 차원에서의 협력관계 모색으로 확대되어야 할 것이다.

정부 주도적 경제체제에서 시장중심적 경제체제를 지향하는 양국 정부는 경제개혁 과정에서 서로 지식과 경험을 나누어야 할 것이며, 내수 진작 등을 통한 경기부양책 실시와 같은 경제정책 분야에서의 협력도 논의할 수 있을 것이다. 이러한 양국간의 한 차원 높은 경제협력으로 양국의 경제회복이 앞당겨질 경우, 이는 동아시아 전체가 경제위기에서 벗어나는 데도 긍정적인 요소로 작용할 것이 분명하다.

또한 새로운 정부가 출범한 후 처음 열리는 이번 정상회담은 한·일 양국간의 과거를 마무리짓고 미래를 향한 새로운 지평을 여는 계기가 되었으면 한다. 물론 이를 위해서는 한·일 양국이 과거를 뒤로하고 양국 관계를 새로운 토대 위에서 건설하겠다는 단호한 결의가 필요하다. 일본은 진심에서 과거사에 대해 반성해야 할 것이며, 한국도 이를 받아들여 더 이상 과거에 얽매이지 말아야 할 것이다. 나아가 이번 김대통령의 방일을 계기로 한·일 관계를 동북아시아 및 전세계 차원에서 보아야 할 것이다.

세계 경제는 범세계화와 지역주의화라는 양대 조류가 병행하는 가운데 빠르게 변하고 있다. 상품 거래에서 국경의 문턱이 낮아지고 있으며, 우리가 뼈아프게 느낀 바와 같이 대규모 국제자본의 이동은 경제 효율성을 높인다는 장점에도 불구하고 국가 경제의 안정을 위협할 수 있는 결정적인 요소로 등장하였다. 한편, 북미지역에서 자유무역지대가 형성되었으며, 유럽연합(EU)은 내년 초 유럽통화통합(EMU)의 출범과 함께 명실공히 하나의 경제권으로 등장하게 된다.

그러나 우리와 일본이 속해 있는 동북아시아에서는 이러한 범세계화와 지역주의화에 대해 서방세계에 비해 상대적으로 잘 대처하지 못하고 있는 것으로 보인다. 최근 동아시아의 금융위기가 그 한 예이며, 동북아시아 지역에서 아직까지 역내 국가간 경제협력체가 존재하지 않음은 물론이고 역내 경제협력조차 본격화하지 못하고 있다는 사실이 이를 증명해 주고 있다.

따라서 이번 정상회담에서는 한·일 양국이 급격히 변화하는 국제경제질서에 공동 대처하고 동북아시아에서의 지역협력 증진을 위해 다각적인 논의가 있을 것으로 전망된다. 예컨대 양국은 국제자본의 유동성 증대에 따른 부작용을 최소화하기 위한 국제사회의 노력에 동참하는 한편 서로 협조할 수 있을 것이며, 양국은 동북아시아에서의 역내 경제교류 증진을 위해서도 주도적인 역할을 담당할 수 있을 것이다.

최근 오구라 가즈오 주한 일본대사가 한·일간 자유무역지대 형성에 대한 연구의 필요성을 제기한 바 있다. 이는 수많은 난관에도 불구하고 동북아시아 국가간 지역경제협력체 형성이 이제 서서히 그 가능성을 드러내고 있으며, 이를 위해 한국과 일본의 역할이 중요함을 의미하는 것이라고 여겨진다.

이번 김대통령의 방일이 경제적 어려움에 빠져 있는 한·일 양국이 함께 경제개혁을 통해 난국을 극복하는 방안을 모색하고 새로운 협력의 장(場)을 마련하며, 동북아시아에서 역내 국가간 새로운 협력관계를 정립하기 위한 정상들간의 연쇄적인 대화의 시발점이 되기를 기대해 본다.

신(新) 3저(低)와 구조조정

서울경제신문 松峴칼럼, 1998. 10. 18

‘신(新) 3저(低)’의 도래 현상은 극심한 경제난 때문에 심리적으로 극도로 위축되어 있는 우리 국민들에게 적지 않은 위안을 주고 있다.

얼마 전까지만 해도 엔화 약세, 중국 위안화 평가절하 우려, 중남미 외환위기 가능성, 미국의 주가폭락 등으로 한 치 앞을 내다보기 어려울 정도로 먹구름이 덮여 있던 세계경제는 선진 각국의 금리인하와 엔고가 가시화되면서 이제 적어도 최악의 파국만은 피해갈 수 있다는 안도감을 주고 있다.

물론 ‘신 3저’가 우리 경제에 주는 이익이 1980년대 중반에 있었던 ‘구(舊) 3저(低)’만큼 현저하리라고 기대하기는 어렵다. 둘 사이의 가장 큰 차이는, ‘구 3저’ 시절에는 세계경제가 호경기를 누리고 있었으나 지금은 세계경제가 전반적인 불경기를 겪고 있다는 사실이다.

구체적으로 보더라도 1980년대에는 10% 수준의 세계적 고금리 하에서 대폭적인 금리인하가 있었으나, 지금은 금리인하 폭이 작고,

엔고도 미·일간의 경제성과 차이를 감안하면 단명에 그칠 가능성이 높은 것이 사실이다.

그러나 미·일간의 금리격차가 줄어들 것이고, 성장률 격차도 4% 포인트에서 2% 포인트 차이로 축소될 것이기 때문에, 상당기간 동안 120엔대는 가능하리라고 보이며, 한·일간의 수출경합 관계가 높은 점을 감안하면, 우리 수출환경이 유리해지는 것은 부정하기 어렵다.

여하튼간에 '신 3저'는 우리의 경제성장률을 많게는 1% 포인트 이상, 적게는 0.5% 포인트 정도 높여 줄 것으로 기대되므로, 우리의 경기부양정책에 힘을 실어 준다고 볼 수 있는 것이다.

정부의 경기부양 의지 천명과 '신 3저'에 대한 성급하고도 들뜬 기대심리가 표출되는 가운데 혹시 우리의 구조조정 노력이 후퇴하지 않을까 하는 우려의 목소리가 들리고 있다. 이러한 우려는 한국을 대표하는 거대 재벌의 행태에 비추어 볼 때 단순한 기우라고 볼 수만은 없고 현실로 나타날 가능성이 높다.

우리 기업인들 중에는 아직도 지난날의 좋았던 시절에 대한 향수와 미련을 떨쳐 버리지 못하고 있는 사람들이 더러 있다. 극단적으로는 국제규범을 무시해 가면서라도 정부지원 주도의 강력한 수출드라이브를 펴서 무역흑자를 내고, 그 돈으로 하루빨리 국제통화기금(IMF) 신탁통치를 벗어난 이후에, 정부 – 은행 – 기업이 유착하여 성장에 매진하던 구체제로 회귀해야 한다는 입장도 있다.

수(數)적으로는 소수지만 강력한 힘을 가진 개혁저항론자들은 국내 상황을 교묘하게 이용해서 유리한 여론을 조성한다. 예를 들면, 아시아 경제위기의 원인을 당사국들의 취약한 경제구조 탓으로만 돌릴 수는 없고 국제투자자들의 분별없는 자금회수에서 찾으려고 하는 논의를 아전인수격으로 확대해석하면서 구조조정의 절박한 필요성을 희석시키려고 한다.

헤지펀드 등의 단기 투기성자금의 폐해를 교정하기 위한 개선책이 다양하게 논의되고 있는 것은 사실이지만, 동아시아국가들의 금융 취약성과 과다한 기업부채가 외환위기의 직접적인 원인이라는 해석은 아직도 변함이 없다.

나아가 국제금융계가 역점을 두고 있는 것은 자료의 투명성에 근거해서 국가별, 기업별 위험도 평가를 정확하게 해낼 수 있는 자체 역량을 구축하는 것이다. 국제금융가들은 아시아 외환위기를 사전에 감지하지 못한 IMF에 대해서도 신뢰를 갖고 있지 않으며, 오히려 IMF에 대해서 자기들의 의견을 경청해 달라고 요구하고 있다.

국제금융사회가 우리의 구조조정을 감시하고 평가하는 기능은 앞으로 한층 강화될 것이며, 그 당연한 귀결로서 우리의 실수에 대한 관용 범위는 훨씬 축소될 수밖에 없다.

국내적으로 보더라도 부실 대기업에 대한 계속적인 금융지원과 계열사간 지원이 경제회생의 큰 걸림돌이 되고 있다. 외환위기 이후에 저축률은 더욱 높아지고 있으나 투자는 격감하고 있어서, 지금 금융기관들의 유동성은 매우 풍부하지만 남아도는 자금이 벤처기업, 유망중소기업, 건실한 전문기업으로 흘러가지 않고 부실기업과 국공채 투자에 쓰이고 있다.

따라서 금융경색이 좀처럼 풀리지 않고 있으므로 부실기업의 과감한 정리와 금융기관의 유가증권투자에 대한 규제가 필요하다.

일부에서는 부실기업주의 소유권도 사유재산권으로서 보호되어야 한다고 하지만, 이는 금융기관과 우량계열 기업 주주들의 사유재산권 보호를 간과하는 중대한 허점을 내포하고 있다. 부실대기업의 신속한 정리가 소유권 집착 때문에 지연되어서는 안 되는 이유가 여기에 있다.

논리적으로 보면, 거시경제안정과 공적자금투입을 통한 금융구조
조정은 정부의 몫이고, 기업구조조정은 민간의 몫이다. 정부는 금융기
관의 자본 적합성에 대한 감독을 통해서 간접적으로 기업구조조정을
유도하고 경영투명성 제고와 경영권시장 활성화를 통해서 기업이 자
발적으로 구조조정을 하게 하면 된다.

그러나 우리의 현실은 논리적 귀결과는 너무나 동떨어져 있기 때
문에 거대재벌의 저항을 제어하기 위한 정치적 의지가 필요한 것이
고, 구조조정 없이는 '신 3저'와 경기부양책이 또 다른 거품을 만들
어낸다는 사실을 명심해야 한다.

새로운 한·중 경제협력관계의 모색

한국경제신문 좌담, 1998. 11. 7

참석자: 노성태 한화경제연구원 원장
이경태 대외경제정책연구원(KIEP) 원장
김수배 한국경제신문 논설위원
배이동 전경련 국제본부장(사회)

김대중 대통령이 오는 11월 11일 취임 후 처음으로 중국을 방문한다. 김대통령의 이번 방중은 경제위기 속에서 역내 국가들의 결속이 어느 때보다 긴요한 시점에서 이뤄져 경제계의 기대가 모아지고 있다. 『한국경제신문』이 전국경제인연합회와 공동으로 11월 6일 개최한 지상토론회에서 참석자들은 이번 정상회담을 통해 한·중 관계가 경제는 물론 외교·안보를 아우르는 포괄적 협력관계로 높아질 것이라고 입을 모았다. "아시아 경제위기와 새로운 한·중경제협력관계"를 주제로 열린 토론회 내용을 요약 소개한다.

사 회: 먼저 김대중 대통령의 방중 의의를 짚어 주시죠.

김수배: 우선 양국관계를 포괄적 협력관계로 격상시키는 계기가 된다는 점에서 의의를 찾을 수 있습니다. 양국은 1992년 국교정상화 이후 비약적 발전을 거듭해 왔지만 경제를 제외한 분야에서는 냉전시대의 굴레에서 벗어나지 못하고 있어요. 김대통령의 이번 방중은 양국 협력관계를 외교·안보 분야로 확산시킬 것으로 기대

됩니다. 양국 정상은 이번에 "21세기 한·중 동반자 관계 선언"
이라는 발표문을 내놓을 예정입니다. 동반자 관계를 위한 장기적
틀을 문서화한다는 점에서 새로운 이정표를 세우는 셈이지요.

사 회: 우리의 대북정책과 관련해서는 어떤 기대효과가 있을까요.

김수배: 중국이 북한의 개방과 한반도 문제의 평화적 해결을 위한 여
건 조성에 적극적으로 나서게 하는 계기가 되겠지요. 김대통령으
로선 이번 방문을 통해 대북포용정책에 대해 미국, 일본에 이어
중국의 이해를 구함으로써 한반도 주변외교의 기본 정지작업을
사실상 마치게 된다는 뜻이 있습니다.

사 회: 경제분야는 정상회담 이후엔 더 큰 변화가 있겠지요.

이경태: 상징적인 것과 구체적인 기대효과로 나눠볼 수 있을 것입니다.
상징적인 것으로선 다자간 및 쌍무적 경협대상국으로서 서로의
중요성에 대한 인식이 높아질 것입니다. 구체적인 효과를 들자면,
우선 중국에 진출한 한국금융기관의 인민폐 영업 허가가 조기 실
현될 수 있을 것으로 봅니다. 인민폐 영업이 허용되면 현지 투자
기업에 대한 대출 확대와 무역신용장 거래 실현 등에 따른 무역촉
진 효과를 기대할 수 있겠지요.

사 회: 지난 1994년 "한·중 산업협력위원회 설치에 관한 협정"을 체
결한 이후 양국은 자동차, 전전자교환기(TDX), 고화질(HD) TV,
항공기 등 4개 분야에서 산업협력을 추진해 왔지만 가시적인 성과
를 못 냈어요. 특히 중형항공기 개발협상은 결렬된 상태인데요.

이경태: 지나치게 첨단·미래산업에 집중돼 있었어요. 산업협력범위를
중국의 9차 5개년계획(1996~2000) 및 2010년 장기계획에 맞출

필요가 있습니다. 기계, 전자, 자동차, 유화, 건자재 등 중국의 소위 지주산업 중심으로 재조정해야 합니다. 또 중국의 주택 및 SOC 등 건설시장에 대한 진출을 확대하는 조치도 필요합니다. 원전 건설사업에도 적극적인 참여를 모색하는 것이 바람직합니다. 이와 함께 중국기업의 대한(對韓) 투자 및 M&A 참여를 적극 유도할 필요가 있다고 봅니다.

사 회: 아시아 전체가 위기를 겪고 있어 중국도 예외는 아닌 것 같습니다. 경제는 어떤 상태인지요.

노성태: 중국 경제도 침체되기 시작했습니다. 지난해 8.8% 성장했지만 올해 목표는 8%이고, 상반기 실적은 7%에 그쳤습니다. 『이코노미스트』지의 전망에 따르면 올해는 잘해야 6% 성장할 것으로 보고 있습니다. 중국은 성장률이 1% 포인트 떨어지면 실업자가 5백만 명 생겨난다고 합니다. 저성장의 원인은 내수가 계속 침체돼 있기 때문입니다. 작년까지는 매년 수출이 20% 이상 늘어 성장을 견인해 왔었지요. 내수가 침체돼 있는데다 지방정부의 과도한 투자 때문에 금융문제도 발생하고 있습니다. 외국인투자 증가세가 둔화되고 있는 것도 문제입니다. 중국 정부는 정책방향을 경기부양에 맞추고 있습니다. 수출보다는 내수진작에 초점을 두고 있습니다.

사 회: 금융기관 부실문제도 심각한 상황으로 전개되고 있는 것 같습니다.

이경태: 중국 금융기관의 부실화는 부실 국유기업에 대한 정책금융 지원과 밀접한 관계가 있습니다. 중국 은행대출의 22%인 2천억 달러 이상이 부실채권입니다. GDP의 20%에 해당되지요. 대부분 적

자경영 상태인 국유기업에 대출해 준 겁니다. 4개 대형은행 가운데 3개가 적자 상태입니다. 국유기업의 절반 이상이 마찬가지로 적자입니다. 중국 정부는 국유기업 개혁을 9차 5개년계획의 핵심 과제로 설정하고 구조조정을 본격적으로 추진하고 있습니다. 오는 2000년까지 적자기업을 흑자로 전환하고 회생 불가능한 기업은 파산 정리할 계획입니다. 대대적인 재편이 이뤄지는 과정에서 실업자가 양산될 것이 분명합니다.

사 회: 중국이 위안화를 절하할 것인지에 대해 세계가 주목하고 있다고 해도 과언이 아닌데요.

이경태: 현재로선 가능성이 적습니다. 성장 및 수출부진과 디플레이션 확대 등이 평가절하 압력 요인으로 작용하고 있기는 하지만, 최근 엔화 안정화는 평가절하 압력을 줄이는 중요한 역할을 하고 있습니다. 중국 정부도 평가절하가 실익에 크게 도움이 되지 않는다고 판단하고 있어요. 다만 엔화 가치가 급락하거나 국제금융시장이 다시 불안정해질 경우 중국은 현재의 위안화 환율 고수방침을 재고할 가능성이 있습니다.

사 회: 새로운 관계 모색을 위해선 그동안 한·중 관계에 대한 평가가 필요한 것 같습니다. 특히 수교 이후엔 어떻게 달라졌는지를 종합해 주시죠.

노성태: 1992년 8월 수교 이후 교역과 투자 면에서 큰 성과가 있었습니다. 한국의 대중 수출은 연평균 50% 이상 증가했습니다. 지난 1991년 10억 달러이던 수출은 지난해 135억 달러에 달했습니다. 수입도 20%씩 늘었고요. 1991년 34억 달러였던 수입은 지난해 101달러가 됐습니다. 중국은 우리의 3대 교역대상국 중 하나이

고 홍콩을 포함하면 최대 수출시장입니다. 투자도 급증했지요. 최근 4년간 매년 6억 달러 이상을 투자했습니다. 작년 말까지 실행 기준으로 33억 달러가 중국에 투자됐습니다. 그러나 올해는 지난 8월까지 수출은 8.3%, 수입은 33.9%가 줄었습니다. 투자도 지난 7월까지 2억 달러에 불과하여 작년 동기에 비해 55%나 축소됐습니다.

사 회: 양적으로는 팽창했지만 양국 관계를 좀더 질적으로 고도화하는 협력채널이 필요하다는 지적이 많습니다. 아직도 양국간엔 현안이 많은 편 아닙니까.

김수배: 어업협정 체결 문제 등 핫이슈가 적지 않습니다. 중국어선이 우리 영해를 빈번하게 침범하고 있습니다. 우리 정부는 근본적인 대책을 마련하기 위해 어업협정과 배타적 경제수역 획정 협상을 서두르고 있습니다. 어업협상은 지난달 베이징에서 실무자회담을 가졌는데 잠정수역 설정이 쟁점이 돼 합의를 못했습니다. 공동관리수역과 잠정수역을 되도록 좁히려는 우리와 넓히려는 중국이 맞서고 있지요. 배타적 경제수역의 경우 중국은 일본과 먼저 끝낸 후에 우리와 협상할 예정입니다. 다행히 일본과의 협상이 상당히 진전됐다고 합니다.

경협문제는 지난해 중형항공기 공동개발이 기대를 모았지만 결렬됐습니다. 자동차, HDTV 등도 공동개발을 목표로 사업을 추진중이지만 진전이 되지 않고 있습니다.

또 골치아픈 것은 양국간 영사문제입니다. 한국인들이 중국을 방문했을 때 연간 2백30여 건의 사고가 나고 있습니다. 우리 정부가 심양에 영사관을 추가 개설하겠다고 요구하고 있지만 중국은 아직 움직이지 않고 있습니다. 중국은 오히려 한국에 있어서

화교의 지위 개선을 요구하고 있지요.

사 회: 최근 아시아 금융위기를 계기로 학자들, 기업인들을 중심으로 동북아 3국의 협력의 중요성을 다시 강조하는 목소리가 높아지고 있습니다. 한·중·일 3국이 참여하는 동북아협의체 설립 가능성과 필요성에 대해서는 어떻게 보시는지요.

이경태: 동북아경제협의체에 대해선 그동안 제약요인이 너무 많아 논의만 많았지요. 제약요인으로 우선 정치·경제체제의 차이가 심한 것을 들 수 있습니다. 또 과거사 문제도 남아 있구요. 여기다 중국과 일본이 아시아지역에서 주도권을 잡으려고 하는 미묘한 관계도 문제였지요. 현실적으론 미국의 반대도 만만찮았고요.

그런데 최근 동북아 국가간 경제협의체 설립의 당위성이 높아지는 여건 변화가 있습니다. 우선 지역주의가 세계적으로 확산되고 있다는 사실입니다. 내년부터 EMU가 출범하고 미국은 FTAA(미주자유무역지대)를 추진중입니다. 어느 지역에도 속하지 않은 동북아 국가들도 뭔가를 해야 한다는 필요성을 강하게 느끼고 있지요. 금융위기를 벗어나기 위해서는 일본이 선도적 역할을 해야 하고 한국과 중국도 협력을 해야 할 필요성이 대두되고 있는 것입니다. 동북아경제협의체의 경우는 앞으로 활발하게 논의될 것입니다. 그러나 구체적으로 자유무역지대 등 공고한 형태의 경제협의체가 되기까지는 시간이 많이 걸릴 것으로 봅니다.

사 회: 지난해 태국에서 외환위기가 발생하자 일본은 1천5백억 달러 규모의 아시아통화기금을 만들자고 제안했었지만 미국이 반대해 성사되지 않았습니다. 그런데 최근에는 아시아통화기금이 있었다면 이 정도의 어려움은 없었을 것이란 얘기가 나오고 있습니다. 일본이 8

백억 달러, 한국과 중국이 각각 1백억 달러씩 내서 1천억 달러를 만들면 각국은 굳이 외환보유고를 쌓아 둘 필요가 없다는 주장도 나오고 있습니다.

노성태: 지금까지도 아시아지역에서 각국은 그런 주장을 해왔습니다. 그러나 미국이 워낙 완강하게 반대해 그런 시도가 제대로 이뤄지지 못했습니다. 그런데 PECC(태평양경제위원회)를 중심으로 IMF를 보완하는 기금이 나와야 한다는 제안이 제기되고 있습니다. 그런데 투기자금의 규모가 워낙 커 1천억 달러로는 부족할 것이 분명합니다. 안정에는 어느 정도 기여할 것으로 봅니다만.

김수배: 아시아 경제위기가 끝나면 중국의 위상이 엄청나게 높아질 것입니다. 외환보유고가 세계 제1위라는 외적인 면도 있지만, 이번 아시아 경제위기에서 신의 있고 유연한 태도를 보여 준 것도 위상을 높이는 요인으로 작용할 것입니다. 아시아통화기금 등과 관련해서도 발언권이 상당히 강해질 것이 분명하고요.

사 회: 국내에서도 중복 과잉투자를 정비하기 위한 기업구조조정이 한창입니다. 그러나 한 나라, 한 시장이 아니라 역내에서 이뤄지는 것이 효율적이라는 지적이 나오고 있습니다. 한·중·일 3국이 협력할 수 없을까요.

노성태: 중국은 한국에 대해 34억 달러 적자, 우리는 일본에 131억 달러 적자, 일본은 중국에 2백억 달러 가까운 적자를 보고 있습니다. 원자재, 기술력, 자금력 등을 보면 상당히 보완적인 경제체제라고 할 수 있습니다. 지금 단계에서 보면 우선 한국이 위기에 빠져 있으니까 한국을 중심으로 위기극복을 위해 힘을 모아야지요. 장기적으로는 분업체제하에서 동반발전하도록 해야 합니다. 종전까지는 우리가 주로 일본에서 수입해서 중국에 수출하는 수

직적 협력이었는데, 이제 점차 수평적 협력관계로 전개될 것으로 봅니다.

이경태: 공급과잉 문제를 글로벌하게 봐야 한다는 것에 동의합니다만, 국내에서도 공급과잉 해소가 안 되는데 과연 나라간 협상이 가능할지는 의문입니다.

사 회: 이번 정상회담에서 우리가 특히 중점을 둬야 할 분야가 있다면 언급해 주시죠.

김수배: 중국은 지난 3월 전인대에서 중국판 뉴딜을 발표했었습니다. 3년 동안 1조 달러를 투자하겠다는 것이었지요. 공기업에서 해고되는 사람들을 구제하기 위해서였습니다. 건설분야가 워낙 많기 때문에 우리도 사업참여 기회가 많을 것으로 봅니다. 이번 회담에서 우리가 참여할 수 있는 구체적인 논의를 해야 합니다.

노성태: 중국 위안화가 안정되는 것이 중요하다는 점을 강조해야 합니다. 일시적 통화불안정을 예방하기 위해서라도 한·중·일이 아시아통화기금 등을 마련해 투기자금을 방어할 수 있는 체제를 구축하는 방안을 모색해야 할 것으로 봅니다.

이경태: 남북경협 강화에 중국이 참여할 수 있고 실력을 보일 수 있는 사업이 적잖습니다. 예를 들어 남북한 물류시스템의 경우, 북한을 통해 육로로 중국에 운송할 경우 기간은 짧아지고 비용도 절감될 것입니다.

사 회: 김 대통령의 방중은 위기에 빠진 우리 경제에 돌파구를 마련하고 남북관계 개선에도 새로운 전기를 마련할 것으로 기대됩니다.

APEC 정상회담
금융위기 해결 구체방안 기대

매일경제신문 좌담, 1998. 11. 10

참석자: 신장섭 매일경제 경제부 차장(사회)
유장희 이화여대 국제대학원장
이경태 대외경제정책연구원장
정의용 외교통상부 통상교섭조정관

사　회: 이번 APEC(아시아·태평양 경제협력체) 정상회담에서는 어떤 내용들이 논의됩니까.

정의용: 이번 정상회담의 주제는 다섯 가지로 예상됩니다. 첫번째는 역내 금융위기 안정을 위한 협력문제이고, 둘째는 TILF, 즉 무역·투자 자유화 및 원활화이며, 세째는 경제기술협력(Ecotech)이고, 넷째는 전자상거래와 Y2K(2000년 컴퓨터 표기)문제가 함께 거론될 것이고, 마지막으로는 APEC의 미래에 대한 논의가 있을 것입니다.

사　회: 과거와 다른 새로운 의제가 무엇인가요.

유장희: APEC은 그동안 TILF와 Ecotech의 양대축을 중심으로 진행되어 왔습니다. 그러나 이번에 금융협력이 포함돼 3대 축이 만들어지는 계기가 마련됐습니다.

사　회: 금융위기 해결을 위한 구체적 방안이 나오겠습니까.

유장희: 미국이 금리인하 등에 나서고 있고, 일본은 '미야자와 플랜' 등을 통해 300억 달러를 아시아 경제회복을 위해 내놓겠다고 하고 있습니다. 정상(頂上)들이 말 잔치(lip service)만으로 끝나서는 안 된다는 의견이 강력히 대두되고 있기 때문에 보다 구체적인 안이 채택될 것으로 기대됩니다. 이번 APEC 정상회담에 앞서 버그스텐 국제경제연구소장이 CARP(Cooperative Asian Recovery Program: 아시아 회복 협력 프로그램)라는 제안을 정상들에게 내놓았습니다. APEC 국가들이 금융, 재정에서 동시에 확장정책을 취하자는 것이지요.

사 회: 이 제안이 채택될 가능성은 있습니까.

유장희: 전체적으로 볼 때 채택될 가능성은 희박합니다. 금리는 지금 세계적으로 함께 내려가고 있지만, 재정부문에서 공동보조를 취하기는 쉽지 않을 것입니다.

이경태: 클린턴 대통령이 중간선거에서 승리해서 보다 강력한 리더십을 발휘할 수 있는 것이 긍정적인 요인입니다. 클린턴이 적극적인 역할을 할 것을 기대해 볼 수 있습니다.

사 회: 금융부문 감시활동을 강화하자는 제안이 좀더 구체화될 가능성은 없습니까.

유장희: 금융부문에 정부가 개입해서 통제할 것인가 아니면 감독을 강화할 것인가 라는 두 가지 방향의 논의가 있는데, 대체적으로 후자 쪽으로 가고 있습니다. 효과적인 감시제도 모델을 만드는 일이 필요합니다. 'IMF 플러스' 라는 말이 그래서 나온 것입니다. IMF가 그동안 하던 것보다는 훨씬 강력한 국제금융감시체제가 필요하다는 말이지요. 이를 위해서는 재무장관들이 적극적으로

뛰어야 하는데, 그동안 APEC이 통상장관 위주로 움직여 왔다는 한계가 있습니다. 재무장관회의는 봄에 열리고 정상회담은 가을에 열려 너무 시간차가 난다는 문제도 있고요.

정의용: APEC 틀 안에서 금융협력을 하는 것에 대해 각국의 재무부가 소극적인 느낌입니다. 다행히 내년 뉴질랜드 APEC 정상회담은 9월로 예정돼 있어 정상회담과 재무장관회의의 간격이 자연스럽게 좁혀질 수 있을 것 같습니다.

이경태: 금융안정과 관련해서는 IMF 기능 강화, 국제적인 감시활동 강화, 단기자본 규제의 3가지 과제가 있습니다. 감시강화는 우리나라가 추진중인 것과 같이 외환센터를 설립해 모든 정보를 수집해서 조기경보체제를 도입하려는 제도가 적절합니다. 감시제도의 첫 단계는 각국이 먼저하고, 다음은 네트워킹을 구축해 공조체제를 이뤄야 합니다. 단기자본 규제문제 역시 대체적 흐름은 단기자본 거래의 투명성 및 거래 관련 공시를 강화하고, 단기자본에 돈을 빌려주는 금융기관의 신용도 파악 등을 통해 건전성을 높이는 방향으로 가고 있습니다.

사 회: 미국과 일본간에 금융위기의 원인이나 대응에서 견해차를 보여 왔는데 이번 정상회담에서도 견해차가 나타날 가능성은 없습니까.

유장희: 견해차가 그리 크지는 않을 것입니다. 일본은 선진국이면서도 금융부문이 선진화되지 못했고 투명하지 못했다고 자인하고 있습니다. 대장성과 금융기관이 밀착해 있었다는 문제를 스스로 알고 있습니다.

사 회: 무역·투자부문에서 새로 진전될 만한 사안은 무엇이 있지요.

정의용: 금융부문이 추가된 것 못지 않게 무역·투자 부문에서도 새로

운 전환점을 맞고 있습니다. 분야별 자발적 조기자유화(EVSL)가 급진전될 전망인데, 9개 조기자유화 대상품목이 국내 전체무역의 3분의 1에 해당합니다. 우리는 완구, 에너지, 화학, 통신 등 7개 분야에서 이미 선진국 수준으로 자유화를 결정한 상태입니다. 과거에는 우리 정부가 무역투자자유화에 소극적인 입장이었는데 새 정부 들어서 적극적으로 나서고 있습니다. 다른 나라들이 한국의 전향적 자세에 놀라고 있습니다.

사 회: 어느 정도 수준의 자유화가 추진되고 있는지요.

정의용: 품목마다 차이는 있지만, 자유화는 관세가 영이 되는 것입니다.

유장희: EVSL에 '분야별' '자발적' '조기' 라는 말이 함께 들어 있는 것을 유의해야 합니다. 시기를 앞당겼지만 자발적인 방식을 취했습니다. 또 분야에 따라 융통성을 둘 수도 있습니다. 그러나 자발적이라고 해도 한 번 추진되기 시작하면 몇 개 국이 일방적으로 자유화를 늦추기 어렵다는 점이 있습니다. 일본이 현재 임산물과 수산물에서 버티고 있는데 다른 회원국들의 여론이 좋지 않습니다.

사 회: APEC내 후진국들에서는 조기자유화에 반대하는 입장은 없습니까.

유장희: 작년 벤쿠버회담에서 각국이 사정에 따라서 자발적으로 하기로 했기 때문에 반대는 없을 것으로 보입니다.

이경태: 조기자유화 대상품목 결정이 회원국간 협의에 의해서 이뤄지는 것이기 때문에 대부분의 국가들이 이익을 보는 쪽으로 가닥이 잡힌다는 특징이 있습니다. 우리나라의 경우 9개 품목에 참가했을 때 어떤 실익이 있느냐를 분석해 보니까, 우선 수출입 효과는

거의 비슷하게 나왔습니다. 그러나 소비자들이 얻는 이익은 엄청
납니다.

유장희: 개방화 노력은 단기적으로도 국가 신인도를 높이는 데 도움을
줄 것입니다.

사 회: 중국의 입장은 어떻습니까.

정의용: 중국도 일본과 비슷합니다. 과거에는 중국, 일본, 한국이 자유
화에 대해 비슷한 보조를 취했는데, 한국이 치고 나간 셈이지요.
우리의 전향적인 자세는 국가 이미지 제고에도 큰 도움을 주고
있습니다.

사 회: 투자부문은 어느 정도로 진행되고 있습니까.

유장희: 무역보다도 투자부문에서 자유화가 더 깊이 진전되고 있습니
다. '이런 산업은 못 들어온다'는 이야기가 나올 수 없게 되었습
니다.

정의용: 뉴라운드도 우루과이라운드 때처럼 끌려가지 말아야 합니다.
새로운 이슈들 중에서도 여건이 성숙되면 과감하게 참가하자는
쪽으로 분위기를 조성해 나갈 방침입니다.

유장희: 기술협력에 있어서 시장개념을 도입하자는 논의도 흥미롭게
진전되고 있습니다. 과거에는 후진국들이 선진국에게 첨단기술을
달라고 하고, 선진국은 기술이전을 꺼리는 문제가 있었습니다. 그
러나 이제 로열티를 내고 기술이전을 하자는 것이지요. '테크노
마트' 논의가 그래서 활발해지고 있습니다.

사 회: 전자상거래에서는 미국과 유럽, 일본간에 접근방법이 다소 다른
데, 각국간 견해차가 해소될 전망은 있습니까.

정의용: 전자상거래 규범 문제는 APEC 차원보다 경제협력개발기구
(OECD)나 국제무역기구(WTO) 차원에서 논의될 것입니다.
APEC은 워낙 정보화 수준도 차이가 많고 인프라 격차도 심하기
때문에, 규범 제정보다 인프라 구축 문제가 중점적으로 논의될
것입니다.

유장희: 우리의 전자상거래 수준은 많이 앞서 있습니다. 일본과 대등
하게 나가는 분야도 있습니다. 전자상거래에는 인프라 구축과 시
장활용이란 과제가 있는데, 인프라 구축에서는 우리가 뒤지지 않
았지만 이를 활용해서 수출을 늘리는 면에서 약한 감이 있습니다.

이경태: 시장을 키운다는 것에는 후진국에 네트워크를 깔아 주는 방식
이 있고, 네트워크를 통해서 팔 수 있는 물건, 소위 컨텐츠를 많
이 만들어내는 방법이 있습니다. 컨텐츠에서는 미국이 월등히 앞
서 있습니다.

사　회: 전자상거래는 APEC 차원에선 처음으로 등장하는 이슈인데, 구
체적인 제안이 나올 가능성은 있습니까.

유장희: 전자상거래가 활성화되면 무역통계를 새로 만들어야 하는 문
제가 생깁니다. 무역거래 기록이 없는 부문들이 많아지기 때문이
지요. 이에 대비한 연구를 지금 시작해야 합니다.

사　회: APEC이 앞으로 어떻게 발전되어 나갈 것인지요. 그리고 새로
추가될 이슈는 없는지요.

유장희: 유럽연합은 처음에 시장통합만 논의했습니다. 그러나 APEC은
경제·기술협력도 논의하고, 이제 금융이 새로 들어가면 새로운
차원으로 전개될 것입니다.

정의용: 우루과이라운드 타결에 7년이 걸렸지만, APEC은 보고르 선언

4년 만에 이행단계에 들어갔습니다. 불가능하게 보인 것들을 이루어냈지요. 느슨한 지역협력체이면서도 빠르게 구체적인 결과들을 만들어내고 있습니다. 앞으로 지식산업, 관광, 문화 등도 다뤄질 것입니다.

이경태: APEC은 '무엇이든지 담을 수 있는 그릇'이라는 생각이 듭니다. 이것이 바로 지난 9년간을 끌어 온 힘이고 장점입니다.

외환위기와 대외개방

서울경제신문 松峴칼럼, 1998. 11. 16

지난해 12월 외환위기가 발발한 후 국제통화기금(IMF)과의 합의에 따라 우리 경제의 대외개방은 한층 더 가속화되었다. 수입선 다변화정책이 내년 6월까지 완전 폐지되어 일본으로부터 자동차·가전제품 등의 수입이 자유화되고, 채권시장도 1999년까지는 완전히 개방되며, 국내주식을 취득하는 데 있어 외국인 지분한도도 조만간 사라지게 되었다.

새정부가 출범한 후에는 아태경제협력체(APEC)에서의 부문별 조기자유화(EVSL)에 적극 참여하고 주요 교역국가와의 자유무역협정 추진계획을 발표하는 등, 통상정책 기조도 급선회하고 있다.

이를 두고 혹자는 국가부도 위기에 직면해서 IMF로부터 구제금융을 하루 빨리 얻어내기 위해 외국상품과 자본을 안마당까지 끌어들이는 어리석은 단견(短見)이라고 비난한다. 이들은 IMF를 실제로 조종하는 미국이 한국의 위기상황을 이용해서 자국의 이익을 챙기고자 하는데 우리가 이에 맞서서 국익을 제대로 지켜내지 못한다고 비난한다.

새정부 출범 이후의 적극적인 개방정책을 둘러싼 논쟁은 앞으로 뉴라운드 출범 등 굵직한 이슈들이 표면화되면 더욱 치열해질 것으로 예견되는바, 우리는 향후의 대외개방을 다음과 같은 시각으로 바라볼 필요가 있다.

첫째, 경제위기를 극복하기 위한 수출시장 확보의 중요성이다. 올해 우리 경제의 위축이 그나마 마이너스 6%에 머문다면 이는 순전히 수출증가의 덕택이다. 국내수요가 30% 가까이 감소한 반면 물량수출은 20% 이상 증가하였으니, 만약 수출이 급격히 늘어나지 않았다면 경제성장률이 마이너스 10%까지도 떨어졌을 것이다.

우리의 수출증가는 순전히 미국과 유럽연합(EU)을 대상으로 이루어졌다. 미국은 아시아 국가들로부터 수입이 급증했기 때문에 올 무역적자가 지난해에 비해 50% 늘어난 1,700억 달러에 달할 전망이고, 이 때문에 미국은 반덤핑제소 등의 보호무역을 강화하고 있다.

우리가 대외개방정책을 확대해 나간다면 이는 미국이 계속해서 자유무역주의를 견지하는 데 큰 힘이 될 것이고, 이는 바로 우리의 국익증대와 직결된다.

둘째, 외국인직접투자의 중요성을 새삼 깨달을 필요가 있다. 아시아 국가들 중에서도 외환위기를 피해 가는 국가는 경상수지 흑자를 많이 내거나 외국인직접투자가 왕성한 나라들이다.

일본·타이완은 전자에 속하고, 중국·싱가포르는 후자에 속한다. 우리나라와 같이 경상적자를 계속 내면서 외화부족분을 주로 해외차입에 의존하는 국가는 외환위기의 위험에 노출될 가능성이 매우 높다.

우리가 종래에 외국인투자를 백안시한 중요한 이유는 기업의 생산활동과 기업소유권을 혼동하였기 때문이다. 기업은 고용을 늘리고 이윤을 내서 주주에게 배당하고 세금을 내면 되는 것이지 누가 주인

인가는 국민경제 전체 입장에서는 중요하지 않다. 종업원의 입장에서도 한국인 사장이 외국인 사장보다 좋다는 보장은 없는 것이다.

셋째, 개방을 하면 우리가 피해를 입는다는 열등의식에서 벗어나야 한다. 걸핏하면 세계 12위 무역대국으로서 조선·철강·반도체·자동차 등에서 세계적인 생산대국임을 뽐내면서도 개방하면 우리만 손해 본다는 사고는 자가당착이다. 규제개혁으로 민간의 창의를 북돋우고, 교육개혁으로 지식·정보시대를 열어나갈 젊은 세대를 키우며, 과학·기술을 진흥시켜 기술을 꽃피워 나간다면 개방의 이익은 충분히 누릴 수 있다.

혹자는 우리가 너무 성급하게 개방을 했기 때문에 외환위기를 만났다고 주장하지만, 문제는 개방 자체보다 개방의 이익을 우리 것으로 하기 위한 자기개혁을 등한시한 데 있다. 만약 우리가 내부준비가 미흡하다는 것을 내세워 개방을 지연시켰으면 고비용·저효율의 병세만 깊어가고 우리 경제의 구조조정은 더욱 요원해졌을 것이다.

우리가 외환위기를 통해서 개방과 내부개혁의 중요성을 실감하게 된 것은 참으로 값비싼 교훈이다. 지금부터 우리는 개방 여부를 놓고 귀중한 시간을 허비할 것이 아니라 개방을 통해 우리 자신들의 고질적인 비효율과 비합리를 과감하게 수술해야 한다.

클린턴 방한(訪韓)에 거는 기대

매일경제신문, 1998. 11. 21

　　클린턴 대통령의 방한이 실현됨에 따라서 한·미 정상회담이 예정대로 서울에서 개최된다. 전통적 우방국이자 세계 유일의 초강대국인 미국의 대통령이 방한하는 것이니만큼 우리측이 가지는 기대감은 상당하다.

　　더욱이 사상 초유의 IMF사태를 맞고 있는 우리로서는 이번 한·미 정상회담을 십분 활용하여 경제위기 극복 과정을 가속화시켜야 한다는 명제를 안고 있다.

　　김대중 대통령의 민주주의와 시장경제의 병행발전이라는 철학은 미국의 전통적인 정치경제이념과 매우 잘 맞아떨어진다. 따라서 이번 한·미 정상회담은 양국이 공유하는 경제이념을 재확인하는 자리가 될 것이다. 이러한 공감대를 바탕으로 우리는 현재 추진하고 있는 구조조정 과정을 보다 정확하게 알리는 계기를 마련해야 한다. 이와 더불어 우리의 무역·투자 자유화를 위한 의지도 표명해야 할 것이다.

　　지난 18일 폐막된 APEC 정상회담에서도 김대통령은 우리의 자구노력과 자유화에 대한 의지를 역설하여 많은 회원국들로부터 공감을 불러일으킨 바 있다. 다자간 채널인 APEC에서 강조한 점을 양자간 채널에서 다시 한 번 강조함으로써 우리의 변화된 모습을 전세계에 확실히 각인시켜야 한다.

한편, 우리의 구조조정 과정에서 나타나는 어려움을 미국측에 솔직히 설명하는 것도 필요하다. 경기침체로 인한 기업의 어려움과 실업의 증가로 인한 국민들의 고통을 알림으로써 보다 폭넓은 이해와 지지를 끌어내야 한다. APEC에서 김대통령은 세계경기의 침체 예방과 아시아 경제위기의 해소를 위해서는 위기 당사국들의 적극적인 구조조정 노력과 선진국들의 성장지향 정책이 병행되어야 함을 역설하였다.

금번 한·미 정상회담에서는 클린턴 대통령이 우리의 구조조정 노력을 높이 평가함과 동시에 국제적인 공조체제를 위해서 강력한 리더쉽을 발휘하겠다는 의지를 천명하는 것이 요망된다. 금년 들어서 한국의 대미 수출이 급증함에 따라 미국 업계가 불만의 소리를 높이고 있다. 이러한 불만이 보호주의적인 움직임으로 번지지 않도록 범세계적 무역자유화와 개방적인 시장유지의 필요성을 강조해야 한다.

우리의 가장 큰 수출시장인 미국시장에서의 입지를 강화하는 것이야말로 경제위기 극복에서 가장 중요한 요소라고 판단된다. 한·미 투자협정 체결도 이번 회담의 중요한 의제가 될 것으로 관측된다. 양국의 대통령은 협정의 필요성을 함께 강조하고 협정 체결을 위한 실무작업을 가속화시키는 구체적인 지시를 내려야 할 것이다. 이와 함께 투자절차의 간소화와 투자인센티브의 확대를 주요 내용으로 하는 우리의 외국인투자촉진법을 소개하고 미국 정부가 자국의 투자자들에게 대한(對韓) 투자를 권장하도록 부탁해야 한다.

한·미 투자협정이 체결될 경우 우리의 대외신인도 상승이 기대되며, 미국뿐만 아니라 다른 지역으로부터의 투자도 증가할 것이다.

미국은 철강의 수출 자제와 쇠고기 등의 수입 증가를 요구할 가능성이 크다. 우리는 심각한 경제위기하에서도 수출보조금 등 국제규범에 어긋나는 수출지원책은 결코 채택하지 않는다는 점을 설명하고, 철강 수출 급증과 쇠고기수입 감소는 원화 평가절하, 국내소비위축 등 시장원리에 따른 결과임을 알리는 동시에 불공정무역 여부는 우리 스스로 조사하고 시정하겠다는 점을 알려야 한다.

또한 시장개방과 관련, WTO차원의 새로운 협상에 충실히 참여할 것임을 표명할 필요도 있다. 다자주의적인 접근은 때로 양자간의 압력을 완화시키는 효과를 가지기 때문이다. 한·미간의 자유무역협정 체결을 위한 기초 준비작업으로서 한·미 공동연구도 제안해 볼 만한 주제라고 생각한다.

실제 협정을 체결할 경우 시장개방 정도가 미국에 못 미치는 우리는 어느 정도의 부담을 감수해야 하겠지만, 경제가 어려운 상황임에도 불구하고 개방적인 경제정책을 펴나간다는 점을 전세계에 과시할 수 있고, 미국시장, 나아가 북미시장을 의식하는 투자자들에게 대한 투자의 이점을 부각시키는 효과도 볼 수 있을 것이다. 또한 미국시장을 경유하여 다른 나라로의 우회수출을 시도해 볼 수도 있고, 대미 투자를 활성화할 수도 있을 것이다. 이런 점에서 이 문제를 장기적인 관점에서 검토해 나갈 수 있을 것으로 보인다.

한반도의 평화와 안정을 위한 공동협력은 전통적으로 한·미 정상회담의 주요 의제이다. 우리는 북한 포용론에 입각한 대북정책의 기조를 설명하고 미국과의 공조체제 유지의 중요성을 다시 한 번 강조해야 한다.

국민의 정부가 채택하고 있는 정경분리 원칙은 경제협력을 통해서 남북한간의 호혜적 이익을 증대시키고 북한 동포들의 생활의 질을 높임은 물론 경제교류를 통해서 정치·군사적 긴장을 줄여 보겠다는 다각적이고도 장기적인 포석임을 이해시켜야 한다. 경수로 사업이나 북·미 관계개선 등 북한이 책임있는 국제사회의 일원이 될 수 있도록 돕는 정책에 있어서 한·미간에 전혀 이견이 없음을 공동선언의 형태로 표명해야 할 것이다. 북한정권의 돌발성에 대비한 한·미 양국의 자세도 논의되리라 보는데, 이와 관련하여 한반도의 안정을 위협하는 행위에 대해서는 강력한 군사, 경제적 협력을 바탕으로 필요하고도 단호한 조치를 취할 것임을 공표해야 한다.

이번 정상회담은 한·미 양국의 전통적 우호관계를 재확인하고 양국이 가진 공감대의 바탕 위에서 정치·경제적 협력을 공고히 하는 계기가 될 것이다.

IMF사태의 극복과 남북화해라는 두 마리 토끼를 쫓는 우리로서는 한·미 정상회담을 국가신인도를 높이고 한반도 정세 안정을 추진하는 좋은 기회로 활용해야 한다.

유로화 출범 카운트다운

매일경제신문 좌담, 1998. 12. 9

참석자: 이경태 대외경제정책연구원 원장
송종한 도이체방크 서울지점장
박노형 고려대 교수

유럽 각국이 지난주 금리를 3.0% 포인트 전격 인하함으로써 유로화 성공의 최대 걸림돌인 금리격차가 해소되었다. 이 때문에 유럽 기업은 물론 아시아 주요 기업들은 결제수단으로 달러 비중을 줄이고 유로화 비중을 대폭 늘리고 있다. 이러한 분위기에도 불구하고 한국정부와 기업들은 이렇다할 대책을 세우지 못하고 있다. 긴급 좌담회를 통해 유로화 출범을 중간점검해 본다.

사　회: 유로화 등장이 국제통화질서에, 그리고 세계경제에 어떤 영향을 미치게 될 것으로 전망합니까. 그리고 유로화가 궁극적으로 달러에 대응하는 또 하나의 기축통화로 자리잡을 수 있을 것으로 보시는지요.

이경태: 유로화 출범은 브레튼우즈체제 성립 이후 달러화 중심의 국제통화 질서에 변화를 가져올 가장 큰 국제경제적 사건입니다. 유로랜드는 GDP(국내총생산)나 세계교역에서 차지하는 비중이 미국에 버금가기 때문에 국제무역, 투자 및 외환보유에서 유로의 비중이

꾸준히 증대될 것입니다. 따라서 시간이 걸리겠지만 유로화는 향후 달러화에 대응하는 또 하나의 기축통화로 자리잡을 것으로 예상됩니다.

송종한: 유로화는 다양한 측면에서 긍정적인 효과를 가져다 줄 것입니다. 첫째, 참여 11개국 통화간의 불필요한 환전이 사라져 거래비용을 대폭 줄여줍니다. 이는 역내 기업들뿐만 아니라 EU(유럽연합)와 교역하는 한국기업에게도 수출을 증대시키는 좋은 기회가 될 것입니다. 둘째, 미국에 비해 상대적으로 취약한 유럽의 직접금융시장이 통합되어 미국에 상응하는 경제력을 배경으로 비약적인 발전을 하여 지금보다 더 나은 조건으로 자금을 제공할 것입니다. 셋째, 유로 역내 금융기관간의 경쟁이 더욱 치열해져서 적자생존을 위한 M&A(인수합병)가 지속적으로 일어날 것입니다. 넷째, 기존 달러 중심의 국제금융시장이 달러와 유로의 양대 축으로 재편됨으로써 더욱 안정된 시장이 구축될 것입니다. 최근 도이치은행이 연구기관에 의뢰해 미국을 포함한 전세계 2,000여 기관투자가들을 대상으로 실시한 조사 결과 응답자의 3분의 2가 앞으로 5년 내에 유로가 달러화에 대응하는 기축통화가 될 것이라고 예측했습니다.

박노형: 유로화가 국제거래에서 미국의 달러화에 못지 않은 국제통화로 확고한 지위를 가지기 위해서는 무엇보다 유로경제권의 11개 회원국들 사이에 정치적 안정에 기반을 둔 유로화에 대한 국제사회에서의 신뢰가 요구됩니다. 이 점에서 최근 EU회원국들의 정치적 실세가 좌파정당이라는 점에 주목할 필요가 있습니다.

사 회: 유로화 출범과 관련한 참여국 11개국의 득실은 어떻게 볼 수 있습니까.

송종한: 유로화 참여 11개국 간에는 상품, 서비스, 자본의 이동이 용이해지고 나아가 장기투자가 늘어날 것입니다. 뮌헨의 한 연구소는 참여국 GDP의 0.8%에 해당하는 금액(약 540억 달러)이 매년 거래비용 및 환율위험 보상 비용을 지출하지 않음으로써 절감될 수 있다고 지적했습니다. 그러나 독일, 프랑스, 이탈리아 3개국의 GDP가 유로참가국 전체의 2/3를 차지하여 통화정책이 3국 중심으로 이루어져 기타 참여국의 경제정책이 희생될 수도 있습니다.

이경태: 소비자들은 가격의 투명성에 따른 가격하락으로 소비자 후생 증대를 향유할 수 있게 됩니다. 그러나 유로화 출범으로 경쟁은 더욱 치열해지고 이에 따른 기업구조조정에 따라 실업이 증가할 가능성도 큽니다.

사 회: 영국은 아직 유로화 참여를 유보하고 있습니다. 이유는 무엇인지, 또 결국은 참여를 결정할 것인지, 어떻게 생각하십니까.

이경태: 영국은 경제주권의 양도라는 정치적 이유와 함께 유로화의 안정과 EMU(유럽통화통합)의 성공적인 운영에 확신을 갖지 못하기 때문입니다. 그러나 영국의 경제적인 이해는 결국 유럽에 달려 있고 런던 금융시장의 경쟁력 유지를 위해서도 조만간 유로랜드에 합류할 것으로 보입니다.

송종한: 동감입니다. 한 조사에 의하면, 영국 지역의 펀드매니저들은 대부분 2003년 이전에는 영국이 유로에 가입하지 않는다고 응답한 반면, 유로 가입국과 북미, 아시아의 투자자들은 그때까지는 가입할 것으로 믿고 있습니다. 전세계 시장이 하나로 통합되어 가는 추세를 고려한다면 유로의 효과가 가시화되는 시점에서는 영국도 가입을 재고할 것으로 보입니다.

박노형: 영국 기업들도 어쩔 수 없이 유로화로 결제를 할 수밖에 없을

것입니다. 영국석유(BP) 등과 같이 다국적 기업들이 일단 유로화를 사용하면 기타 중소기업들도 속속 도입할 것입니다. 이렇게 되면 정부도 결단을 내리지 않을까요.

사 회: 유로화가 시중에 유통되는 시기는 향후 3년 뒤인 2002년부터입니다. 이 기간 중에는 상당한 혼란도 예상되는 데 이 모든 것들이 성공적으로 진행될 수 있을 것으로 보시는지요.

송종한: 최근에야 유로가 한국의 언론에 오르내렸지만 유럽에서는 오랜 기간 이에 대한 대비를 해왔습니다. 특히 유럽의 금융기관과 주요 회사들은 장기간 이에 대비한 기술투자를 계속해 왔습니다. 물론 실제 통화는 유통되지 않고 장부상의 통화로만 사용돼 여러 가지 불편이 예상되지만, 이 모든 것이 성공적으로 진행될 것으로 보입니다.

이경태: 내년부터 2002년까지 3년간 유로화는 정부나 은행간 거래, 국공채 발행 등에만 사용되고 현금은 실생활에 사용이 안 됩니다. 그러나 유럽은 현금거래의 비중이 20%대에 불과하기 때문에 당장 내년부터 유로화의 영향력은 나타나게 됩니다. 유로화의 시중 유통의 성공 여부는 유통과정 그 자체에 있다기보다 실업 및 경기 회복의 문제와 유로화의 안정성이 병행가능한가 여부에 달려 있다고 봅니다.

사 회: 유로화 출범이 한국경제에 미치는 직·간접적인 영향이 있다면 말씀해 주십시오.

박노형: 원론적인 얘기지만 한국의 EU에 대한 수출이 단기적으로 어려움을 겪을 수 있지만 장기적으로는 유로경제권의 성장잠재력의 증대로 한국의 수출이 증대될 수 있을 것입니다. 유로경제권

의 보다 효율적인 단일시장의 구축과 환거래 비용의 절감 등으로 한국의 EU에 대한 투자여건은 호전될 전망입니다.

이경태: 유로화 출범은 우리의 수출에 부정적인 영향을 끼칠 수도 있습니다. 유로랜드내 교역이 더욱 증가할 것이기 때문에 우리의 수출입지는 그만큼 줄어들 수 있습니다. 또한 유로랜드내 경쟁의 격화에 따른 가격하락으로 수출채산성도 떨어질 수 있습니다. 하지만 중장기적으로 수출시장이 확대되고 거대한 금융시장의 등장에 따라 해외 자금조달이 용이한 긍정적인 측면도 있습니다.

송종한: 외환위기 이후 위축되어 온 한국기업들에게 좋은 기회가 아닐 수 없습니다. 유럽 소비자들에게 경쟁적인 가격으로 접근할 수 있고 또한 싼 가격으로 원재료를 조달할 수 있습니다. 단일통화시장의 출현은 직접금융시장의 발달을 가져올 것으로 예상돼 한국은 유로지역에서 싼 금리로 자금을 조달할 수 있게 됐습니다.

사 회: 유럽기업들은 물론 일본기업들도 유로화가 결제수단으로 등장할 것에 대비, 적극적으로 대응하고 있는 데 비해 국내기업들은 아직 소극적인 입장을 견지하고 있습니다. 국내기업들이 어떻게 대응해야 할까요.

이경태: 우리의 금융기관과 기업들은 현재 구조조정에 여념이 없다보니 유로화의 출범을 소홀히 다루고 있습니다. 위협이자 동시에 기회인 유로화 출범을 준비하지 못하면 유로 버그와 같은 비용이 발생할 뿐만 아니라 달러에 대응하는 기축통화를 활용하지 못하는 기회비용도 부담해야 합니다. 금융기관은 국제업무와 관련된 시스템을 신속하게 수정해야 하며 새로이 부상할 유럽금융시장의 활용방안을 강구해야 합니다. 기업은 유로결제에 대한 대비와 주력 수출업종에 대한 파급효과를 분석하고 진출전략을 수정해야

합니다.

송종한: 수출을 통한 국제통화기금(IMF)체제 위기를 탈출하기 위해 유로랜드를 적극 공략할 필요가 있습니다. 그러기 위해 기술과 인적투자(컴퓨터 소프트웨어, 회계 등)를 통한 경쟁력을 키워야 합니다. 그리고 가격·구매·외환정책을 재검토하고, 새로운 경쟁자의 출현가능성은 없는지, 거래처가 유로로 원하는지, 기존 계약은 계속 유효한지 미리 점검하고 대비해야 합니다.

동북아경제협의체 구성해야

서울경제신문 *松峴*칼럼, 1998. 12. 14

　　최근 한국·중국·일본간 경제협력 증대의 필요성에 대한 관심이 높아지고 있다. 김대중 대통령 방일 때 일본이 과거사에 대한 사죄를 문서형태로 명확히 표시한 이후에 한일간의 경협 분위기가 계절과는 정반대로 봄기운이 감돌고 있다.

　　대통령 방일 이후에 개최된 한·일 재계 회의에서는 양국간 자유무역협정이 바람직하고 석유화학·철강 등의 과잉설비 처리에 있어서 공동협조가 필요하다는 등 과거에는 볼 수 없었던 합의가 이루어진 바 있다.

　　강택민 주석의 방일시에는 32개 항목의 협력내용을 담은 행동계획에 합의하였으며, 그 중에는 중국의 연운(連運)에서 네덜란드의 로테르담에 이르는 횡단철도를 건설하고 이를 중심으로 해서 광역경제권 개발을 추진한다는 원대한 사업구상도 포함되어 있다.

　　이와 같은 일련의 사태 진전은 지금까지 시장거래 차원에 머물러 왔던 3국간 경제교류가 이제는 정부협력 차원으로 한 단계 격상될 수 있는 가능성을 열어 준다는 의미에서 대단히 중요하다고 하지 않을 수 없다.

한·중·일 3국은 경제적 보완성에 더해서 지리적 인접성, 역사적 특수관계, 문화적 동질성을 공유하고 있음을 감안할 때, 장기적으로는 EU와 유사한 성격을 갖는 경제공동체로까지 발전해 갈 수 있는 잠재력을 지니고 있다.

그럼에도 불구하고 그동안 지역협력이 활성화되지 못했던 이유는 크게 보아서 두 가지인데, 하나는 현대사에서 발생했던 불행한 사건에서 비롯된 불신감이고, 다른 하나는 현실의 벽을 뛰어넘고 미래의 이상을 추구하는 정치지도력의 부재이다.

일본에 대해서 한국 국민과 중국 국민이 품고 있는 뿌리깊은 불신감은 경제협력을 저해하는 최대의 걸림돌이다.

무릇 가해자가 피해자에게 사과하는 것이 도리임은 손바닥을 들여다보듯이 분명한 이치임에도 불구하고, 최근까지 일본은 자신의 과오를 솔직히 인정하는 대범한 자세를 보여 주지 못했다. 다행히도 한·일간에는 어느 정도 매듭이 지어져 가고 있으나, 일·중간에는 여전히 갈등의 소지가 남아 있기 때문에 일본은 더욱 전향적인 태도를 취할 필요가 있다.

아시아경제위기 이후에 일본은 아시아통화기금(AMF) 창설, 미야자와 플랜, 한국과의 자유무역협정 체결 등을 제시함으로써 「아시아인에 의한 아시아 문제의 해결」을 추진하고 있는 것으로 비쳐지고 있다. 아시아 자결주의 또는 탈(脫) 서방주의라고도 불려질 수 있는 새로운 제안이 아시아국가에서조차도 환영받지 못하는 것은 혹시나 일본이 아시아국가의 공동번영 대신에 자국의 이익만을 추구하는 패권주의를 감추고 있지나 않을까 하는 의구심 때문이다.

여기에 더해서 일본 경제사회의 폐쇄성과 규제 일변도의 관료주의가 시정되지 않는 한 일본은 막대한 자본력을 가지고도 아시아 경제질서를 주도하는 역할을 수행하기 어려울 것이다.

동북아경제공동체의 창설은 동북아시아의 미래에 대한 비전과 실천력을 갖춘 지도자를 필요로 한다. EU의 탄생 배경에는 유럽인에 의한 유럽의 영광을 꿈꾸었던 드골 대통령의 아집과 오만이 자리하고 있었음을 상기할 때, 동북아시아도 드골 대통령에 버금가는 상상력과 지적 능력·행동력을 갖춘 정치지도자를 필요로 한다.

동북아시아는 아프리카를 제외하고는 지역협력기구가 가장 미약한 지역이다. 만약에 동북아시아에서 정부간의 경제협력기구가 가동하고 있었다면 아시아경제위기의 단초가 되었던 1995년도의 중국 위안화의 평가절하, 1997년도의 일본자본의 대거 이탈 등을 미연에 방지할 수도 있었을 것이다.

그동안 동북아경제협력 논의는 민간차원에서 꾸준히 논의되어 왔고, 두만강 개발사업 등과 같이 부분적이지만 가시적인 성과도 주로 비정부기관의 노력의 산물이다. 그러나 이제는 정부가 나서야 할 때이다. 한·중·일 3국의 정책당국자들은 동북아경제위기에 공동대응하고 구체적인 협력사업을 논의하는 협의체를 구성함으로써 경제공동체를 향한 첫걸음을 내디뎌야 한다.

양국간 투자협정의 효과와 대응과제

매일경제신문 좌담, 1998. 12. 18

참석자: 한덕수 통상교섭본부장
　　　　이경태 대외경제정책연구원 원장
　　　　이한구 대우경제연구소장
　　　　배이동 전경련 상무(사회)

국가간 자유로운 자본이동을 보장하자는 취지에서 출발한 다자간 투자협정(MAI)이 선진국과 개도국간의 현격한 견해차로 타결 가능성이 희박해지고 있다. 그 대안으로 양자간 투자협정이 본격 부상하고 있다. 우리나라도 최근 미국과 일본을 대상으로 양국간 투자협정 체결을 서두르고 있다. 투자협정이 체결되면 외국자본의 이동에 확실한 자유를 보장받게 돼 국내외 경제환경도 크게 달라지게 된다. 매일경제신문과 전국경제인연합회는 [양국간 투자협정의 효과와 대응과제]라는 주제로 지상좌담회를 열었다. 참석자들은 양국간 투자협정의 조속한 체결이 외국인들이 안심하고 한국에 투자할 수 있는 지름길이라는 데는 의견을 같이했다.

사　회: 우리 경제를 둘러싼 통상환경이 빠른 속도로 변화하고 있다. 정부에서는 미국, 일본 등과 투자협정 체결을 추진하고 있다. 먼저, 배경은 무엇인가.

한덕수: 지금 통상환경은 ‘세계화’라는 한 단어로 요약된다. 국경을 걷어치우고 상호의존적인 관계를 모색하고 있는 것이다. 과거

60, 70년대처럼 '나 하나만 잘되고 다른 나라는 망하라' 는 식의 발상은 통하지 않는다. 경쟁력 강화나 기술력 확보라는 목적을 달성하기 위해서도 우리경제를 세계경제에 노출시키는 노력이 따라야 한다. 세계 통상협상의 흐름이 무역 중심에서 투자 중심으로 옮겨가고 있음을 감안하면 우리도 이에 대한 대책을 세울 필요가 있다.

사 회: 이번에 추진하고 있는 미국, 일본과의 투자협정은 어떤 효과를 가져다 준다고 보는지.

이경태: 우리나라의 전반적인 자유화정책을 외국인에게 알리는 것과 실제 외국인의 한국투자를 늘리는 두 가지 효과로 구분된다. 우리는 IMF사태 이후 외자유치를 경제회생에 필수불가결한 조치로 인식하고 M&A자유화, 외국인투자촉진법 제정, 공기업 민영화 등 획기적인 조치를 취해 왔다. 그러나 외국인들 사이에는 여전히 "한국이 경제위기를 모면하기 위해 일시적인 조치를 취할 뿐 경제가 나아지면 또다시 문을 닫지 않겠느냐"는 일말의 불안감이 있다. 한·미, 한·일간 투자협정은 이런 불안감을 해소해 줄 것으로 기대된다. 또 투자협정을 통해 외국인에게 내국민 최혜국대우를 해줄 경우 공기업 민영화나 금융기관 국제매각에서도 유리한 위치에 설 수 있다.

이한구: 내년에는 기업들이 구조조정을 위해 많은 외자를 필요로 하는 시기다. 외국인들은 정부의 개방정책에 따라 한국 투자를 늘리고 있지만 투자협정이 맺어지면 훨씬 안정된 상태에서 들어올 수 있다. 일본과의 투자협정은 자유무역지대를 만들기 위한 전초전이 된다는 점에서 의미가 크다. 일본은 그동안 한국에 부품을 많이 팔아 왔다. 투자협정 여부에 따라 앞으로 한국에 투자할 것이냐

아니면 수출만 계속할 것이냐에 큰 영향을 받는다. 만약 투자를 한다면 취약한 국내부품산업을 강화할 수 있는 좋은 계기가 될 것이다.

사 회: 미국과 협정체결이 당초 연말로 예정됐다 미뤄지는 분위기인데, 전체적인 추진일정이 어떻게 되나.

한덕수: 미국과는 우리 측이 먼저 제안해 3차례 회동한 바 있다. 대체적인 의견접근이 이뤄진 상황이나 경제위기시에 일시적으로 자금흐름을 막을 수 있도록 하는 세이프가드(safe guard) 조항을 둘러싸고 양국간 견해차가 심해 연말을 넘길 것 같다. 그러나 외자유치가 시급한 만큼 우리 정부의 외국인투자자 보호 의지가 담긴 투자협정을 최대한 빨리 체결할 계획이다. 일본과는 아직 본격적인 협상이 진행된 것은 아니고 내년 1월 중순경에 1차 협상을 시도할 예정이다.

이경태: 우리가 먼저 투자협정을 제안했을 때는 미국이 다른 국가와 맺고 있는 형태를 충분히 검토했을 것이고, 별 문제가 없기에 추진한 것으로 판단된다. 그렇다면 최대한 빠른 시간내에 협정을 맺는 게 대외신뢰도를 높이는 길이라고 본다. 현재 쟁점이 되고 있는 세이프가드 조항의 경우 명분과 실리의 싸움이라고 생각한다. 명분상으로는 외환시장을 통제하는 주권이 우리에게 있다는 점에서 긍정적이다. 그러나 실제 외환위기 때 이 조항이 얼마나 도움이 될지에 대해서는 회의적이다. 외자유치가 절실한 시점에서 실리에 무게를 두는 게 바람직하지 않나 생각한다.

이한구: 개인적으로 세이프가드 조항은 있어야 한다고 본다. 각국마다 산업발전 단계가 다르기 때문에 우리보다 앞선 국가들의 입장을 그대로 받아들이는 것은 무리다. 지금 세계의 금융시장은 엄청난

속도로 움직이고 있다. 그리고 자칫하면 단기 투기세력이 한 나
라의 경제를 흔들 수도 있다. 이런 위험을 막는 장치가 있어야
한다. 말레이시아처럼 원천적으로 외환시장을 통제하는 것은 무
리한 발상이지만, 최소한의 장치는 해두어야 한다는 생각이다.

한덕수: 지금 우리는 어떻게 해야 국익에 도움이 되는지를 생각해야
한다. 미국, 일본기업의 장단기 투자를 유치해 이들 선진기업과의
전략적 제휴를 맺는 게 급선무이고, 이를 위해서는 이들이 안심
하고 한국에 투자할 수 있는 여건을 마련해야 한다. 그런데 이처
럼 자금의 흐름을 규제할 수 있는 조항을 둔다면 그들은 한국시
장을 결코 '매력있게' 보지는 않을 것이다.

사　회: 투자협정 체결 대상국을 확대할 계획인가.

한덕수: 앞서 언급한 것처럼 전략적으로 제휴할 필요성이 있는 나라부
터 확대할 계획이지만 아직 대상이 정해진 것은 아니다. 투자협
정과 함께 자유무역협정(FTA)도 추진하고 있다. FTA는 쉽게 말
해 양국간 완전경쟁체제를 의미하며, 서로 득이 돼야 추진할 수
있다. 정부는 우선 지역별 거점국가를 대상으로 협정을 체결할
것이다. 그러나 투자협정에 비해서는 다소 신중하게 추진할 생각
이다.

이경태: 우리 경제는 수출을 통해 성장해 왔다. 앞으로도 수출로 성장
하려면 시장을 많이 개방해야 한다. 현재 지역적인 무역협정이 없
는 곳이 동북아다. 따라서 이제는 자유무역협정을 추진할 단계라
고 생각한다. 다만 일본과는 경쟁적인 관계에 있기 때문에 신중한
검토가 뒤따라야 할 것이다.

사　회: 한·미, 한·일 투자협정이 기업에 어떤 영향을 미칠 것이며 어

떻게 대응해야 하나.

이한구: 투자협정체결은 우리 기업계가 사업고도화를 할 수 있는 환경을 만들 것이다. 미국이나 일본은 우리보다 앞선 국가들이다. 이들과의 투자협정이 우리나라를 하청기지로 전락시킬 수도 있지만 노력 여하에 따라서는 성공적인 구조조정을 하는 계기를 제공할 것이다.

한덕수: 이한구 소장의 이야기에 동감이다. 투자협정 체결은 외국인투자자들이 안심할 수 있는 체질을 만드는 데 결정적인 역할을 한다. 그러나 뛰어야 하는 것은 결국 기업이다. 다행히 미국 등 선진국은 한국을 동아시아의 생산거점으로 좋게 인식하는 분위기이다. 볼보나 보워트사가 한국에 대규모 투자를 단행한 것이 좋은 사례다. 앞으로도 외국기업을 유치하려면 토지 보유에 대한 제한을 풀고 우수한 인력을 잘 공급하는 등의 노력이 뒤따라야 한다.

이경태: 투자협정은 시장개방을 의미한다. 단순히 개방에 그치지 말고 새로운 시장을 창출해야 개방의 이익은 극대화된다. 이를 위해 기업과 정부가 함께 노력해야 한다.

1999

위기관리에서 미래 준비로

문화일보 포럼, 1999. 1. 5

우리는 지난 1년 동안 국가부도의 위기에서 벗어나기 위해서 숨 가쁘게 달려 왔다. 그 결과 외환위기의 재발 가능성은 낮아졌고, 경제회복의 가능성이 시야에 들어오기 시작했다는 사실은 그 의의가 크다고 보아야 한다. 이와 같은 인식을 토대로 해서 새해에는 경제운용의 기조를 위기관리로부터 미래를 위한 준비로 전환해야 한다. 혹자는 위기관리와 미래를 위한 준비의 구분이 어렵고, 위기관리 시책의 많은 부분은 우리 경제의 체질강화를 겨냥한 것이기 때문에 기존의 기조를 계속 유지하는 것이 필요할 뿐이라고 주장한다. 이 주장에도 일리는 있다. 그럼에도 불구하고 경제운용의 기조전환 필요성은 다음 몇 가지의 관찰로부터 연유한다.

첫째, 위기극복을 위해서 필수적으로 요구되는 축소지향적 경제운용이 장기간 계속됨에 따라서 실물경제가 과도하게 위축되고 있다. 초고금리와 재정 긴축 등 거시측면에서의 축소정책은 상당부분 완화되고 있으나, 다운사이징으로 상징되는 미시측면에서의 축소정책은 아직도 풀릴 기미가 보이지 않고 있다. 이는 고용 불안정, 소득 감소를 통해서 소비를 위축시킬 뿐만 아니라 신규투자 기회를 봉쇄해서 경기회복을 지연시키고 있다.

기업부도의 위기상황에서는 만사를 제쳐 놓고 기업을 살려야만 하기 때문에 획일적으로 몸집을 줄이는 것이 최선책이 될 수 있다. 그러나 일단 급한 불을 끈 다음에는 장래 기업의 발전을 위해서 있어야만 하는 핵심부분에 대해서는 고용, 신규투자 및 기술개발을 확충해 나가야 한다.

그러지 않고서는 경제의 회복을 기대할 수 없는 것이다. 우리가 지금 경계해야 할 것은 축소경영과 구조조정을 동일시하는 경직되고 획일적인 시각이다. 새로운 사업을 개척하는 확대경영도 훌륭한 구조조정이라고 평가해 주는 분위기가 조성되어야 한다.

둘째, 위기관리가 계속되다 보니까 모든 일에 있어서 신속·과감이 미덕으로 칭송받고, 신중함과 진득함은 오히려 우유부단으로 배척당하고 있다. 신속·과감하면 추진이 빠르고 성과가 금방 나타나지만 실수할 가능성은 많아지고 내실을 다지기 어렵다. 지금까지는 국제경제 정세가 급변하고, 대외신인도가 투자부적격 상태에 머물고 있었으며, 금융과 기업의 부실이 심각했기 때문에 기민하게 행동할 수밖에 없었다.

그러나 이제는 급박한 위험은 사라졌기 때문에 평상심을 회복하고 차근차근, 하나하나 벽돌을 쌓고 다져 나가는 자세가 더욱 빛을 발하게 된다.

우리가 미래를 위한 준비를 해나감에 있어서 유의해야 할 사항은, 우선, 정부 역할이 소방수에서 설계사로 변해야 한다. 다시 말해, 이제는 화재 진화보다는 새로운 건물의 구상이 중요하다는 뜻이다. 지난 1년 동안 정부는 수많은 개혁 입법을 제정했고, 지금 국회에서도 많은 법률안이 심의중에 있다. 이러한 법률들은 시장경제를 구성하는 골격이 되는 것이기 때문에 건물에 비유하면 기초설계에 해당하는 것이다.

이제부터 정부는 법률의 시행을 위한 상세 설계를 제대로 함으로써 시장경제가 제도로서 작동하게 할 책임이 있다. 일단 제도가 갖추어지면 정부는 기업과 금융을 제도에 맡겨야 하며, 직접적인 개입과 통제는 하지 말아야 한다. 시장경제에서 기업과 금융의 생존 기준은 이윤이다. 이윤은 여러 기준 중의 하나가 아니라 유일한 기준이다.

기업 경영에 있어서 수익경영과 외형경영은 별개의 것이 아니며, 외형경영의 본질은 단기수익보다도 장기수익을 중시하는 것이라고 보면 된다. 따라서 앞으로의 기업과 금융 구조조정은 다소 시일이 걸리더라도 장·단기 수익성을 기준으로 해서 시장에서 이루어지도록 해야 한다.

위기 이후의 구조조정은 획일성보다는 신축성이 더욱 고려되어야 한다. 구조조정과 성장은 선후관계가 아니라 병행관계이며, 개별 기업의 경영상태에 따라서 구조조정의 범위와 속도가 결정되어야 한다. 예를 들어 부채비율 감축에 있어서도, 설비투자가 이루어지는 기간과 투자수익이 본격화하는 기간의 차이를 인정하는 등의 신축성이 충분히 확보되어야 한다.

혹자는 구조조정을 더욱 철저하게 하지 않으면 제2의 외환위기가 온다고 한다. 이 말이 틀린 것은 아니지만, 구조조정이 끝날 때까지는 몸집을 줄이기만 하고 정부가 조급하게 서둘러야 함을 의미해서는 안 된다. 구조조정은 주머니처럼 항상 차고 다녀야 하고, 축소와 확장이 병존하는 과정이 되어야 한다.

수출목표 달성, 원고(高)부터 막아라

서울경제신문 좌담, 1999. 1. 14

참석자: 오영교 산업자원부 무역정책 실장
장병주 (주)대우 사장
이경태 대외경제정책연구원 원장
정재영 성균관대 경영대학원장(사회)

연초부터 세계경제환경이 급변하고 있다. 유럽연합은 유로화 출범으로 완전한 경제통합을 눈앞에 두고 있으며, 지난해 사상 최대의 경상수지 적자를 기록한 미국은 보호주의를 강화할 움직임을 보이고 있다. 또한 미나스제라이스주(州)의 모라토리엄(대외채무 지불유예)선언으로 야기된 브라질 금융위기에서 볼 수 있듯이, 전세계적인 금융위기의 불씨는 아직 완전히 꺼졌다고 보기엔 어려운 상황이다.

급변하는 대외경제환경은 우리 수출에 직접적인 영향을 줄 수밖에 없다. 이러한 대외적인 여건 속에서 올해 한국경제는 안으로 금융·기업 구조조정을 마무리짓고, 밖으로는 치열한 수출경쟁에서 생존해야 하는 어려운 숙제를 안고 있다. 하지만 기업·금융조정이 마무리됐다고 보건 아직 이르며, 유일한 희망인 수출은 환율하락세 속에서 그 전망이 밝지만은 않은 상황이다. 이에 『서울경제신문』은 1999년 변화된 수출 여건과 수출 전망을 긴급 점검하는 좌담회를 개최했다.

사　회: 지난해 한국경제의 고통은 정말 대단했습니다. 다행히도 무역수지흑자규모가 399억 달러에 달해 한시름 덜었습니다만 환란이 완전히 극복된 것은 아니라고 봅니다. 올해에도 환란 극복노력은 계속돼야 할 것입니다. 가장 중요한 것은 수출이죠. 성장율, 고용증대 등에서 수출이 맡고 있는 역할은 아무리 강조해도 지나침이 없습니다. 우선 지난해 수출입 실적부터 분석해 볼까요.

오영교: 지난해 우리 수출은 값진 성과를 얻었습니다. 사회자께서도 지적하셨듯이, 무역수지 흑자가 399억 달러로 사상 최대규모에 이르렀습니다. 흑자규모로는 일본, 독일, 중국에 이어 4번째였어요. 아무도 기대 못한 실적이었죠. 수출은 지난 1997년 말 39억 달러에 불과했던 외환보유고를 1년 만에 485억 달러로 늘리는 데 가장 결정적인 역할을 했습니다.

이경태: 특히 지난해 수출은 경쟁국에 비해 상당히 좋은 실적을 보였다는 점을 강조하고 싶습니다. 왜냐하면 일본, 대만, 싱가포르 등은 국내적 큰 어려움이 없었음에도 우리보다 수출 실적이 좋지 않았기 때문이죠. 작년 수출은 물량 기준으로 18.4%가, 원화 기준으로는 50.3% 각각 증가했습니다. 산업기반의 붕괴를 막는 받침대 역할을 톡톡히 한 셈입니다. 또 외환보유고 485억 달러 중 60% 이상이 무역수지 흑자에서 나온 점도 의미를 갖고 있습니다.

사　회: 지난해의 경우 금수출이라는 특수요인이 발생해 무역수지 흑자에 큰 기여를 했다는 지적이 있습니다. 올해 수출전망을 밝게 볼 수만은 없다고 보는데, 업계의 의견은 어떤지요.

장병주: 지난해 상반기의 수출이 증가세를 보인 요인 중 금수출을 무시할 수는 없습니다. 국제통화기금(IMF)체제를 수출로 돌파해야만 한다는 국민적 공감대가 형성되면서 분위기 자체가 수출에 큰

도움을 준 것도 묵과할 수 없는 부분입니다. 내수 부진도 수출을 촉진하는 데 큰 몫을 했어요. 기업들은 내수가 침체되자 수출에 필사적으로 매달렸습니다. 하지만 올해에는 낙관만은 못한다고 봅니다. 경쟁상대국들이 올 수출목표를 지난해 대비 마이너스로 잡은 데 대한 면밀한 검토가 필요합니다.

오영교: 금수출이 지난해에만 있었던 것은 아닙니다. 금수출은 매년 이뤄지고 있습니다. 그보다는 5월부터 감소세를 보이던 수출이 최악의 조건 속에서도 11월부터는 증가세로 돌아서도록 정부와 기업이 합심했다는 점에 큰 의미를 두고 싶습니다. 거꾸로 가던 추세를 역전시켰다는 것은 당연히 평가를 해줘야 합니다.

사 회: 올해 대내외 수출여건은 어떨까요.

이경태: 결론부터 말씀드리자면 호재와 악재가 혼재해 있습니다. 미국 연방준비제도이사회(FRB)의 잇따른 금리인하 등으로 국제금융시장은 안정을 찾아가고 있습니다. 2000년부터는 세계경제가 본격적인 회복세로 돌아설 것입니다. 올해를 준비기간으로 볼 수 있죠. 미국 경제성장률은 약간 둔화세를 보일 것으로 전망됩니다만 유럽, 일본 경제가 마이너스 성장을 벗어날지의 여부가 관심사입니다. 우리에게 희망을 주는 것은 아시아경제가 최악의 상황은 넘기고 올 중반기부터는 완만하나마 회복세로 가지 않겠느냐 하는 기대감입니다. 중국경제는 지난해 외형적으로 8%의 성장세를 기록했어요. 이에 반해 원화가치 상승으로 인한 가격경쟁력 약화는 가장 두려운 복병입니다. 선진국들이 우리 상품에 대한 수입규제를 강화하려는 점도 악재이지요. 세계 전체적으로 수출여건은 크게 좋아질 것은 없고, 그렇다고 크게 나빠질 것도 없다고 봅니다.

오영교: 유로화 출범도 짚고 넘어가야 할 대목입니다. 유로화 출범은

가입국간의 거래비용을 대폭 축소시키고 경쟁을 유발시켜, 유럽 기업들의 경쟁력을 크게 향상시킬 것으로 보입니다. 이 결과로 유럽경제는 매년 0.2~0.3%의 추가성장이 기대됩니다. 우리 수출에는 어려움과 기회를 동시에 줄 것으로 생각됩니다. 복수화폐에 의한 거래상의 불편 해소와 유럽지역의 성장률 상승은 호조요인이나, 달러위상 약화와 이에 따른 대미수출 둔화 가능성, 유럽연합의 수입규제 강화, 유럽기업들의 경쟁력 강화는 어려움을 줄 수 있는 요인입니다.

사 회: 기업들의 경우 지난해 설비투자를 거의 하지 못해 올 수출에도 좋지 않은 영향을 받을 것 같은데요.

장병주: 철강, 자동차 등은 벌써부터 통상마찰이 생기고 있을 정도여서 수출에 암운을 드리우고 있다고 볼 수 있습니다. 유럽연합의 유로화 출범은 장기적으로 국내 기업에 어려움을 안겨 줄 것입니다. 동남아 경기가 좋아진다고는 하지만 동남아국가들도 살기 위해 수출을 해야 합니다. 올해도 경쟁상대가 될 수밖에 없다는 얘기입니다. 지적하신 대로 지난해 설비투자를 못한 점은 크게 우려됩니다. 해외마케팅 활동도 상당히 위축된 상태였죠. 종합상사의 경우 해외상주요원을 불러들이기에 바빴어요. 해외사무소도 축소했습니다. 지난해 위축된 설비투자, 해외활동 위축 결과는 올해에 확연하게 나타날 것입니다. 대대적으로 전개되고 있는 기업구조조정도 수출에 영향을 줄 것으로 보입니다. 기업구조조정은 단적으로 몸집을 줄이는 겁니다. 기업들은 축소과정에서 단기적 영향을 받을 수밖에 없지 않겠어요? 심각했던 금융경색도 지난해 말부터 풀어지고는 있으나, 솔직히 우려감을 떨칠 수가 없습니다.

이경태: 미국의 움직임도 심상치 않습니다. 미국은 지난해 사상 최대의 경상수지 적자를 기록했습니다. 무역적자가 가장 큰 요인이었죠. 미국이 적자 축소를 위해 신경을 쓸 것은 불을 보듯 뻔합니다. 미 의회의 분위기도 뭔가 조치를 취해야 한다는 분위기입니다. 미국은 올해 상당히 공세적인 보호주의를 들고 나올 것입니다.

사 회: 수출환경이 열악하다는 지적이신데, 정부는 수출 촉진책으로 어떤 정책을 구상하고 있습니까. 무역 흑자 250억 달러를 달성하는 길이 험난할 것 같은데.

오영교: 무역환경이 올해 크게 좋아질 것 같지 않다는 데는 동감합니다. 그러나 정부 입장에서 보기에는 최소한 나빠지지는 않을 것입니다. 어려움이 있습니다만 지난해에는 최악의 상황 속에서도 큰 폭의 흑자를 내지 않았습니까. 한국 수출이 세계 경제에서 차지하는 비중은 2~3% 내외입니다. 우리의 노력 여하에 따라 충분히 늘릴 수가 있는 수준이죠. 정부는 지난해 11월부터 만들어 놓은 증가세를 계속 유지하는 게 중요하다고 판단하고 있습니다. 이를 위해 연초부터 수출동향을 면밀하게 지켜보며 문제가 발생할 경우 즉시 대응할 것입니다. 첫째로 환율과 금리가 안정적으로 유지되도록 유도하고 기업들의 수출애로, 금융경색에 따른 부대비용문제 등은 적시에 해결할 것입니다. 그 다음으로 정부가 해야 할 일은 수출할 수 있는 기업의 능력을 키워 주는 것입니다. 모든 기업이 수출에 참여하도록 할 것입니다. 중소기업뿐만 아니라 대기업의 종합상사에 대한 지원에도 적극 나설 계획입니다. 지역별 특성에 맞는 구상무역 지원, 세일즈 외교, 무역 인프라구축 등 정부가 할 수 있는 노력은 다할 것입니다. 올해에는 통상진흥과 관련해 장관급 회담만 해도 60회를 계획하고 있습

니다.

이경태: 정부는 환율안정을 위해 필요할 경우 적극 개입하는 의지를 보여야 할 것입니다. 국제적으로도 환율안정을 위해 타깃존을 도입하자는 논의가 이뤄지고 있습니다. 변동환율제가 본격화되고 있어 정부의 개입이 점점 어려워지고 있는 것은 인정합니다. 그럼에도 우리 기업의 경우 가격경쟁력 확보를 위해 환율안정이 상당히 중요합니다. 올해에는 특히 원화 강세 요인이 많습니다. 엔화환율이 현재 강세를 보이고 있어 한숨 돌리고 있습니다만 하반기에는 약세로 돌아서지 않겠느냐는 게 전문가들의 견해입니다. 환율안정에 정부 개입이 옳으냐 그르냐는 별로 중요하지 않다고 생각합니다. 직간접적으로 개입하는 것은 선진국도 마찬가지입니다. 우선 올해 만기가 돌아오는 외채는 상환해야 하고, 구조조정이 어느 정도 된 기업부터라도 필요한 경우 해외투자를 해야 합니다. 해외직접투자도 검토해 봐야 합니다. 어떻게든 달러 수급균형을 맞춰야죠. 무역정책도 미국의 보호주의 강화에 대비해 국제규범에 따라 투명하게 펼치는 것이 중요합니다.

사 회: 좋은 지적입니다. 수출확대 측면에서 기업이 정부에 바라고 싶은 점이 있다면 말씀해 주시지요.

장병주: 올해 조선업종은 여유가 있을지 모르겠는데, 철강·가전산업 등의 사정은 심각합니다. 원화의 적정환율은 달러당 1,250∼1,300원 정도로 생각됩니다. 지난해를 돌이켜 보더라도 환율이 1달러당 1,200원 이하로 내려가면 가격경쟁력이 없어집니다. 이 원장께서 지적하셨듯이, 정부가 환율을 안정시키겠다는 의지 표명만 하더라도 수출에 큰 도움이 될 것입니다. 덧붙이자면, 범정부적인 수출지향적 지원체제가 갖춰져야 합니다. 지난해 하반기

부터 소비촉진책들이 무더기로 쏟아지고 있습니다만, 제 생각으로는 소비는 현재 수준으로 충분하다고 생각합니다.

경제외교의 과제

서울경제신문 松峴칼럼, 1999. 1. 18

우리나라 경제의 대외개방이 실질적으로 확대됨에 따라 세계경제와 국내경제간의 관계는 더욱 긴밀해지고 있다. 브라질의 미나스제라이스라는 주정부가 중앙정부로부터 빌린 6,700만 달러의 부채를 상환 연기하겠다고 발표하자마자 국내주가가 곤두박질치는 상황을 보면서 우리는 지구촌 경제의 도래를 실감하지 않을 수 없다.

외부 여건의 불확실성이 갈수록 높아지고 국내경제에 미치는 충격이 가속적으로 커지는 상황에서 경제외교가 담당해야 할 몫은 외부충격을 최소화하는 국제협력체제를 구축하는 것이다.

그런데 외부충격을 최소화하기 위한 경제외교는 수동적·소극적 대응과 능동적·적극적 참여로 구분할 수 있다. 수동적 대응은 우리나라가 소규모 개방경제인 점을 제약요인으로 받아들이고 선진국이 주도하는 국제경제질서의 이점(利點)을 최대한 활용하면서 우리에게 부담이 되는 부분은 최대한 회피하거나 지연시켜 나가는 것이다. 이에 비해 능동적 대응은 우리의 국제적 위상을 최대한 활용해 단독으로 혹은 우방국들과 연대해서 자신의 목소리를 냄으로써 국제경제질서 자체가 우리에게 유리한 방향으로 전개되도록 영향력을 발휘하는 것이다.

우리가 국제기구에서 개발도상국으로서의 혜택을 누리고 있을 때와는 달리, 지금은 더이상 우리에게 부담이 된다고 해서 개방을 뒤로 늦출 수 없다. 여기에 더해서 올해 4월부터 외환거래가 완전 자유화되고 대일(對日) 수입선다변화 제도가 폐지되기 때문에 우리는 해외부문의 변화에 전방위적으로 노출된다. 따라서 우리의 운명을 좌우하게 될 국제경제질서를 선진국에만 맡기는 시기는 이미 지나가고 있으며, 국제경제질서를 외생변수가 아닌 내생변수로 간주해야 하는 시기가 되었다.

그러나 우리가 원한다고 해서 국제사회에서 우리의 목소리에 귀를 기울여 주지는 않기 때문에 치밀한 사전 준비가 필요하다. 우선 소국 패배주의에서 벗어나야 한다. 즉, 외교능력이 반드시 국력과 비례하는 것이 아님을 깨달아야 하는 것이다. 일본은 세계 제2위의 경제대국이지만 경제외교에서는 왜소하기 그지없다. 반면, 호주나 뉴질랜드는 경제력은 왜소하지만 APEC 등에서 괄목할 만한 역할을 하고 있다.

소국이 국제무대에서 행세하기 위해서는 무엇보다 먼저 국제경제의 큰 흐름에 부합되게끔 스스로의 사고와 행동을 바꾸어야 한다. 우리나라가 외환위기의 돌파구로서 보호무역과 자본통제 대신 자유무역과 자본자유화를 선택한 것은 대단히 현명한 결정이다.

그런데 우리의 과감한 개방정책에 대해 일부 개도국들은 우리가 줏대도 없이 선진국을 거든다고 섭섭해하고, 적지 않은 국내 인사들은 우리가 선진국들과 겨룰 만한 능력도 없으면서 무분별하게 문을 열고 있다고 비난한다. 개방확대를 추구하는 경제외교가 힘을 얻기 위해서는 국내외적인 이견을 해소해야 한다. 개도국에 대해서는 그들이 개방의 충격을 염려하는 입장을 이해하는 동시에, 우리의 개방은 우리 자신의 필요성과 이익을 위해서 불가피한 선택이라는 점을 설득시켜야 하고, 개방에 회의적인 국내 인사들에 대해서는 그들 자신이 소국 패배주의에서 벗어나지 못하고 있다는 점을 주지시키는 동시에 패쇄적인 사고야말로 아직도 우리의 경쟁력이 취약한 근본원인임을 깨닫도록 해야 한다.

우리는 중진국이라는 경제발전 단계와 세계 열강이 교차하는 지정학적인 위치를 십분 활용, 국제사회에서 중간조정자로서의 역할을 개척해 나가야 한다. 다자간 투자협정, 아시아통화기금 창설, 단기자본 규제, 동북아경제협력체 등은 21세기 세계경제의 안정과 지역경제 발전을 위해서는 바람직하지만 국가간의 이해대립과 상호불신 때문에 난항을 거듭하고 있다. 정교한 논리를 개발하고, 우수한 외교인력을 확보하고, 우리에게 동조하는 국가들과 제휴한다면, 국제사회에서 의미있는 역할을 할 수 있다고 본다.

이를 위해서는 우선 국내 학자들 간에 활발한 토의가 이루어져야 한다. 아시아통화기구와 같은 중요한 문제에 대해서 지적인 논의가 거의 전무한 것은 바람직하지 않다. 동북아 자유무역협정 문제에 대해서도 우선 한·중·일 학자간의 연구협력을 시작하고 이를 토대로 실질적인 협의가 이루어져야 한다.

세계화의 충격과 위기관리

서울경제신문 松峴칼럼, 1999. 2. 8

스위스 다보스 세계경제포럼은 세계경제를 이끌어 가는 주요 인물들의 토론의 장(場)이라는 점에서 매년 많은 이들의 주목을 받고 있다.

특히 이번 포럼은 「책임있는 세계성(Globality)」이라는 신조어를 탄생시키면서 세계화의 충격과 위기관리라는 화두로 시작되었다. 그래서 날로 불확실성이 가중되어 가는 세계경제의 위기를 어떻게 이해하고 위기의 실마리를 풀어나가야 할 것인지 무척이나 궁금해하고 있는 많은 사람들은 세계지도자와 석학들의 목소리에 귀를 기울였다.

이번 포럼에 대한 평가는 그 어떤 구체적 결론이 도출되지는 못했지만, 세계화의 충격에 대해 많은 이들이 공감을 하고, 특히 선진국의 책임의식을 강조했다는 점에서 의의를 찾고 싶다. 그러나 여전히 미진했던 점은 좀더 질서 있는 세계화가 추진되기 위해서 전제되어야 할 조건이 무엇인가에 대한 심층적인 논의가 부족하지 않았나 하는 생각이 든다.

우선 세계화가 이미 거스를 수 없는 대세라는 점에 대해서는 이론의 여지가 없을 것 같다. 세계화는 비단 경제적 영역에만 한정되는 것이 아니고, 정치적·문화적인 영역에서도 깊이 스며들고 있다. 교역이 확대되고 외국자본, 외국기업이 자유롭게 지구촌에서 활동하는 국경장벽의 붕괴라는 차원을 넘어서, 세계화는 경제적 행위를 규율하는 제도와 관행이 세계적 차원에서 규범화되고 있음을 의미한다. 따라서 이러한 세계적 가치규범을 창조하는 과정에서 정치적 이념의 공유, 문화적 수렴화 현상도 목격된다.

그런데 세계화가 가져오는 사회적 충격은 이러한 변혁이 상당수의 사람들이 그대로 수용할 수 없을 만큼 심각한 사회적 긴장관계를 형성한다는 점에 있다. 기존의 이념과 철학, 달리 말하자면 패러다임의 전환에 쉽게 적응할 수 없거나 아니면 적응을 거부하는 이들의 반격이 늘 도사리고 있기 때문이다.

세계화의 충격은 작금의 경제위기만으로는 설명될 수 없는 새로운 가치정립의 부재에 있다고 생각한다. 우리 경제를 포함한 아시아 경제가 세계화를 추진하면서 겪게 되는 경제적 고통은 바로 세계화를 내면화하기 위해 필요한 새로운 세계적 가치관을 스스로 정립하지 못했기 때문이 아닌가 생각해 본다.

지난 몇 년간 세계화의 압력은 안팎으로 가중되어 왔다. 그러나 좀더 질서있는 세계화를 추진하기 위해서는 세계화로부터 빚어지는 사회적 긴장관계를 흡수해 가면서 방향성을 제시해 줄 수 있는 이념이 제시됐어야 했다. 앞으로도 세계화가 분명 거스를 수 없는 추세라면, 우리가 값비싼 비용을 치러야 하는 시행착오를 줄이기 위해서는 포스트 글로벌라이제이션 시대의 이념적 가치를 정립해야 한다.

포스트 글로벌라이제이션 시대란 우선 글로벌 스탠더드가 통용되는 시대를 말한다. 이는 문화적·인종적 차별성이 완전히 없어지는 세상을 의미하는 것은 아니다. 오히려 개성이 강조되고 다양성이 존중되는 매우 자유로운 세상이 되어야 한다. 따라서 글로벌 스탠더드는 다양한 가치를 포용할 수 있는 무색무취의 객관적 표준으로서 기능해야 한다. 어떤 특정 국가 또는 집단의 이해관계를 편향되게 반영한다든지, 특정 문명의 우월성을 강조한다면 세계화는 오히려 갈등을 심화시키고 위기를 가져올 수밖에 없다.

세계화는 향후 이러한 글로벌 스탠더드를 찾기까지 계속 진행될 것이다. 세계경제는 그 과정에서 불가피하게 위기가 반복될 수도 있다. 다만 그러한 세계화가 가져오는 충격을 잘 관리하는 것이 무엇보다도 중요할 것이다. 특히 세계적 차원에서 위기관리가 어렵다는 것은 우리가 스스로 질서있는 세계화과정을 밟아 나가야 한다는 것을 의미한다. 그러나 가장 경계해야 할 것은 자칫 세계화가 가져오는 기득권의 포기 때문에 세계화의 폐해만을 강조하는 편협된 의식이다.

세계화의 속도를 조정하는 것도 중요하지만, 세계화를 의도적으로 지연시킴으로써 자신의 기득권을 보호할 경우 나중에 닥칠 준비 안 된 세계화의 충격과 위기의 파장은 더욱 심각할 것이다.

시장지향적 경제개혁 박차를

경향신문, 1999. 2. 24

아시아 경제위기는 정치체제와 경제체제에 대한 논쟁을 가열시키는 계기가 됐다. 아시아 위기 직후 동아시아 발전모델은 위기의 근원적 원인제공자로 매도당했고, 최근에 다시 일부 정치가와 학자들을 중심으로 동아시아 발전모델 재조명 작업이 대두되고 있다.

권위주의체제는 희소한 자원을 의도하는 부문으로 집중시킬 수 있어 경제발전 초기단계에서는 괄목할 성과를 거둘 수가 있다. 구소련이 1960년대까지, 북한과 동구의 옛 사회주의국가들이 1970년대까지 높은 경제성장을 이룩했고, 동아시아의 신흥공업국들이 짧은 기간에 고도성장을 달성한 것도 이 때문이다.

그러나 동아시아 신흥공업국가들은 정경분리를 통해 권위주의 정치체제와 가격기능 활용형 경제체제를 병행시켜 자원배분의 효율성을 어느 정도 유지시킬 수 있었던 반면, 사회주의 국가들은 형평이라는 정치적 목적을 위해 시장원리를 완전히 배제시킨 결과 경제와 정치가 동시에 붕괴될 수밖에 없었다.

하지만 일정한 발전단계가 지나면 권위주의 체제도 경제사회발전의 장애요인으로 작용할 가능성이 매우 높아진다. 우선 인위적 배분이 갖는 효율성 한계를 지적할 수 있다. 경제구조가 복잡해짐에 따라 정부의 보이는 손이 가장 효율적인 투자대상을 찾아내는 것은 불가능하다. 그리고 권위주의 속성상 발생하는 권력의 남용은 「절대권력은 절대부패를 낳는다」는 말처럼 경제적 합리성을 훼손한다.

중요한 것은 권위주의 체제의 경직성이 초래하는 문제 해결의 지연이다. 경제민주주의 원칙하에서 기업은 정부의 자의적인 개입을 배제하고 자기책임의 바탕 위에서 경영상 중요한 결정을 내릴 수 있으며, 근로자들은 경영자와 법적으로 대등한 지위에서 근로조건 결정에 참여할 수 있다. 경제민주주의의 필연적 결과인 경쟁은 효율을 증대시키고, 인치(人治)를 대신하는 법치(法治)는 불확실성을 제거시키며, 노사화합은 생산성을 향상시킨다.

그러나 인도의 예에서 보듯이 민주주의가 자동적으로 경제사회발전을 보장하지는 않는다. 민주주의는 선진경제에 진입하는 필요조건이지 충분조건이 아님을 명심하고 민주적 정치개혁과 시장지향적 경제개혁을 병행시켜 나가야 하는 것이다.

중국의 WTO 가입

내외경제신문 경제시평, 1999. 4. 9

13년을 끌어온 중국의 세계무역기구(WTO) 가입 협상이 상당한 진전을 보이고 있다. 중국은 최근 미국 무역대표부 샬린 바셰프스키 대표가 중국을 방문했을 때 통신 및 은행, 보험시장 개방, 정부조달시 외국기업에 대한 기회제공, 미국산 밀과 오렌지에 대한 수입관세 인하 등의 개방조치를 약속하면서 적극적인 가입의사를 밝혔다.

중국 WTO 가입의 열쇠를 쥐고 있는 미국은 이같은 성의표시를 긍정적으로 평가하면서도 차제에 중국의 개방에 대한 확고한 다짐을 얻어내기 위해 자동차 수입쿼터 상향 조정, 통신시장의 개방 확대 등을 추가로 요구하고 있다.

미국이 중국에 대한 개방요구를 누그러뜨리지 않는 의도는 '중국이 제2의 일본이 될지 모른다'고 염려하기 때문이다. 미국은 지난 10여년간 중국이 경제대국화되어 가는 것을 지켜보면서 중국이 일본처럼 수출주도·수입규제형 국가로 탈바꿈해 미국 국익을 저해하는 골치아픈 존재가 되지 않도록 각별한 예방조치를 취하고 있다.

중국은 이에 대해 WTO 가입을 희망하면서도 개도국 지위에 걸맞은 수준 이상의 개방은 자국 이익과 배치된다는 원칙 아래 협상에 임해 왔다. 그러나 아시아경제위기 이후에 중국의 수출이 급격하게 둔화되고 재정지출 확대를 통한 내수부양도 국유기업과 금융부분의 심각한 부실 때문에 오래 지속되기 힘들다는 점을 깨달았다. 이에 따라 수출시장의 확보를 위해서는 추가양보를 하더라도 WTO 가입을 추진해야 한다는 입장을 보이고 있다.

미국 또한 내년 출범이 예상되는 뉴라운드를 앞두고 중국의 가입을 통해 WTO 체제를 강화시킨다는 구상을 갖고 있다.

물론 중국의 WTO 가입이 미국과 중국간의 경제적 합의만으로 이루어질 수는 없다. 오랫동안 양국의 현안으로 남아 있는 중국 내부의 인권문제는 물론, 대만 안보문제와 광역미사일 방위체제 구축, 중국측의 핵기술 절취의혹 등 새로이 불거져 나온 장해 요인 때문에 미국의회가 중국의 WTO 가입에 대해서 부정적인 시각을 갖고 있음을 주목해야 한다.

중국의 WTO 가입은 우리나라의 교역과 산업구조에 대해서 큰 영향을 미칠 것이다. 중국은 이미 섬유제품의 주요 수출국일 뿐만 아니라 전자·기계류 등의 중화학공업제품 수출도 급격히 증가하고 있어서 우리와 치열한 경합관계에 있다. 때문에 중국이 개도국 지위를 인정받고 일반특혜관세(GSAP) 혜택을 부여받게 되면 제3국 시장에서 우리는 불리한 상황에 놓이게 된다.

한·중 양국간의 교역에 있어서는 대중(對中) 수출과 수입이 모두 증가할 것으로 보인다. 외환위기 이후에 우리나라 시장은 과감한 자유화와 투명성 제고가 이루어졌기 때문에 시장침투가 쉬워진 반면, 중국시장에는 아직 복잡한 행정규제가 잔존하고 있어서 대중 무역수지가 악화될 가능성도 있다는 점을 눈여겨봐야 한다.

여러 상황을 고려해 볼 때 중국의 WTO 가입은 조만간 이루어질 것으로 예상된다. 중국이 WTO에 가입하면 이는 세계자유무역 질서 안정에 긍정적인 영향을 미칠 것이다. 20~30년 안에 세계 유수의 경제대국으로 부상할 중국이 개방적이고 자유로운 경제체제로 이행한다는 사실 자체가 세계경제의 불안요인을 해소하는 효과를 갖는 것이다.

'경기(景氣)의 싹' 겨우 돋았는데…

조선일보, 1999. 4. 26

서울 지하철 노조 파업이 8일째 계속되고 있다. 민노총은 정부가 구조조정 중지와 정리해고제도 철회 등의 요구사항을 들어주지 않으면 금속연맹 등 생산현장 부문에서도 파업을 강행하겠다고 예고하고 있다.

지하철 파업 때문에 시민들이 겪는 불편은 이루 말할 수가 없거니와, 불행하게도 파업이 생산현장까지 광범위하게 확산되면 모처럼 회복세를 보이고 있는 수출과 내수가 공급애로 때문에 다시 주저앉고, 금년의 플러스 성장 전망이 무위로 돌아갈 가능성이 크다.

우리 경제가 금년 초부터 미미하지만 경기회복의 징후를 나타내고 있는 것도 반도체, 자동차 등 일부 주력산업 부분에서 수출과 내수가 증가하고 있기 때문이다. 만의 하나라도 이들 부문에서 생산 차질이 빚어진다면 이는 곧바로 경기회복의 싹을 잘라버리는 꼴이 된다.

더욱 걱정스러운 점은 격화되고 있는 노동 불안이 조기에 해소되지 않으면, 이는 단순히 경기회복을 지연시키는 데 그치지 않고 구조조정에 차질을 가져오고 대외신뢰도를 떨어뜨려 급기야는 외환위기의 재발을 불러올 수도 있다는 점이다.

필자는 지난주 샌프란시스코, 로스앤젤레스 등 미국 서부의 6개 도시를 순회하는 한국경제 설명회에 참석했다. 각 도시마다 빠지지 않고 등장한 질문은 재벌개혁과 파업에 관한 것이었다.

외국인투자자들은 특히 대우그룹의 자산매각 방침을 칭찬하면서 서울지하철의 파업에 대해서는 우려를 표명하였다. 상상하기도 싫지만, 노조와 정부 간의 정책대립이 극한 상황으로 치닫고 파업이 산업 전반으로 확산되는 최악의 사태가 발생한다면 외자의 신규유치가 중단될 뿐만 아니라 들어 왔던 외자도 떠나갈 것이다. 그러면 주식시장은 폭락하고, 환율과 물가는 급등할 것이며, 금융부실이 재연되고, 금융경색으로 인한 생산과 수출의 애로 때문에 경기가 다시 하강할 것이다. 어느 누구도 이런 상황의 전개를 바라지 않는다.

우리 모두가 염원하는 것은 현재의 회복국면이 본격화하여 직장을 떠났던 동료들이 복귀하거나 다른 직장을 구하는 것이다. 이를 위해 너나 없이 해야 할 일은 구조조정을 신속하고도 단호하게 실천하는 것뿐이다. 다른 대안은 없다.

노조측은 대량실업을 예방하기 위해 구조조정을 중단하라고 요구한다. 그런데 구조조정을 중단하면 이미 실직한 이웃들이 다시 일자리를 찾을 수 있는 기회가 멀어질 뿐만 아니라, 시간이 흐르면서 추가적인 실업도 더욱 늘어나게 된다. 왜냐하면, 경제위기 상황에서 고용을 유지할 수 있는 능력을 가진 자는 정부를 포함해서 어디에도 없기 때문이다.

지금은 위기를 담보로 해서 상대방에게 양보를 강요할 수 있는 상황이 아니다. 더욱 정확하게 이야기하자면, 상대방에게 요구하는 양보의 내용이 고용안정과 창출이라는 노조의 궁극적인 목표와 오히려 배치되기 때문에 요구 자체를 철회해야 하는 상황이다. 필자가 이해하기로는, 현 정부는 노동자들의 권익보호와 복지향상에 대해서 우호적이고 적극적인 입장을 견지해 온 것으로 보인다.

노사정(勞使政)위원회를 설치해서 합의도출을 통한 노사안정을 추구한 점, 정리해고를 최소화하려는 노력, 노조의 노사정 복귀를 위해서 전임자 임금 지급을 양해하려는 듯한 점 등이 바로 그 징표이다. 이와 같은 노동정책 기조는 기업과 신자유주의자들로부터 상당한 비판과 불신을 받아온 것 또한 사실이다.

그렇다면 노동조합은 구조조정을 위해 필요한 최소한의 노동시장 신축성을 확보하려는 정부의 고충을 이해하고 협조하는 것이 바람직할 것이다. 눈앞의 실리는 잃을지 몰라도 장기적인 이익과 명분을 동시에 얻을 수 있을 것이기 때문이다.

미국경제 내년 한풀 꺾인다

내외경제신문, 1999. 5. 13

1997년 7월 촉발된 아시아 경제위기의 충격으로 세계경제가 침체상태를 벗어나지 못하고 있는 가운데 유독 미국경제만이 브레이크가 고장난 경주차와 같이 고성장 가도를 질주하고 있다.

1991년 3월의 경기저점 이후 시작된 장기호황은 올해로 9년째 지속되고 있으며, 이러한 추세가 올해 말까지 지속된다면 2차대전 이후 최장기 호황이라는 신기록을 수립하게 된다. 세계경제의 양대 축인 일본경제가 전후(戰後) 최악의 침체를 겪고 있으며 유로화 경제권도 성장둔화 조짐을 보이고 있는 가운데 아시아 경제위기와 국제금융시장의 혼란이라는 유례없는 대외충격에도 불구하고 미국경제의 활황세가 지속되고 있는 이유는 무엇일까.

현재의 장기호황은 과거의 경험과 비교할 때 주목할 만한 특징을 갖고 있다. 즉, 총수요 부문의 급속한 팽창에도 불구하고 인플레율은 오히려 점진적인 하락세를 시현하고 있어 경제학자들을 당혹케 하고 있다는 점이다. 전통적인 경기변동이론에 의하면, 호황국면이 지속되면 생산요소의 이용률이 포화상태에 달해 요소가격이 상승하면서 인플레를 유발하게 되고, 이를 기점으로 경기는 하강국면에 진입하기 시작한다. 그러나 1996년 이후 실질성장률이 연평균 4%에 근접함에도 불구하고 인플레율은 오히려 하향안정세를 나타내고 있으며, 인플레 압력을 해소할 수 있는 노동생산성의 향상 현상이 나타나고 있어, 소위 신경제론(New Economy)이 주장하는 것처럼 미국경제의 호황이 향후에도 상당기간 지속될 것이라는 전망이 속출하고 있기도 하다.

현재 호황국면의 지속기간이 당초 예상을 훨씬 상회하고 있는 것은 사실이나 생산성이 급상승했다는 실증이 취약한 상황이므로, 신경제론은 지나친 낙관론으로 평가되며 전통적인 경제이론의 틀 안에서도 장기 호황세를 충분히 설명할 수 있는 것으로 여겨진다. 현재의 호황세는 구조적 요인과 정책적 요인들이 상호 보완적으로 작용해 성장효과의 극대화를 가져온 것으로 보인다.

구조적 요인으로는 금리자유화와 금융개혁, 개방경제로의 이행, 첨단산업의 발달 등을 지적할 수 있다. 1970년대 지속적으로 추진돼온 금리자유화 조치는 금융자원배분의 효율성을 높여 명실공히 미국경제에 시장원리가 정착되는 기틀을 마련한 것으로 평가된다. 또한 미국경제는 세계화라는 대외환경의 변화를 가장 적극적으로 활용해 자국 산업의 개편과 경제의 효율성 증진에 성공을 거둔 국가이다. 세계화 추세와 더불어 금융산업이 폭발적으로 성장했을 뿐 아니라 대외경쟁이 점차 치열해짐에 따라 특유의 도전과 응전의 논리에 의거해 기업 차원의 과감한 구조조정과 경영혁신작업을 추진한 결과, 국가경쟁력이 급속히 향상됐다.

산업차원에서도 첨단산업에 대한 적극적인 투자로 정보통신 산업이 급성장한 것이 성장세 지속에 상당한 기여를 한 것으로 보인다. 특히 과감한 투자와 치열한 경쟁으로 정보통신제품의 가격이 급격히 하락함에 따라 신규 설비투자의 규모를 증대시키고 대체투자를 가속화시킨 것이 생산성 향상에 상당히 기여했다.

시의적절한 거시정책의 운용도 호황지속의 원동력으로 작용했다. 이번 장기호황은 투자주도의 호황세로 특징지어진다. 1991년 이후 투자지출의 증가율은 연평균 10%대를 기록하고 있는데, 이는 1980년대 이후 만성화된 재정수지 적자를 1998년을 기점으로 흑자로 전환시킨 정부의 확고한 정책의지의 결과이다. 1993년 이후 지속적인 재정적자 감축 노력으로 약 1조 달러 규모의 공공자금이 민간투자 가용자금으로 전환되면서 기업투자가 활성화되고, 이는 기업이윤 증대→주식시장 활성화→자산가격의 상승→소비지출의 활성화→경제성장이라는 선순환구조를 정착시켜 현재와 같은 장기 호황국면을 가져온 것이다.

현재 미국경제는 총수요부문의 지속적인 확장에도 불구하고 생산성의 향상과 국제상품가격의 안정으로 인플레가 촉발될 위험이 낮기 때문에, 호황국면은 적어도 올해 말까지 지속될 것으로 전망된다. 그러나 기업이윤 증가율이 1998년을 기점으로 하락추세를 보이고 있어 지난 3년간과 같은 주가의 급등세가 내년까지 지속될 가능성은 높지 않고, 또한 현재와 같은 총수요 부문의 확장세가 지속된다면 단기에 급격한 생산성의 향상이 이뤄지지 않는 한 인플레의 촉발이 불가피할 것임을 감안할 때, 미국경제는 올해 말을 기점으로 완만한 경기 둔화 국면에 진입할 가능성이 높다.

마지막으로, 미국경제의 장기호황은 금융위기에서 탈피해 재도약을 준비하고 있는 우리 경제에 많은 것을 시사하고 있다. 오늘날 미국경제를 있게 한 근저에는 합리적인 경제제도 및 유인체계가 정착돼 있음을 강조하지 않을 수 없다. 이러한 체제 하에서만 자원의 효율적인 배분이 가능해지고 경쟁원리가 활발히 적용됨으로써 호황국면의 장기화도 가능하다는 점이다.

산업피해 구제제도
반덤핑제소 적극 활용해야

매일경제신문 좌담, 1999. 7. 5

참석자: 박시룡 매일경제신문 논설위원(사회)
　　　　이경태 대외경제정책연구원 원장
　　　　정의용 외교통상부 통상교섭조정관
　　　　이종윤 중앙대 교수
　　　　윤호일 법무법인 우방 대표
　　　　정문수 무역위원회 위원장

세계경제가 개방화되면서 수출입 대상 국가와 규모가 확대되고 공정무역에 대한 관심이 높아지면서 산업피해 구제신청이 증가하고 있다. 산업피해구제제도가 국내에 도입된 지 12년이 됐지만 아직까지 활용되지 못했던 게 사실이다. 이에 무역위원회와 무역협회는 매일경제신문사 후원으로 산업피해구제제도의 활용을 위한 지상좌담회를 가졌다. 참석자들은 우리나라가 개방적인 경제구조를 갖고 있는 만큼 산업피해구제제도가 공정성, 객관성을 확보해 시장개방을 촉진하는 매개체 역할을 해야 한다는 데 의견을 같이했다.

사 회: 국제 통상환경이 급격하게 달라지고 있습니다. 변화 추세가 어떻게 나타나고 있나요.

정의용: 향후 국제환경은 경제우선외교에 따라 치열한 통상전선이 형성될 것입니다. 전세계가 시장경제체제로 통합되고 정보통신과 교통의 발달로 국제무역에 대한 의존도가 높아지기 때문이죠. 통상교섭 범위도 국경조치 중심에서 국내경제 전반으로 확산되는

추세에 있습니다. 미국 시애틀에서 출범 예정인 뉴라운드에서도 이같은 변화는 나타나고 있습니다.

이경태: 뉴라운드는 9번째 다자간 협상입니다. 원래 다자간 협상의 절반은 경제논리가, 나머지 반은 정치논리가 지배하기 마련이죠. 따라서 의제나 협상대상은 각국 사정에 따라 크게 달라집니다. OECD 분석에 따르면 UR타결에 따른 경제적 이익은 2,000억 달러에 이릅니다. 그러나 교역장벽은 여전합니다. 호주 상무성은 이같은 장벽을 제거하면 4,000억 달러의 추가이익이 발생할 것으로 전망하고 있습니다. 뉴라운드에 대해서는 UR타결사항에 대한 이행을 점검하자는 개도국 입장과, 분야별 타결을 시도하는 미국 입장, 그리고 일본, EU, 한국의 중간자적 입장 등 3가지 견해가 있습니다. 하지만 한 가지 분명한 것은 세계경제 통합과 보호무역주의로의 후퇴를 막기 위해서는 뉴라운드 협상이 필요하다는 것입니다.

이종윤: WTO체제는 무한경쟁을 의미하지만 지역주의는 여전히 남아 있습니다. 일부에선 WTO가 미국의 국가이익을 실현하는 데 쓰였다는 지적도 있습니다. 제조업 중심의 자유무역주의로는 안 되니까 금융을 중심으로 한 세계질서 개편에 나섰다는 분석이죠. 미국이나 EU, 일본 등 경제대국들은 자신들에 유리한 부문에 대해서만 자유무역을 주장하고 불리한 부분에 대해선 보호무역을 채택하고 있습니다. 아시아국가들은 대비책을 세우지 못해 '당했던' 것이죠. 따라서 우리도 나름대로 전략을 세워야 합니다. 현재 경쟁력이 약한 부문을 자유무역주의에 노출시키면 금방 시들어버릴 수 있습니다. 사양산업에서 첨단산업으로 옮겨가는 과정에서 개방정책과 정부의 지원 등이 적절한 조화를 이뤄야 합니다. 국제통상 협상에서도 생산요소·자본의 자유이동을 주장하면

서 왜 노동의 이동은 막고 있는지에 대해 문제제기할 필요가 있습니다.

윤호일: 앞으로는 소비자 위주의 경제구조로 옮겨갈 것이고, 이 점이 통상과 정책집행에 영향을 미칠 것입니다. 국내 제도를 운영하는 데 있어서 일방적으로 우리의 산업이나 생산자 보호를 하다 보면 그 자체가 통상이슈가 될 수도 있습니다. 기본적으로 우리나라는 적극적으로 통상협상에 임해야 합니다. 과거 미국과의 통상협상에서는 충분히 훈련되지 않은 인력들이 통상협상에 나서는 바람에 눈에 보이지 않는 손해를 입었습니다. 협상능력의 제고를 위해서는 법률가의 양성과 활용이 매우 중요합니다.

사 회: 결국 자국이익을 위한 경제전쟁은 계속된다는 이야긴데요. 그럼 논의대상을 좁혀 뉴라운드에서 산업피해구제제도에 대한 논의추세에 대해 이야기해 보죠.

정문수: 모든 나라가 개방정책을 쓰게 되면 이익을 얻을 수 있습니다. 그러나 개방과정에서 특정 산업이 피해나 손실을 볼 수 있죠. 산업피해구제제도는 이같은 불이익을 완화시켜 궁극적으로 개방을 더욱 확대하는 데 목적이 있습니다. 이 제도는 GATT 때부터 시행돼 왔으나 실제 운영과정에서 각국이 자국산업을 일방적으로 보호하기 위해 쓰여 왔습니다. 어차피 운영주체의 가치판단이 개입돼야 하는 만큼 공정하고 객관성 있는 운용이 힘들었던 거죠. 통계상으로 볼 때 우리 업체들은 외국에서 157건(세계3위)을 제소당한 반면, 국내에서 외국업체를 제소한 건수는 57건(세계 8위)에 그치고 있습니다. 일단 계산상으론 손해를 보고 있는 셈이죠. 어차피 개방지향적인 경제구조를 갖고 있는 우리로선 산업피해구제제도가 합리적으로 이뤄지도록 하는 것은 무역에도 긍정적

인 영향을 줄 것입니다. 걱정스러운 것은 최근 금융부문의 경제 비중이 높아지고 있으나 미국이 금융규제에 소극적인 태도를 보이고 있다는 점입니다. 서비스 세이프가드에 대한 규범을 마련할 필요가 있습니다.

이종윤: WTO체제 이후에는 산업피해구제제도가 아니라 국민경제피해구제제도로 바뀌어야 합니다. 현재의 상황에선 농업이나 정보통신의 독점화에서 오는 피해를 구제해 줄 제도 마련이 필요합니다.

정의용: 통상정책의 기본방향은 대외지향적이어야 합니다. 국내제도와 관행이 국제규범에 안 맞으면 과감하게 철폐·개선해야 한다는 것이죠. 정부는 이런 원칙에 입각해 뉴라운드 때는 공격적으로 나갈 예정입니다. 산업피해구제제도와 직접 관련된 반덤핑 문제에 대해서도 경쟁적 요소를 충분히 감안해야 한다는 점을 인식하고 있습니다.

정문수: 뉴라운드 통상교섭에서 공격적인 자세로 임해야 한다는 데 전적으로 동감입니다. 미국은 모든 규범 마련에 주도적인 역할을 하고 있습니다. 그런데 과연 미국이 언제나 합리적인지에 대해서는 의문입니다. 따라서 우리도 국익을 지키기 위해서는 여러 나라와 힘을 합쳐 강대국의 논리에 좌지우지되지 않도록 하는 전략을 구사해야 합니다. 그리고 개방을 계속하되 개방으로 인한 일시적 피해나 불균형을 효과적으로 방어할 수 있는 산업피해 구제제도를 적극적으로 활용해야 합니다. 무역, 금융, 노동 등 각 분야에서 개방에 따른 피해를 최소화해 결과적으로 개방이 더욱 확대되는 분위기를 조성해야 하는 것이죠.

사 회: 세계경제 통합이 가속화되면서 산업피해구제제도의 중요성이 더

커질 것입니다. 반덤핑 제소 건수도 계속해 늘고 있는데요. 이에 대한 대책이 있나요.

정문수: 수입이 다양화되면서 여러 분야에서 산업피해구제제도의 활용도가 높아지고 있는 것은 사실입니다. 그런 만큼 무역위원회는 조사심결 과정에서 투명성과 공정성을 확보하기 위해 노력하고 있습니다. 조만간 국내 산업의 경쟁력을 조사할 계획인데, 이는 산업피해를 사전에 예방하는 데 목적이 있습니다. 또 앞서 언급했듯이, 서비스분야의 세이프가드 규범화에 대해서는 우리가 주도적으로 나설 계획입니다.

정의용: 대외통상정책면에서 일관성을 유지하는 것이 중요합니다. 반덤핑제도를 운영할 때도 그런 요소를 잘 감안해야지 자칫하면 통상마찰의 빌미가 될 수도 있습니다. 최근 혼합분유에 대한 WTO 논쟁에서 한 발 뒤쳐진 것도 결과적으로 우리에게 과실이 있다고 봅니다. 또 산업피해구제제도가 장기적으로 산업구조를 개선해 나가는 데 방해가 되지 않도록 운용돼야 합니다.

윤호일: 국내 진출 외국인들이 불안해 하는 것은 세금과 공정거래법, 그리고 산업피해구제제도의 개선입니다. 그런 점에서 조사심결 과정의 공정성, 투명성, 객관성은 꼭 필요합니다. 미국 무역위원회(ITC)는 인력의 절반 정도가 변호사이지만 무역위원회는 법률 인력이 거의 없습니다. 산업피해구제제도가 법적 조항인 만큼 법률 지식을 가진 사람이 운영하지 않으면 대외신뢰도를 확보하기 어렵습니다. 생산자와 소비자보호에 균형을 맞추는 것도 필요합니다. 통상협상할 때나 국내 제도를 운영할 때도 특정한 편을 들기 위해서 제도를 운영해서는 안 됩니다.

이종윤: 자유무역이 확대될수록 산업피해구제제도의 중요성은 커질 것입니다. 제 생각으로는 산업피해구제제도를 통해 결정타를 줄 수

있는 곳이 일본입니다. 수입선다변화 철폐를 계기로 결정타를 먹을 수도 있습니다. 핵심산업이 위협당할 수 있다는 점을 인식해야 하고, 전략적인 대응이 요구됩니다.

사 회: 산업피해구제제도가 도입된 지 10년이 넘었지만 활용되지 못했습니다. 업계의 활용도를 높이기 위한 방안은 있나요.

정문수: 업체들에게 홍보활동을 하고 있습니다. 경쟁정책적 요소와 공익적 요소도 감안할 예정입니다. 비산업 분야에서의 피해구제 방안을 마련하고 있습니다. 또 전문인력 확보 차원에서 변호사, 공인회계사 2~3명을 특채할 계획으로 있습니다.

윤호일: 현실적으로 중소기업들이 활용하는 데 어려움이 많다는 점을 충분히 인지하고 정책운영에서 반영해 주길 기대합니다.

사 회: 장시간 토론 감사합니다.

오마에 겐이치의 충고와 비전

문화일보 포럼, 1999. 8. 12

　　필자는 '재벌은 일류상품을 만들어야 한다' 라는 제목의 글을 쓴 적이 있다. 재벌이 사회의 비난에 대하여 '노'라고 말할 수 있기 위해서는 세계시장에 당당히 내놓아 손색이 없는 일류상품을 만들어야만 한다는 점을 강조한 것이었다.

　　한국은 30여년 만에 공업화를 성취하는 압축성장에 성공하였으나, 일본의 오마에 겐이치(大前研一)가 지적한 바대로, 최종 조립제품에 비해서 부품산업이 낙후되어 있다는 불균형적 산업구조의 문제가 누적되어 왔다. 압축성장을 주도한 대기업들은 오랜 시간에 걸쳐서 새로운 부품을 개발하고 창의적인 디자인을 고안해서 세계 일류제품을 만들어내는 대신, 핵심부품을 수입해서 평범한 제품을 빨리, 값싸게 만들어내는 것이 체질화되었다.

　　그러나 정치민주화 과정을 겪으면서 재벌들의 경쟁력은 위기에 직면하였으나 종래의 경영방식을 답습한 결과, 기업부실을 낳고 금융부실을 부르고, 급기야는 외환위기까지 가게 된 것이다. 따라서 오마에 겐이치의 주장과는 달리, 한국경제의 재건과 부품산업의 발전은 재벌개혁과 떼어놓고 생각할 수 없다. 일류상품을 만들어내기 위해서는 외국부품의 수입에 급급한 재벌대기업 대신에 튼튼한 전문 중소기업과 공생하는 전문 대기업이 요구되는 것이다.

한국 국민들에게 외환위기는 수치와 고통을 안겨 주었지만, 재벌개혁에 착수할 수 있었던 것은 다행이었다. 그런데 한국의 재벌개혁은 국제통화기금(IMF)이나 미국의 강요에 의한 것이 아니고 우리 스스로 그 필요성을 절감하면서도 이익집단의 저항 때문에 실천에 옮기지 못하고 있던 것을, 강력한 지도력과 국민적 공감대를 바탕으로 이루어지고 있다는 점을 분명히 인식해야 한다.

지금 세계는 경제시스템의 향방을 놓고 신자유주의, 아시아적 가치, 제3의 길 간에 논쟁이 진행되고 있다. 한 국가가 어느 경제체제를 선택하느냐는 그 국가의 고유한 주권사항이기 때문에 제3자가 함부로 왈가왈부할 대상이 아니다. 말레이시아의 마하티르 총리가 외환을 통제하고 미국을 비난한 것은 민족주의이기 때문에 옳고, 김대중 대통령이 대외개방노선을 추구하는 것은 미국의 이익에 영합하기 때문에 그르다는 논리는 한국경제에 대한 무지를 드러낼 뿐이다.

한국은 지난 30여년 동안 국내준비가 덜 되었다는 이유로 대외개방을 늦춰온 결과 국내에서의 제도개혁은 부진을 면치 못하였다. 외환위기 이후에 한국이 대내개혁과 대외개방의 병행전략으로 선회한 배경에는 글로벌경제하에서 대내개혁과 대외개방은 서로 맞물려서 돌아가는 톱니바퀴의 관계라는 것을 깨달았기 때문이다.

수입선다변화 제도의 철폐 이후 일본의 자동차나 가전제품이 얼마나 밀려들어올 것인가는 우리의 지대한 관심사항이다. 한국 자동차공장의 노동생산성이 일본의 절반에 불과하다는 사실에만 초점을 맞추면, 한국에는 일본차만 굴러다닐 것이다. 그러나 그렇게 되기 이전에 한국의 강성자동차노조는 회사 살리기에 나설 것이고, 경영인들은 외국기업과 전략적 제휴를 모색할 것이며, 정부는 세계무역기구(WTO) 규정상의 세이프 가드를 발동해서 급격한 시장충격을 완화시킬 것이다. 한국정부가 노동개혁을 하고 미국, 일본과 투자협정체결을 추진하며, 뉴라운드에 적극 참여하는 것은 이와 같은 효과를 겨냥하는 것이다.

오마에 겐이치는 전후(戰後) 일본 통산성이 주도한 산업정책의 유효성을 아직도 믿고 있는 것처럼 보인다. 그런데 글로벌경제와 정보·지식산업화 시대에는 산업정책 역시 재조명의 대상이 될 수밖에 없다. 한국은 1986년 이래 부품국산화계획을 실시하였으나 실패했고, 일본 통산성은 거품 붕괴 이후에 수차례에 걸쳐서 신산업창출 계획을 내놓았으나 일본경제를 회복시키지는 못하고 있다. 뿐만 아니라 WTO체제하에서는 강화된 보조금 규제 때문에 산업정책의 활동범위가 지극히 좁아지고 있다.

지금은 보호와 지원 위주의 산업정책보다는, 재벌개혁을 확실히 매듭지어서 중소기업의 경영공간을 넓혀 주고, 금융을 개혁해서 유망 중소기업이 신용대출을 받도록 하며, 교육을 개혁해서 창의적인 젊은 이들이 중소기업에 취업할 수 있도록 하고, 외자유치를 확대해서 선진기술을 습득하는 것이 한국의 산업구조 전환에 도움이 될 것이다.

위기극복을 위한 구조개혁과 국가발전 장기구상은 별개의 것이 아니며, 현재 추진중에 있는 구조개혁을 완성하는 것이야말로 최선의 장기비전임을 상기할 때, 오마에 겐이치의 우정어린 충고가 의도와는 달리 한국의 구조개혁 저항론자들에 의해 악용되지나 않을까 걱정이 된다.

오마에 겐이치의 '한국경제 비판'
핵심 짚었지만 지나친 일반화

매일경제신문, 1999. 8. 14

최근 일본의 세계적 경영전략가인 오마에 겐이치가 분석한 한국 경제 진단을 둘러싸고 격론이 벌어지고 있다. 오마에가 지적한 내용 중 쟁점으로 부각되는 5대 핵심 문제점을 대상으로 삼아 전문가들의 의견을 담아보았다.

[한국은 겉모양만 미국화됐을 뿐 근본문제는 해결된 게 없다.]

유한수 전경련 전무는 한국경제가 미국의 영향을 크게 받은 것은 사실이며 미국화되고 있는 부문이 많다는 점을 인정, 미국화에 부문적으로 동감을 나타냈다. 반면 조왕하 동양그룹 부회장은 '지나친 일반화'라며, 미국과 변형된 유럽밖에는 미국화란 잣대에 맞는 나라가 없다고 지적했다.

이석영 무역위 상임위원도 "너무 단순논리가 아닌가"라며, "미국의 이해관계가 얽힌 부분도 일부 있지만 우리에게 구조적인 문제점이 있었고, 지금은 이를 치유해가는 과정"이라고 말했다. 근본문제가 해결된 게 없다는 비판에 대해서는 모두가 수긍하지 않았다. 미국의 영향을 인정한 유 전무도 지배구조, 부채비율 축소 등 기업과 관련한 부문만 보더라도 내실면에서 큰 변화를 이루었는데, 오마에는 이같은 제도변화를 제대로 이해하지 못한 것 같다고 말했다.

대외경제연구원의 이경태 원장은 지난 1년 반 동안 한국은 많이 달라졌고 지금도 달라지고 있다는 점을 강조했다.

[한국에는 장기적인 산업정책을 진지하게 생각하는 지도자가 없다.]

이는 시각이 엇갈리는 쟁점 중 하나다.

이 원장과 유 전무는 다른 각도에서 접근했지만 오마에의 지적에 동감을 표시했다. 이 원장은 "산업정책을 이해하는 사람은 소수이고, 산업정책이 정부개입과 동일시되어 매도당하곤 한다"며 현재의 개혁이 산업구조 전환에 어떻게 기여하는가를 규명해야 한다는 견해를 밝혔다.

유 전무는 "기업 구조조정은 산업구조 조정과 필연적으로 연계되어야 하는데, 이같은 정책이 간과되고 있다"며 "포스트 재벌정책의 밑그림이 없다"고 지적했다. 그는 고민하는 지도자가 없다는 부문은 동의하기 어렵지만, 대안제시가 미흡한 것만은 사실이라고 말했다.

반면, 유 부원장은 산업정책 자체의 필요성을 문제삼았다.

비전을 가진 지도자가 없다는 지적에 대해서는 이석영 상임위원의 경우 "전적으로 받아들이긴 힘들다"고 말했으며, 조 부회장은 지도자를 평가하기에는 시기상조라며 평가를 유보했다.

[일본과 정면으로 승부해서 살아남을 기업은 없다.]

약간씩 논리적 차이가 있지만 받아들이기 어렵다는 판단이 지배적이다.

조 부회장과 유 전무는 반도체, 철강, 조선 등 일본과 맞서는 상품을 개발해 잘 버티고 있는 것도 많다며 피상적인 지적이라고 비판했다.

이 상임위원은 중소기업에서 중요한 변화가 일어나고 있으며 구조조정, 합리화 작업을 통해 생산성 향상이 두드러지고 있음을 주목해야 한다고 말했다.

이 원장은 "한국기업과 한국경제는 지금 잠재력을 전부 발휘하지 못하고 있다"며, "차라리 일본기업과 정면승부를 걸어 기업인과 근로자들이 대오각성했으면 좋겠다"는 반응을 보이기도 했다.

한편, 유 부원장은 오마에를 "무역이론의 첫걸음도 모르고 있는 얘기며 일고의 가치도 없다"면서 강도 높게 비판했다.

[정보화사회로 이행하려 해도 실력이 없다.]

대부분 공감을 표시했다.

이 원장은 "부분적으로 인정한다"며 교육개혁, 규제완화 등을 과감히 실천해 정보화사회에 적극 대응해야 할 필요가 있다고 말했다.

유 전무는 홈뱅킹 인구가 600만 명에 달하고 인터넷 식구들이 200만 명을 넘는 생활환경 변화에도 불구하고 예산타령이나 하며 말만의 정보화를 주장하는 정부가 문제라고 꼬집었다.

조 부회장은 정보화 지표가 다른 나라에 비해 처진 것은 사실이라고 인정했다. 그러나 인터넷 접속량을 감안할 경우 제조업체나 금융부문보다 선진국에 대한 추격속도가 상대적으로 빨리 진행되고 있음에 주목했다.

이 상임위원은 당장이야 어렵지만 정보화사회로 이행하는 데는 우리가 일본보다 유리하다는 반론을 폈다.

[IMF 권고대로 시장개방에 착수하면 한국의 산업은 궤멸할 것이다.]

IMF로 인한 시장개방에는 마이너스보다는 플러스 요인이 더 많다는 시각이 우세했다.

이 원장은 "우리의 시장개방은 IMF권고에 의해 강요당한 게 아니라 필요에 의해 하는 것이다. 경쟁은 한국산업을 더욱 튼튼하게 할 것이다"며 오마에의 말에 대해 걱정을 걱정하지 않아도 된다고 했다.

조 부회장은 "어느 경제나 외부충격 없이는 진화속도가 늦다"며, "지난 1년여 동안의 제조업, 금융, 오너쉽, 재벌문제 등에서 변화속도가 지난 30년간 경제발전과정보다 훨씬 컸다"고 표현했다.

유 전무도 "IMF는 외환위기 측면만 보는 것이며 한국의 문화나 성장배경을 고려한 게 아니므로 만능이 될 수 없다"며 "외환위기를 진정시키고 월가의 손이 미치지 않도록 하면 된다"고 말했다.

밀레니엄 라운드

서울경제신문 좌담, 1999. 8. 18

참석자: 김철수 전 WTO 사무총장
        (현 세종대 경제무역학과 교수)
이경태 대외경제정책연구원 원장(사회)
좌승희 한국경제연구원장
정우성 외교통상부 다자통상국장

> 밀레니엄 라운드는 21세기가 시작되자마자 처음 시작되는 국제 다자간 협상이다. 국제무역기구(WTO)는 이번 라운드를 통해 21세기 통상규범을 규정할 예정이다. 세계 각국은 이에 따라 자국에 유리한 규범을 정하기 위해 벌써부터 한 치도 양보 없는 접전을 펼치고 있다. 통상의제별로 국가간 입장 차이는 시간이 지날수록 뚜렷하게 나타나고 있으며, 조금이라도 자국의 이익을 더 챙기려는 각국의 보이지 않는 싸움도 점입가경이다. 『서울경제신문』은 각계 전문가들을 초청, 밀레니엄 라운드 논의동향을 짚어보고 대응방안을 모색해 보는 좌담회를 가졌다.

사 회: WTO는 내년에 새로운 다자간 협상을 준비하고 있습니다. 먼저 밀레니엄 라운드로 불리는 뉴라운드의 의의부터 짚어보는 게 순서일 것 같습니다.

김철수: 밀레니엄 라운드에서는 이전 협상인 우루과이 라운드보다는 작겠지만 상당한 규모의 협상이 이뤄질 것으로 예상됩니다. 특히

WTO는 아시아의 외환금융위기가 남미, 러시아로 확산되고 있는 상황에서 새로운 협상을 통해 무역자유화에 채찍을 가함으로써 세계경제를 활성화하려는 시도를 하고 있습니다. 밀레니엄 라운드는 무역자유화를 더욱 확대해 세계경제에 활력을 불어넣을 수 있는 계기로 활용될 것입니다.

정우성: 가장 큰 쟁점은 무엇을 다룰 것인가에 있습니다. WTO는 이 문제를 지난 7월까지 해결하려 했는데 아직 정하지 못하고 시한을 넘겨 버렸습니다. 농산물과 서비스분야만이 기설정 의제(Built-In-Agenda)로 확정된 정도죠. 협상방식과 기간에 대해서는 대체적으로 여러 가지 의제를 한꺼번에 논의하는 포괄적 협상방식과 3년에 대해 합의가 된 것 같습니다. 그러나 변수는 남아 있습니다. 개발도상국들은 여전히 뉴라운드 협상 자체에 소극적이고, 미국은 포괄적 협상방식에 상당히 부정적인 반응을 보이고 있습니다. 농업협상에 가장 큰 비중을 두고 있는 미국과 호주는 계속 양자간 협상을 주장하며 다른 회원국들에 압력을 넣고 있는 상황입니다.

김철수: 아직 새로운 협상을 논하기엔 이르다는 의견도 있습니다. 그보다는 오히려 WTO협정 이행문제에 대해 신경을 더 써야 한다는 주장입니다. 그러나 어떻게든 새 협상은 시작될 것입니다. 제가 사무총장에서 물러난 뒤 8개월이 지나서야 후임이 결정됐고, 여기에 과거 국제협상을 주도했던 미국과 EU가 각각 노동·환경 단체들의 거센 목소리와 집행위 교체 등의 이유로 힘의 공백현상이 엿보이기도 했습니다. 상대적으로 방어적이었던 개도국들의 움직임이 빨라졌어요. 제 생각엔 WTO 사무총장이 새로 선임되고 새로운 EU집행위 구성이 완결되는 올 가을께부터는 본격협상을 위한 모멘텀이 생길 것입니다.

정우성: 이번 밀레니엄 라운드는 처음부터 EU가 주도했습니다. 그래서 EU 통상장관의 이름을 따서 [레온 브리턴 라운드]라는 우스갯소리도 나왔었죠. 농업과 서비스협상만으로는 도저히 실익을 기대할 수 없는 EU로서는 주도적으로 치고나올 수밖에 없었다고 볼 수도 있습니다. 그러나 시애틀 각료회의는 결국 지금까지 세계무역을 이끌고 온 미국의 주도하에 활발하게 진행될 것으로 보입니다.

사 회: 밀레니엄 라운드에서 우리나라가 국익을 위해 적극적으로 참여해야 할 부분은 어떤 분야가 있을까요.

정우성: 밀레니엄 라운드는 우리에게 두 가지 의미가 있습니다. 말하자면 시장개방의 차원과 우리 상품과 서비스의 해외진출입니다. 지금까지는 시장개방 차원에서만 관심이 집중되었어요. 그러나 우루과이라운드가 시작됐던 지난 1986년과는 상황이 많이 변했습니다. 경제협력개발기구(OECD)에 가입하면서 개방이 많이 됐고, 경제위기를 겪으면서 규제도 대폭 완화됐습니다. 농업분야는 여전히 우리에게 부담으로 남아 있으나 이번 라운드는 우리가 해외에 활발하게 진출할 수 있는 발판으로 활용될 것입니다.

좌승희: 서비스시장이 실질적으로 개방되도록 노력해야 합니다. 항공운송, 해운서비스 시장의 자유화를 약속받아야 하고, 서비스 분야의 경쟁정책 규범이 제정되어야 합니다. 또 세이프가드, 보조금, 정부조달분야의 다자간 규범이 제정, 확립되어야 서비스분야의 시장개방이 확대될 것입니다. 최혜국대우(MFN)의 예외도 최소화해야 합니다.

김철수: 서비스분야의 개방이 상대적으로 많이 되어 있는 우리로서는 공격적인 자세가 필요합니다. 과거 UR때는 개방이 덜 되어 방어

적일 수밖에 없었어요. 예컨대 공산품의 관세인하를 적극 주장해야 합니다. 또 수입에 대한 제한이 최근에는 반덤핑, 상계관세 쪽으로 많이 옮겨오고 있다는 점에 주목해야 합니다. 불공정 무역관행에 대한 반덤핑조치, 상계관세가 많이 늘었다는 것입니다. 이 부분에 대해서는 규제를 더욱 엄격하게 적용해 조치를 취하기 쉽지 않게 해야 합니다. 농산물은 아직은 경쟁력 열세로 인해 어떻게든 세계 모든 나라가 이해할 수 있는 논리를 개발하고 우리와 입장을 같이하고 있는 나라와 공조체제를 구축하는 것이 관건입니다.

사 회: 이번에는 과거와는 달리 적극적으로 참여하는 것이 국익에 도움이 된다는 말씀이시군요. 준비는 잘 되고 있는지 한번 짚어 볼까요. 정부 조직개편 이후 통상기능이 외교통상부로 집중되어 부처간 협력이 잘 안 되고, 통상조직도 과거에 비해 많이 줄어 맨파워가 약하지 않느냐는 두 가지 우려가 제기되고 있는 상황입니다.

김철수: 최근 들어 무역에 관심이 부쩍 높아졌습니다. 바꿔 말하면 정책조정의 중요성이 더욱 커졌다는 얘기입니다. 밀레니엄 라운드에서 환경, 노동정책 등이 다뤄질 경우 정책조정의 문제가 간단치 않을 것입니다. 과거에는 부총리 산하에 대외경제정책조정위원회가 있어서 나름대로 조정기능이 있었는데, 새 정부 들어서는 약화된 것이 아니냐는 느낌을 받는 게 사실입니다. 장관레벨의 정책조정채널이 활성화되어야 한다는 게 개인적인 생각입니다. 아직은 시간이 있습니다. 협상이 시작될 때는 보강된 인력과 채널로 임해야 하겠습니다.

정우성: 정부는 밀레니엄 라운드에 적극 대비하기 위해 지난해 7월 총리실 산하에 뉴라운드 협상 대책위원회를 발족시키고 5개 분야

별로 실무대책반도 가동시키고 있습니다. 대책위원회는 과거 부총리에서 총리로 격상된 셈이죠. 이번 협상에 공격적으로 임해야 한다고들 지적하셨는데 우리 정부는 이미 적극적으로 참여하고 있습니다. 이번 라운드에서 회원국들은 의제들을 어떤 방식으로 다루자는 제안서를 제출해야 하는데, 우리는 9개 분야에서 제안서를 제출해 놓은 상태입니다. 또 입장이 비슷한 국가들과의 공조체제도 잘 구축하고 있습니다.

우리에게 상당히 불리한 쌀문제는 이번 라운드에서 다루지 않는다는 게 정부의 입장입니다. 2004년에 협상키로 협의가 된 상태죠. 단지 2004년 이후 어떻게 할 것이냐는 다각도로 검토중입니다.

김철수: 정부는 당연히 그런 입장을 취해야 합니다. 일본이 관세화 해제조치를 취했기 때문에 압력이 있을 수 있겠지만, 그것은 정부의 교섭 능력에 달려 있어요. 농산물 문제는 추가적인 시장개방이 불가피하다는 것은 인식하고 있어야 합니다. 농산물시장 개방은 일부 선진국에서만 주장하는 게 아니라 개도국도 목청을 높이고 있습니다. 그러니까 무엇보다도 정부와 기업, 국민들의 공동대응체제를 서둘러 구축해야 한다는 것입니다.

미국·일본의 경우, 정부가 협상에 나설 때 국민들, 특히 이해관계자들의 동의를 받도록 법률로 규정하고 있습니다. 섹터별로 국민들이 의견을 낼 수 있는 채널이 만들어져 있어요. 우리도 국민들로부터 의견을 수렴하는 과정이 필요합니다. 공청회보다 광범위한 의견수렴 과정이 있어야죠.

또 하나. 미국, 남미 등을 중심으로 보호주의 색채가 짙어져 가고 있는 때에 밀레니엄 라운드는 우리의 이익과 직결되는 문제라는 점을 인식해야 합니다. 국민들의 적극적 지지가 필요하다는 얘기이지요. 국민들은 정부의 개혁을 지지하고 있는데, 새로운 협상은 개혁을 고정시키는 효과를 가져옵니다.

정우성: 그렇습니다. 밀레니엄 라운드를 두려움의 대상으로 볼 것이 아니라 이익을 가져다 줄 수 있는 기회로 봐야 합니다.

좌승희: 국내 산업이 경쟁력을 잃어 외환위기를 초래한 중요한 이유 중의 하나도 어떻게 보면 산업을 보호하는 데 치중한 반면 개방에는 크게 인색했기 때문으로 볼 수 있습니다. 최근 들어서는 학계에서도 개방에 적극적이어야만 국제경쟁력을 갖출 수 있다는 지적을 자주 하고 있어요. 제 개인적으로는 개방효과를 극대화하기 위해 분야별로 민간전문가를 전담 협상대표로 임용해 권한을 최대한 주고 실익을 챙기는 전략도 바람직할 것으로 봅니다.

사 회: 과거 우리가 개방에 소극적이었던 이유는 준비가 안 되었기 때문이었습니다. 지금은 준비가 많이 되어 있어 적극적으로 개방을 할 수 있습니다. 또 개방과 개혁은 서로 맞물려 있어요. 국회에서도 밀레니엄 라운드에 적극 참여하는 자세가 필요하다는 생각입니다.

뉴라운드 철저 대비를

문화일보 포럼, 1999. 11. 11

오는 11월 30일 미국 시애틀에서 개최되는 제3차 세계무역기구(WTO) 각료회의가 임박하였으나 뉴라운드 협상의제에 대한 합의도출은 난항을 거듭하고 있다. 가까운 시일 내에 돌파구가 열리지 않으면 각료이사회에서 직접 의제절충을 하는 사태가 벌어질 수도 있을 뿐만 아니라, 최악의 경우에는 뉴라운드 출범 자체가 무산되어서 21세기 세계무역질서의 새 판을 짜보겠다는 자유무역주의자들의 염원이 좌절될지도 모른다는 우려를 금할 수 없다.

그 배경을 살펴보면 농산물과 서비스시장 개방 등 미국의 이익이 첨예하게 걸려 있는 한정된 부문에 협상력을 집중해서 비교적 단기간 내에 협상을 끝내자는 미국의 고집이 합의의 장애물로 작용하고 있다. 다수 개도국을 비롯해서 유럽연합(EU), 일본, 한국 등은 농산물과 서비스 이외에 공산품관세 인하, 반덤핑제도의 개선, 다자간 경쟁규범과 투자규범의 제정 등 폭넓은 의제를 다룸으로써 WTO 회원국들이 모두 협상을 통해서 이익을 볼 수 있도록 하자고 맞서고 있는데, 아직까지는 양측의 주장이 평행선을 달리고 있다.

미국은 국내 정치사정 때문에 과거와는 달리 다자간 무역자유화 협상의 지도력을 발휘하지 못하는 것 같다. 우선 미국의 노조, 환경단체, 소비자단체들이 WTO가 주도하는 자유무역질서에 대해서 근본적인 수정을 요구하면서, 만약에 그들의 주장이 관철되지 않으면 뉴라운드의 출범을 저지하겠다고 위협하고 있다. 이들 주장의 공통점은 자유무역이 경제성장을 촉진시키는 긍정적 측면만 강조해서는 안 되며, 비숙련노동자의 직장상실, 환경파괴, 소비자안전위협 등 사회적인 부작용까지를 WTO가 폭넓게 고려해야 한다는 것이다.

미국 노조는 미국이 멕시코와 자유무역협정을 체결한 이후에 국내기업들이 멕시코로 대거 빠져나가고 멕시코로부터의 수입이 급증해서 미국 노동자들이 타격을 받고 있다고 주장한다. 미국 환경단체는 개도국들이 환경보호를 뒤로 미루고 수출확대를 위한 제품생산을 우선하기 때문에 지구온난화, 오존층 파괴 등 지구환경의 심각한 훼손이 진행되고 있다고 비난한다.

또한, 미국 소비자단체는 전세계적으로 인체에 해로운 식품이 무분별하게 수입되어 국민건강을 해치고 있다고 주장한다. 이들은 따라서 자유무역의 결과 나타나는 부작용을 줄이기 위한 안전장치를 WTO가 강구해야 한다는 것이다. 예를 들면 개도국들이 노동자권리를 억압해서 임금수준을 낮춘다든지, 느슨한 환경기준을 설정한다든지, 불량식품을 수출하는 경우에는 무역제재를 가할 수 있는 장치를 마련해야 한다는 것이다.

미국 의회는 선거를 앞두고 조직화된 시민단체의 요구를 국익 차원에서 여과시키지 못하고 이에 영합하는 무력한 모습을 보이고 있다. 뉴라운드에서 미국이 지도력을 발휘하기 위해서 반드시 필요한 신속협상 권한을 행정부에 부여하지 못하고 있는 것이 그 단적인 예이다. 클린턴 행정부 또한 임기 말의 레임덕현상 때문에 미국 의회를 설득하지 못하고, 무역정책이 명확한 목표를 상실한 채 표류하고 있다.

미국이 자유무역체제 강화와 세계경제 성장의 진정한 리더가 되기 위해서는 지나치게 국내문제에만 연연할 것이 아니라, 보다 신축적인 자세를 갖고 세계 각국의 다양한 의견들을 포용하는 경제대국으로서의 역량을 발휘해야 할 것이다.

뉴라운드를 성공적으로 출범시키는 데에는 미국과 다른 입장을 보이는 국가들의 책임도 중요하다는 것은 말할 나위도 없다. 농산물 문제만 보더라도 EU나 한국 등 수입국들의 신축적인 접근이 없이는 뉴라운드의 성사를 기대하기 어렵다. 우리나라의 농산물 시장은 우루과이라운드 협상을 통해 이미 상당부분 개방되어 더 이상 새로운 이슈라고 할 수 없다. 지금은 세계적 무역자유화의 추세에 역행하지 않으면서 우리의 산업을 효율적으로 지켜 나가는 데에 우리의 지혜를 모아야 할 때다.

뉴라운드를 앞두고 기업이나 언론은 물론이고 일반 국민 모두가 스스로 지니고 있는 문제를 인식하고, 뉴라운드를 우리 경제의 재도약을 위한 계기로 활용하려는 적극적인 대응 자세가 필요하다. 평소에는 매사를 정부의 책임에 맡겨두고 전혀 무관심하다가 조금의 불이익이라도 닥치면 정부를 매도하는 자세는 바람직하지 못하다. 정부도 과거에 축적된 협상경험을 이번 뉴라운드에서 최대한 활용해야 한다. 국민의 의사는 물론이고 해당 전문가의 지식을 충분히 반영하여 협상전략을 세우고 이를 관철시키도록 노력하는 자세가 필요한 것이다.

중국과 뉴라운드 협상

한국경제신문, 1999. 11. 17

중국과 세계무역기구(WTO)

지난 13년 동안 관심을 끌어온 현안이었다. 마침내 매듭이 풀릴 모양이다.

바셰프스키 미국무역대표부(USTR) 대표가 베이징에서 막바지 협상을 벌여 지난 15일 극적인 합의에 도달했다. 중국 WTO 가입에 필요한 회원국 3분의 2 이상의 찬성은 무난할 것으로 보인다. 아마도 내년에는 중국이 정식 회원국이 될 것이다.

중국은 세계 10대 무역국이다. 134개 회원국을 가진 WTO는 이제 명실상부하게 21세기 세계무역질서를 관장하는 범세계적인 다자무역기구로서의 위상을 확보하게 됐다. 또 오는 30일 미국 시애틀에서 열리는 WTO 각료이사회에서 출범할 뉴라운드 협상도 더욱 큰 추진력을 얻게 됐다.

중국과 뉴라운드협상

앞으로 이 게임을 잘 관전하면 세계무역의 흐름을 읽을 수 있는 것이다. 중국이 뉴라운드협상에 참여하면 협상이 잘 풀릴까. 반드시 긍정적이지만은 않다. 지금 대부분 개도국들은 뉴라운드에서는 우루과이 라운드(UR)협상에서 합의한 대로 농산물과 서비스교역 자유화만 의제로 다루자고 주장하고 있다. 개도국들은 공산품교역의 추가자유화뿐만 아니라 전자상거래, 정부조달투명성, 투자, 경쟁정책 등 새 개방의무나 새 무역규범의 설정에 반대하고 있는 것이다.

만약 중국이 개도국 그룹 종주국으로서의 역할을 자임한다면 현재 드러난 미국과 EU간의 입장 차이가 미국, EU, 중국 사이의 대립으로 증폭될 우려가 있다. 당사국들은 이를 막기 위해 각별한 협력관계를 구축해야 한다. 중국의 WTO 가입은 단순히 무역차원을 넘어서서 21세기 세계경제질서의 큰 틀을 바꿔 놓을 것이다.

12억의 인구와 엄청난 발전잠재력을 지닌 중국 아닌가. 이런 거대한 중국이 시장경제권에 본격 편입됨에 따라 세계경제는 공동번영의 기회를 갖게 됐다.

만약 중국이 사회주의 경제체제 내지는 후진적 시장경제의 뼈대를 유지한 채 경제강국으로 부상한다면 중국과 선진국 사이의 갈등의 골은 더욱 깊어질 것이다.

WTO는 규범에 바탕을 둔 국제무역기구이다.

이제 중국이 정식회원국이 되면 제도와 관행을 규범에 맞게 확립해 나가야 한다.

그러면 대중(對中) 무역의 불확실성이 제거되고 투명성이 올라갈 것이다. 바셰프스키 무역대표는 합의 직후에 배포한 보도자료에서, "이번 합의내용은 포괄적이고 만족스러우며 미국 수출산업에 크게 도움이 될 것"이라고 평가했다. 공산품의 관세인하는 물론이고 농산물, 정보통신, 금융보험, 영화 등 광범위한 분야의 개방약속을 얻어냈음을 시사하는 것이다.

중국의 평균관세율은 22.1%에서 17%로 내린다. 이 가운데 자동차는 80~100%에서 2006년까지 25%로, 농산물은 14.5~15% 수준으로 내릴 것이다. 통신산업에 대해서 외국인투자를 49%까지 허용하되 2년 뒤에는 허용을 50%까지 확대한다.

인터넷 사업에 대한 미국투자도 허용된다. 또 외국영화의 수입과 시청각 제품의 유통을 위한 합작이 허용된다. 금융부문에서는 외국은행 지점 설치와 중국기업에 대한 중국 원화대출이 가능해진다. 미국은 중국의 저가공산품 수입급증에 대비해 특별 반덤핑제도를 15년 동안 운용할 수 있다.

만약 중국이 시장경제 이행을 원활히 하면 이 제도는 완화될 수 있다. 중국도 대미수출 섬유쿼터를 2005년까지 철폐한다는 양보를 얻어냈다. 중국 입장에서 보면 전반적인 수출 및 외국인투자 여건이 개선될 것이다. 또 중국내 경제개혁을 촉진하는 외부적 압력을 받게 되므로 중국경제의 효율을 높이는 기회로 활용할 수 있다.

중국의 WTO 가입은 한국에도 적지 않은 파급효과를 가져올 것이다. 우선 중국은 이번 미국과의 가입협상 결과에 따라 앞으로도 공산품의 추가적 관세인하는 물론이고 서비스 분야 등에서 시장개방폭을 더욱 넓힐 것이다. 따라서 우리의 수출과 투자여건이 크게 개선될 것이다. 특히 원부자재나 자동차부품 등의 수출이 크게 늘어날 전망이다.

서비스 분야에도 중국에 대한 투자가 확대될 것으로 기대된다. 그러나 또 한편으로는 중국산 섬유·의류 등이 한국에 물밀듯 밀려들어올 가능성이 있다. 미국 등 해외시장에서는 중국제품과의 수출경쟁이 더 뜨거워질 것이다. 따라서 우리는 대중수출 및 투자여건 호전을 적극적으로 활용해야 한다.

이와 함께 중장기적으로는 중국과의 경쟁관계에서 비교우위를 점하기 위해 산업구조를 줄기차게 고도화해야 한다.

'세계경제'로 통합되는 현실, 솔직해야 외국인 신뢰 얻어

경제리더들의 아듀 99

경향신문, 1999. 12. 24

올 한해 동안 외국 학자나 관료, 기업인들을 만나 한국경제의 개혁 진전 상황을 설명하는 기회가 많았다. 우선 우리의 개혁은 IMF에 의해 강요된 것이 아니라 한국 국민들의 자발적 선택에 의한 것임을 밝히면서 경제개혁에 대한 우리의 적극적 수용의지를 자연스럽게 설명하는 기회로 활용했다.

흔히들 IMF프로그램이라고 불리는 구조조정 계획은 기업·금융·노사·공공 부문 등 각 분야에 걸쳐 그 큰 골격이 외환위기 이전에 이미 제시된 바 있으며, 다만 그 실천이 미루어졌다가 위기의 도래와 국민적 공감대의 형성, 정권의 평화적 교체, 개혁 지향적 정치지도자의 등장이라는 유리한 상황전개하에서 실행에 옮겨진 것이라는 점을 강조했다. 따라서 IMF프로그램이라는 용어는 폐기하고 '코리아 프로그램'으로 부르자는 제의에 대부분의 외국인들은 공감을 표시했다.

사람들은 누구나 자기의 잣대로 경제를 평가하려는 경향이 있다. 한국의 개혁에 관한 외국인의 시각도 예외는 아니었다. 그들은 한국의 특수한 사정을 이해하기에 앞서 우리의 제도와 관행이 자기들의 것과 다르다는 이유만으로 비난하고 시정을 요구하곤 했다.

그러나 우리가 마련한 4대부분 개혁의 기본방향, 즉 경영 투명성과 책임 강화, 금융 건전성, 노동시장 유연성, 작은 정부 등은 소위 말하는 글로벌 스탠더드와 부합하는 것이다. 그러면 제도와 관행의 세세한 내용까지도 글로벌 스탠더드와 일치해야 하는가? 그럴 수는 없다. 소유와 경영의 분리가 철저한 미국과, 아직도 소유자에 의한 경영이 흔한 유럽간에 기업지배구조의 세세한 내용에는 차이가 있고, 노동시장의 유연성과 노사관계의 구체적 내용도 미국과 유럽간에는 다른 점이 많다. 무릇 모든 제도는 기계적, 획일적으로 이식해서는 성공할 수 없으며, 기본적 특성은 유지하되 상이한 환경에 맞게 진화시켜 나가야 함을 강조했다.

날로 글로벌화하는 경제환경과 세계경제와의 통합성이 강조되는 우리의 현실은 대외신뢰도의 중요성을 한층 일깨워 주고 있다. 외국인들의 신뢰를 얻기 위해서는 우선 솔직해야 한다. 개혁에 대한 우리의 열정과 의지를 충분히 전달함과 동시에 우리가 처한 어려움과 때로는 우리 능력의 부족함을 인정하는 자세가 필요하다. 그리고 무엇보다도 중요한 것은 경제회복에 자만하지 말고 필요한 개혁을 스스로 찾아서 실천에 옮기는 것이야 말로 지속적 성장과 대외신뢰 확보의 요체임을 거듭 강조하고 싶다.

2000

21세기 동북아와 한국

한국일보, 2000. 2. 24

작년 11월 마닐라에서 열렸던 아세안 – 한 · 중 · 일 정상회담 기간 동안에 한 · 중 · 일 정상들은 별도의 회동을 갖고 3국 협력증대의 필요성에 공감했으며, 특히 김대중 대통령이 제안한 3국 공동연구에 합의했다.

3국 공동연구는 현재 각국이 연구간사 기관을 선정하는 단계에 있으며, 공동연구에서 도출되는 합의와 추진의지는 21세기 동북아시대의 본격적인 전개를 촉발하는 시발점이 될 것으로 기대된다.

21세기가 동북아시대가 될 것이라고 보는 근거는 3국의 막강한 경제규모와 가속화되고 있는 역내 경제통합 현상이다. 3국의 GDP는 1997년에 세계 전체의 22.4%로서 아직은 EU의 28.6%, NAFTA의 32.1%에 미흡하나, 세계은행이 예측한 바대로 2020년 경에 중국의 GDP가 미국을 따라잡게 되면 동북아지역은 일본과 중국이라는 2개의 경제강국이 자리하는 세계 최대의 지역경제권이 될 것이다.

동북아지역의 경제통합 또한 괄목할 속도로 진전되고 있다. 3국의 3대 교역국 속에는 예외 없이 다른 두 나라가 포함되어 있다. 즉,

중국 입장에서 보면 일본이 첫째, 한국은 셋째로 큰 교역상대이며, 일본의 입장에서 보면 중국(대만포함)이 둘째, 한국이 셋째이며, 한국에게는 일본이 둘째, 중국이 셋째의 교역상대국인 것이다.

우리가 주목해야 할 것은 지금까지의 3국간 경제통합은 제도화된 경제통합기구 또는 정부간 공식협의기구가 부재한 상태에서 거의 전적으로 시장의 힘에 의해서 주도되어 왔다는 사실이다. 이는 3국간의 지리적 인접성, 산업구조의 보완성, 경제개발단계의 순차성, 문화적 동질성 등 경제통합에 유리한 요인들이 매우 강하게 작용한 결과라고 보아야 한다.

한·일 관계는 한국이 일본을 따라잡으려고 부단히 노력하는 과정에서 교역, 투자, 기술교류를 통하여 깊숙한 협력관계가 이루어져 왔고, 한·중 및 일·중 관계는 중국경제의 시장경제 이행과 급속한 공업화 과정에서 한·일 관계보다도 더욱 빠르게 경제교류가 확대·심화되어 왔다. 한·중 수교 이후 불과 10년 만에 중국이 한국의 세 번째 교역상대국으로 급부상한 것을 볼 때, 동북아 경제통합의 가능성은 거의 무한하다고 보아도 무방할 것이다.

만약 3국 정부간에 공식적인 경제협의기구가 설치되어 민간의 경제협력을 저해하는 장애물을 해소하여 주고, 나아가 민간의 경제협력을 촉진하는 제도적 유인들을 제공해 준다면, 이는 이미 빠르게 진행되고 있는 시장주도적 경제통합에 채찍을 가하는 효과를 가져올 것이다.

3국은 전통적으로 시장에 대한 정부의 영향력이 적지 않게 행사되어 왔으며 이는 앞으로도 상당기간 지속될 것이기 때문에 3국 정부간의 공식협의는 매우 중요하다고 하지 아니할 수 없다.

21세기에 들어서면서 동북아경제협력이 제도화되어야 하는 이유는 여러 가지이다. 우선 세계화와 더불어 지역주의가 세계경제질서 재편의 양대축을 구성할 것이기 때문에, 현재 거의 유일하게 지역주의 움직임에 소외되어 있는 동북아지역은 지역통합의 의지를 새롭게 다져야 한다. 세계적 차원의 경제관리체계가 새롭게 형성되어 가는 과정을 미국과 유럽연합의 독주에만 맡겨 놓을 수는 없는 것이며, 아시아도 세계역학구도의 한 축을 담당해야만 한다고 볼 때, 동북아 3국이 아시아를 주도해 나가는 것은 자연스러운 현상이다.

다음으로 중국의 WTO 가입으로 경제체제의 이질성이 해소되고 동질적인 체제수렴이 진행될 뿐만 아니라, 인터넷 정보혁명이 가져오는 시민사회의 영향력 증대로 인해서 중국정치체제의 민주화도 당초 예상보다는 빨리 진행될 것이라는 희망적인 관측이 대두되고 있다. 이같은 체제동질화는 경제통합의 비경제적 장해요인 제거에 기여한다.

마지막으로 경제통합을 통해서 아직도 동북아지역에 남아 있는 과거 역사의 유산을 극복해 나가야 할 필요성이 크다. 세계가 경제적 이익을 위해서 협력하는 마당에 동북아지역만 과거사 문제와 영토분쟁으로 경협의 발목이 잡힌다면, 이는 역내 국가 모두에게 커다란 손실을 가져올 것이다.

이제는 동북아 3국 정부가 함께 만나서 중장기적인 공동이해에 입각한 협력의 청사진을 마련하는 동시에, 실현가능하고 상호이익이 분명한 협력사업을 하나하나 실천에 옮김으로써 상호신뢰를 구축하고 경제통합의 이익에 대한 공감대를 이루어 나가야 한다. 단기적으로는 환경, 물류, 어업협력 등을 우선 추진하고, 중기적으로는 투자협력협정, 동북아개발협정을 체결하며, 장기적으로는 자유무역협정과 통화협력을 근간으로 하는 경제공동체를 지향하는 지혜를 한국이 주도적으로 발휘해야 한다.

김대통령 유럽 순방의 의의

중앙일보 대담, 2000. 3. 2

참석자: 클라우스 휠러스 주한 독일 대사
카를로 트레자 주한 이탈리아 대사
필립 오티에 주한 프랑스 정무참사관
이경태 대외경제정책연구원 원장
김정수 중앙일보 전문위원(사회)

김대중(金大中) 대통령이 2일 독일, 프랑스, 이탈리아 등 유럽연합(EU) 3국 순방에 나선다. EU는 한국의 두번째로 큰 무역상대이고, 한국에 가장 많은 투자를 하고 있을 뿐만 아니라, 지난해부터 북한과 정치대화와 외교관계 수립 등으로 급속한 관계정상화를 꾀하고 있다. 서울주재 3국 외교사절과 함께 金 대통령의 이번 순방이 갖는 의의를 점검해 본다.

사 회: 정치상황 등으로 볼 때, 김 대통령이 한국에 있어야 할 시기인 것 같은데, EU를 순방해야 할 이유는 뭘까요?

이경태: 김대중 대통령이 여러 나라를 방문했지만, 유럽은 지난 ASEM 회의 때 영국을 방문했을 뿐 방문이 없었다.

이탈리아 대사: 그렇다. 김대통령이 강대국 중에 미국·중국·일본· 러시아를 방문했으니, 이번에 EU를 방문함으로써 '강대국과의 전략적 관계 구축을 완결짓는다'는 의미가 크다.

독일 대사: EU는 한국에게 미국 다음으로 큰 경제협력 파트너다. 특히

EU는 신속한 금융지원으로 한국이 경제위기를 극복하는 데 나름
대로 기여했고, 장기적으로도 EU와 한국간의 경제관계가 확대·
심화되고 있다.

이탈리아 대사: 1997년 말 긴급지원자금을 마련할 때, 또 1998년 초
한국이 유리한 조건으로 뉴욕 외채상환 협상을 타결하는 데에 유
럽 정부와 금융기관들이 적극적으로 협력했다.

사　회: 김 대통령의 순방에 대한 유럽의 시각은?

이탈리아 대사: 이탈리아로서는 1884년에 한국과 외교관계를 수립한
이래, 이번이 첫번째 국빈방문이다. 만시지감(晩時之感)이 든다.

독일 대사: 박정희 대통령 이래 모든 대통령이 독일을 방문했고, 또 여
러 독일 대통령이 방한을 했다. 특히 김대통령은 이미 야당지도
자 때 독일을 방문해 그의 민주화 노력에 대해 많은 지지자를 얻
었다. 이들 지지자와의 해후도 중요하다.

프랑스 참사관: 김대통령은 국제외교사회에서 목소리가 큰 지도자 중
한 사람이다. 특히 아시아 경제위기 극복과정에서 인권·민주
화·시장경제에 대한 신념을 강하게 펼친 지도자다. 그의 이런
철학은 동북아의 평화와 안전에 중요하다. 또 가을에 김 대통령
이 주최하는 ASEM(아시아·유럽 정상회의)의 주요 파트너와 사전
에 의견교환을 한다는 의미도 있다.

이경태: 첫번 ASEM회의는 출범의 의미가 있었고, 두번째 회의는 아시
아가 경제위기에 빠져 있을 때 열렸다. 올해 서울회의는 경제위기
를 극복한 시점에서 열리기 때문에 21세기의 유럽과 아시아간의
관계를 설정한다는 점에서 중요한 회의다.

이탈리아 대사: ASEM회의에 참석하는 국가의 반은 EU국가들이다. 지
난 런던회의에서도 김대통령은 유럽과 아시아 간의 중재자로서

적극적인 역할을 했다.

이경태: 유럽이 한국에 대해 가장 많은 투자를 하고 있다. 그것은 유럽이 한국의 장기적 잠재성에 대해 깊은 이해를 하고 있다는 점을 반영한다.

독일 대사: 그렇다. 한국에 대한 유럽의 투자는 단기적으로 이익을 챙기기 위한 것보다는 장기적이고 전략적인 이해를 염두에 둔 투자다. 유럽이 한국을 전략적 파트너로 생각하고 있다는 얘기다.

이탈리아 대사: 이탈리아 산업의 뼈대는 중소기업이다. 반대로 한국은 대기업이 산업의 중심이다. 양국 정부가 협력한다면 상호보완적인 구조를 가진 양국간의 산업협력을 확대할 수 있는 잠재성이 크다.

독일 대사: 독일의 중소기업이 혁신과 유연성 면에서 가진 장점을 고려할 때, 양국의 중소기업들 간의 전략적 제휴가 중요하다. 중소기업들이 접촉하고 협력 파트너를 찾을 수 있는 '중소기업협력시장'이 마련되었으면 한다.

사 회: 산업협력 증진을 위한 방안은 무엇인가.

프랑스 참사관: 양국 경제협력에 '위조' 문제가 장애다. 지적재산권 보호를 더 강화해야 한다.

독일 대사: 정부가 할 일은 시장에 대한 개입을 줄이고, 협력에 장애가 되는 제도를 바꾸는 것이다. 나머지는 기업들이 알아서 잘 할 것이다. 쌍무간 통상에서 자주 접하는 문제는, 한국 측에서 솔직한 대화를 꺼리는 것이다. 협상테이블에 문제를 털어놓고 "이 문제를 논의하자"고 해도, "아무 문제가 없다"며 논의를 회피하니, 논의가 진전되기 힘들다.

이탈리아 대사: 또다른 현안은 조선 문제다. 한국의 조선 부문이 과잉

시설 때문에 특히 유럽에 대해 심각한 정치·사회적 문제를 야기하고 있다. 게다가 쓰러지던 조선사를 정부가 살려냈다. 기업의 퇴출 여부는 시장에 맡겨야 한다.

독일 대사: 의료보험 때문에 독일 의약품의 공급가를 너무 낮게 산정하고 있다. 의약품 개발비용을 인정하지 않아서다. 진출했던 독일 제약회사가 철수하는 사례도 있다. 의료보험에 묶이지 않는 '개방가격'이 돼야 한다.

사 회: EU가 1998년부터 북한과 정치대화를 시작한 후 북한 태도에 어떤 변화가 있었는가?

독일 대사: 최근에 와서 북한이 '고립주의'가 북한에 이득이 되지 않는다는 점을 깨닫기 시작한 것 같다. 그러나 EU와 북한간의 대화가 새로운 차원으로 진전되기 위해서는 북한의 변화가 더 있어야 할 것이다.

사 회: 올해 이탈리아가 북한과 대사급 외교관계를 수립했다. 그 배경은?

이탈리아 대사: 미·북한 간의 핵협상 타결 등 이탈리아는 북한과의 외교관계 수립의 여건이 성숙됐다고 판단했다. 그 과정에서 한국 정부와도 긴밀히 협의를 하고 지지도 받았다.

사 회: 독일과 프랑스는 아직은 북한과 외교관계 수립을 추진하지 않겠다는 의사를 밝혔는데 …

독일 대사: 북한의 입장에 변화가 있음을 감지했지만, 외교관계를 수립하기에는 특히 대외개방과 (주민을 위한) 합리적 경제정책의 추진 면에서 아직 변화나 여건의 성숙이 충분치 않다고 판단했다.

프랑스 참사관: 우리는 북한이 IAEA(국제원자력에너지기구) 등 국제규범
과 의무의 준수를 기다리고 있다.

사　회: 한국정부로부터 북한의 인권상황과 외교관계수립을 연계하라는
조언을 받지는 않았는가?

이탈리아 대사: 그런 조언을 받지는 않았다. 다만 "북한과의 대화가
남·북한의 공식적 대화를 대체하는 것은 아니다"라는 조언은
받았다. 즉, "한반도의 문제는 남·북한이 해결해야 한다"는 원
칙은 지켜져야 한다는 것이다.

사　회: 이번 방문으로 규장각 도서가 반환되는가?

프랑스 참사관: 김대통령의 방문과 도서반환과의 관계는 아직 뭐라고
말하기 힘들다. 현재 양국 정부가 지명한 두 명의 대표가 다양한
수준의 방안을 협의중이다.

이경태: 김 대통령은 유럽의 복지제도에 대해 관심이 많다.

독일 대사: 한국과 유럽의 복지문제는 다르다. 유럽 스스로가 빠져 나
오려는 복지제도를 한국에 권하기는 힘들다. 독일의 경제체제와
복지제도에 관해 자체 비판도 많다.

이탈리아 대사: 사회적 합의도출을 위한 노·사·정 3자의 역할에 관
한 유럽의 경험도 중요할 것이다.

이경태: 김 대통령은 지역통합에 대한 유럽의 경험에도 관심이 많다.
최근 한·중·일 3국간 지역통합을 모색키 위한 '동아시아 비젼
그룹'을 만들었다. 그런데 문화·경제발전단계·정치체제 등 이
질성 때문에 동북아 국가간 통합의 길이 험할 것이라고 하는 사람
들이 있다.

독일 대사: 공동이익이 있으면 정치적 이질성 등은 극복될 수 있다.

이탈리아 대사: 동질적이라는 유럽도 지금의 통합을 이루는 데 50년이 걸렸다. 중요한 것은 통합의 모멘텀을 유지하기 위해 '최소한의 공통분모'를 찾는 것이다.

프랑스 참사관: 동북아의 경제통합에는 정치적 의지, 특히 '평화에 대한 여망'이 긴요하다.

APEC 서울포럼에 거는 기대

세계일보, 2000. 3. 28

오는 3월 31일과 4월 1일에 걸쳐 서울에서 개최되는 아·태경제협력협의체(APEC) 서울포럼은 아시아 외환위기 이후에 대두된 주요 이슈를 종합적으로 토의하고 그간의 논의를 진일보시키는 효과를 가질 것으로 기대된다.

아시아 외환위기는 그 원인 진단과 처방 과정에서 아시아 발전모델을 근본적으로 부정하는 계기를 제공하였다. 즉, 아시아 국가들이 권위주의적 정부주도개발을 추진하는 과정에서 대마불사, 관치금융, 정경유착 등의 비리와 낭비요인이 축적돼 마침내 외환위기를 초래하게 되었다는 것이다. 이와 같은 구조적 결함론은 IMF의 요구에 의해 주창되었으며, IMF 구제금융을 지원받은 위기국가들은 IMF의 요구에 의해 경제시스템 전반에 걸친 광범위한 개혁을 추진해 왔다.

그러나 구조적 결함론에 대한 비판적 시각 역시 만만치 않다. 말레이시아의 마하티르 수상처럼 국제투기자본에 외환위기의 전적인 책임을 전가하는 것은 극단론이지만, 하버드 대학의 제프리 삭스 교수 또한 국제금융시장의 통합에 따른 리스크 증대가 아시아국가들을 침

몰시켰다고 주장한다.

우리나라에서는 외환위기 이전에 이미 경쟁력 위기에 대해서 국민적 공감대가 형성되었고, 국가경쟁력 강화를 위한 구체적 개혁프로그램이 제시되었으나, 이해집단 간의 알력으로 말미암아 좌절됐었다. 결국 외환위기를 당하고 나서야 실천에 옮기게 됐고, IMF의 강요에 따라 우리 실정에 맞지 않는 개혁을 하고 있다는 일부의 비판은 옳지 않으며, 우리 스스로 구조적 결함을 인정하고 있다고 보아야 한다.

그럼에도 불구하고 선진국 신고전주의 경제학자들이 외환위기 이전에는 우리나라 경제발전을 칭송하다가 막상 위기를 겪게 되니까 우리 경제를 일방적으로 매도하는 이중적 태도를 우리는 경계해야 하며, 우리의 잘못은 우리 스스로 고쳐 나가야 한다는 능동적 자세를 견지하여야 한다.

국제 단기자본의 대규모 이동이 없었더라면 구조적 결함이 있더라도 외환위기까지는 가지 않았을 것이라는 주장에도 일리가 있다. 우리가 자본-외환 자유화를 추진하면서 그에 따른 위험의 증대를 간과하고 국내금융의 건전성 강화를 위한 규제와 감독을 소홀히 한 것이 화근이 되었는데, 이 점에 대해서는 국제금융기구와 선진국 정부도 일말의 책임을 면할 수가 없다. 왜냐하면, 우리를 포함한 개도국에 대해서 자본-외환 자유화의 이점을 강조했을 뿐 그에 대비한 준비의 필요성과 위험의 심각성을 경고하지 않았기 때문이다. 이는 마치 의사가 수술이나 약품복용의 부작용과 유의사항을 설명하지 않음으로써 환자의 상태를 악화시킨 것과 같은 것이다.

외환위기의 재발을 방지하고 국제금융사회의 책임분담을 강화하기 위한 신국제금융질서 구축방안은 지난 2년여에 걸쳐 G-7, G-20 등에서 집중적으로 논의되어 왔으나, 국내금융의 건전성을 높이는 부문을 제외하고는 내놓을 만한 결실이 없다. 특히 외환위기 촉발의 계기가 된 국제 단기자본 이동에 대해서는 규제의 필요성에 공감하면서도 구체적 규제방안에 대해서는 선진국과 개도국의 입장차이가 좁혀지지 않고 있다. 이는 날로 그 도를 더해 가는 국제금융통합의 이익을 향유하면서도 그에 필연적으로 수반되는 자본이동의 불안정성을 감소시켜야 하는 필요성에 비추어 볼 때 매우 염려스러운 일이다.

국제 단기자본의 효과적 규제를 위해서는 관련정보의 집중과 공유체제를 확립해서 단기자본 이동상황과 헤지펀드에 대한 대출상황이 투명하게 공개되도록 중지를 모아야 할 것이다.

동시에 과다복지의 폐해 또한 심각함을 우리는 이미 서구의 경험에서 보았다. 따라서 21세기 지식정보시대에 우리 모두가 머리를 맞대고 고민해야 할 것은 지식 – 정보를 공유하고, 인터넷 이용기회를 보편화하며, 효율과 형평을 조화시키는 문제이다. 이는 대단히 어려운 동시에 중요한 과제이기 때문에 이번 APEC 포럼에서 고위관료, 학자, 전문가들이 허심탄회하게 논의함으로써 유익한 결론이 도출될 것으로 믿는다.

정보기술 발달, 신경제 보장 못 한다
앨빈 토플러와의 대담

매일경제신문, 2000. 4. 1

세계적인 미래학자 앨빈 토플러 박사는 "정보 기술의 발달이 신경제를 보장하는 보증수표일 수는 없다"면서 "법과 제도, 개인의 의식이 같이 변해야만 한다"고 강조했다. 그리고 개혁이 가장 필요한 분야로 교육을 꼽고, 정보통신의 발달 속도가 시속 100마일이라면 교육의 변화는 시속 10마일이라고 비유했다. 그는 "아시아 위기가 발생한 것도 이같은 변화의 '불일치(Desynchronization)' 현상 때문"이라며, "정부의 규제, 노동조합 등도 변화의 속도를 맞춰야 한다"고 말했다. 토플러 교수는 또 "한국은 물론 세계 어느 나라도 위기에서 벗어난 국가는 없다"면서, "다만, 한국은 이제 새로운 규칙이 지배하는 사회로의 전환을 시작하는 단계"라고 진단했다. APEC 포럼 참석차 서울을 방문한 토플러 박사는 대외경제정책연구원(KIEP) 이경태 원장과 인터넷 경제 전망과 한국의 정보사회 진입 등에 대해 대담을 가졌다.

이경태: 한국 경제가 인터넷 중심으로 급속히 변하고 있다. 지금 한국 경제는 디지털경제의 진입기로 봐야 하는가 아니면 성숙기로 봐야 하는가.

토플러: 이제부터가 시작이다. 디지털경제는 단지 통계수치로 나타난 정보통신 기술의 발전만을 말하는 것이 아니다. 신경제가 지배하는 사회는 교육, 법률, 행정, 노동 등 각 구성분야에서 변화가 동시에 일어나야 한다. 전반적인 사회 변화없이 경제발전은 불가능하다. 사회구조는 경제체제보다 변화에 대한 저항이 심하다. 미국과 같이 신경제가 크게 발달한 나라들도 사회구조의 변화는 아직 미진한 상태다. 경제는 앞서가는데 경제를 규제하는 법규나 노동조합은 그 변화속도가 더디다. 정보통신법이 최근 바뀌었는데 62년 만의 일이며, 은행관련법은 60년 만에 개정됐다.

이경태: 제3의 물결이라고 할 수 있는 지식정보사회의 주요 특성은 무엇인가.

토플러: 지식사회는 무리를 잘게 쪼개는 '분할(Demassification)'이 강조되는 사회다. 가정도 마찬가지다. 산업사회에서는 핵가족 체제가 기본적인 질서를 이루고 있다. 새롭게 부상하는 사회에서는 가족, 직장 등 기존 관습에서 커다란 변화가 일어나고 있다. 지식사회에서는 하나의 지배적인 개념이 아닌 문화적 다양성이 강조된다. 물론 이같은 새로운 사회질서가 유토피아는 아니다.

이경태: 한국 사회구조에서 변화에 가장 늦은 분야는 어디라고 보는가.

토플러: 교육은 지식사회로의 진입에 필수적인 분야다. 한국의 경우에도 교육은 가장 변화에 둔감한 분야라고 할 수 있다. 지식사회에서는 새로운 교육의 개념이 강조된다. 아직 많은 국가들이 교육을 '공장(Factory)'의 개념으로 파악하고 있다. 즉 기존의 교육시스템에 투자를 늘려 교사를 공장에서 제품을 찍어내듯이 배출하는 것이다. 그러나 교육은 투자를 많이 하고 적게 하는 문제가

아니다. 지식정보사회로의 전환을 위해서는 기존 교육제체를 과감히 뛰어넘는 전략의 전환이 필요하다.

이경태: 신경제는 인터넷에 기반을 두고 있다. 한국과 경쟁국인 일본의 인터넷 발달 정도를 어떻게 평가하는가.

토플러: 정보사회는 얼마나 많은 컴퓨터를 생산하고 인터넷을 사용하는가에 달려 있는 것이 아니다. 정보사회는 전체 사회구성원이 인터넷의 효용성을 누리고 있느냐의 문제다. 인터넷을 통해 값싼 물건을 만들어내고 생활의 질을 높이는 게 중요하다. 일본은 과거 70~80년대 정보기술의 중요성을 가장 먼저 깨달은 국가 중의 하나다. 그러나 일본은 제조와 수출에서만 정보기술 혁명을 이뤘을 뿐이다. 10년 만에 최악의 제품을 만드는 국가에서 세계 일류 제품의 생산국이 됐다. 그러나 이런 정보기술의 발달이 서비스, 금융 분야로 확대되지 않았다. 일본은 정보기술이 지배하는 세계에서 자신의 역할에 대해 확신하지 못하는 전략적인 위기를 맞고 있다.

이경태: 한국경제가 다시 위기에 처할 가능성이 있다고 보는가.

토플러: 위기 가능성이 없는 국가는 하나도 없다. 어느 나라나 위험성을 안고 있다. 경제위기는 단순히 내적인 문제가 아니라 외부적인 영향을 받기 때문이다. 아시아 위기가 발생하게 된 근본적인 원인은 이른바 '불일치' 현상 때문이다. 미국 월가(街)의 발달된 금융구조가 태국, 인도네시아 등 아시아 국가들에 직접적인 영향을 미치면서 전체 시스템에 큰 충격을 가했다. 마치 제트 엔진을 손수레에 장치한 것과 비슷한 상황이다.

이경태: 신경제와 지식정보가 지배하는 미래사회를 낙관하는가, 아니면 비관하는가?

토플러: 미래 사회에 대한 평가는 우리가 내리는 것이 아니라 자손이 결정할 것이다. 새로운 사회상은 다양성과 개인적인 기회를 강조한다는 점에서 긍정적으로 볼 수 있다. 그러나 가족 등 기존 사회 개념이 무너지면서 개인소외 현상이 나타나는 것은 크게 우려할 만하다. 지역적 이동성이 높아지면서 IBM(I've Been Moved)이란 농담이 나돌고 있다. 그들은 지역사회의 소외자가 되고 가족과도 멀어질 수 있다. 그러나 인터넷은 개인소외를 없앨 수 있는 새로운 기회를 제공한다. 인터넷을 이용하는 재택근무가 활성화되면서 사회 구성원들은 다시 지역사회를 중심으로 '공동체의식(Community)'을 형성할 수 있기 때문이다.

총선과 구조개혁의 일관성

한국경제신문, 2000. 4. 15

총선 이후 경제정책의 첫번째 우선 순위는 구조개혁의 고삐를 당기는 것이다. 여야를 막론하고 하루 빨리 과열선거의 대립구도에서 벗어나 구조개혁을 위한 대승적 협력을 이루어 나가야 한다.

우리나라 경제가 모든 사람의 예상을 뛰어넘는 가파른 회복세를 나타내고 있는 요인은 표면적으로는 기술적 반등과 비용절감이지만, 근본적으로는 구조개혁의 성과로 보아야 한다.

기술적 반등은 경기침체의 골이 깊을수록 회복의 강도가 수치적으로 높게 나타나는 현상이다. 예를 들어 경제규모가 10에서 9로 줄었다가 다시 10으로 원상 복귀하는 경우에 감소율은 10%이고 증가율은 이보다 약간 높은 11.1%이지만, 10에서 5로 줄었다가 다시 10으로 회복되는 경우에는 감소율은 50%인 데 비해 증가율은 그 두 배인 100%가 되는 것이다.

우리나라는 1998년도에 투자와 소비가 각각 21.1%, 8.2%씩 큰 폭으로 감소하고 GDP(국내총생산)도 무려 5.8% 줄어들었기 때문에, 투자와 소비의 본격적인 회복 없이도 경제성장률은 높게 나타날 수 있었던 것이다.

그러나 기술적 반등요인만으로는 설비투자와 소비의 회복세가 날이 갈수록 힘을 얻는 이유를 설명할 수 없다. 설비투자의 회복은 저금리, 저임금, 저지가를 통한 비용절감과 정보기술 관련투자에 의해 주도되고, 소비의 회복은 주식시장 호황을 통한 자산효과 및 미래에 대한 낙관론이 견인하고 있다고 볼 때, 이는 결국 구조개혁 효과와 긴밀히 관련되어 있는 것이다.

우선 금리를 보면, 우리는 한 자리 수준으로 내리는 것이 오랜 염원이었으나 외환위기 발발 이후에야 비로소 이를 성취할 수 있었다. 이는 물론 경기침체로 인한 자금수요 감퇴, 물가안정 등의 경기순환적인 요인에 힘입은 바 크지만, 경기의 본격적 회복 이후에도 한 자리 금리가 유지되고 있는 것은 재벌대기업의 차입 위주 투자관행에 제동을 건 기업개혁 때문으로 보아야 한다.

임금의 안정 또한 노동개혁을 통한 노동시장의 유연성 제고와 기업개혁을 통한 투명성 강화가 낳은 결과이다. 평생직장 관행의 파괴, 근로자 파견제도 등은 노동조합의 과도한 임금교섭력을 약화시켰지만 이에 못지않게 중요한 임금안정 요인은 기업회계의 투명성과 이윤중시의 경영관행이다.

과거에 근로자들이 지나친 임금인상 투쟁을 벌이고 경영진이 이를 수용했던 근본 요인은 임금인상 – 생산비용상승 – 이윤감소 – 주가하락으로 이어지는 시장규율이 제대로 작동하지 않았기 때문이다. 기업회계가 복마전처럼 뒤엉킨 상태에서는 임금인상의 원가압박 압력을 금융차입으로 해소해 나가는 안이한 자세가 근로자와 경영진 모두에게 팽배해 있었던 것이다.

외국인직접투자의 급증과 주식시장의 호황 역시 우리의 구조개혁성과와 밀접하게 연관돼 있다. 1999년에 150억 달러의 외국인직접

투자가 들어오고 주식시장에도 수백억 달러의 외국자본이 유입된 것은 우리의 구조개혁 노력에 대해 외국인투자자들이 신뢰를 보내고 있다는 징표라고 해야 할 것이다.

외환위기 이후 우리 경제의 가장 큰 변화는 벤처기업의 급격한 확장이다. 흔히들 벤처기업을 인터넷기업과 동일시하지만, 실상을 보면 벤처기업의 75%가 제조업이라는 사실을 주지해야 한다. 또한 벤처기업 육성시책이 지난 정부 때 이미 시작된 점을 감안하면, 왜 최근에 와서야 벤처기업이 번성하게 됐는가를 곰곰 생각해 볼 필요가 있다.

벤처중소기업의 번영은 재벌대기업의 지배력 약화와 무관하지 않다. 만약에 재벌대기업이 우리 경제를 계속해서 독식하고 있었더라면 벤처기업은 그 무게에 짓눌려 날개를 펼 수 없었을 것이다.

지금까지의 급격한 경기회복이 근원적으로 구조개혁에 기인하기 때문에 앞으로의 지속적 경제성장 또한 구조개혁의 일관성 있는 추진에 달려 있다는 점은 의심의 여지가 없다.

구조개혁의 일관성은 이번 총선 결과와 무관하게 반드시 확보돼야만 하는 과제다. 정책의 일관성이 흔들리면 지난 2년여 동안 우리 국민 모두가 엄청난 고통과 시련을 감내하면서 이룩한 성과가 도로아미타불이 되지 않을까 우려되는 것이다. 사회주의 국가의 개혁사례를 보면, 중국, 헝가리, 폴란드는 경제자유화, 민영화를 일관성있게 추진한 결과 탄탄한 성장궤도에 들어선 반면, 구(舊) 소련, 루마니아, 불가리아 등은 잦은 정책변경이 경제회복의 발목을 잡고 있음을 알 수 있다.

구조개혁은 고통을 수반하지만 일관성 있는 구조개혁은 고통을 최소화한다. 이번에 당선된 선량들은 이 점을 국민들에게 설득시키고 소외된 국민들의 상처받은 마음을 따뜻하게 어루만져 주는 데 여야가 합심하기를 간절히 빌어본다.

한·중 무역마찰과 대응

한국경제신문, 2000. 6. 13

　　한국이 중국산 마늘에 대해 긴급수입제한 조치의 부과를 결정하고, 중국은 그 보복으로 한국산 휴대폰 및 폴리에틸렌에 대해 수입중단 조치를 취함으로써 한·중간 무역마찰이 고조되고 있다.

　　한국은 지금까지 많은 나라들과 양자간 통상마찰을 경험했다. 그러나 세계무역기구(WTO) 또는 양자간 협상을 통해 원만하게 해결해 왔다. 중국은 아직 WTO 회원국이 아니다. 다자체제에 의한 대응은 안 되므로 양자간 재협의를 통해 원만한 타협점을 찾아야 한다.

　　조속한 문제해결을 위해서는 사안을 보다 자세히 들여다볼 필요가 있다. 우선 한국의 조치가 타당했느냐 하는 문제다. 마늘에 대한 긴급수입제한 조치는 농협의 제소에 따라 무역위원회가 피해조사를 실시, 그에 상응하는 관세를 결정한 뒤 이를 재경부 장관에게 건의해 확정한 것이다. 관세부과를 공식적으로 결정했어도 이를 WTO에 통보하고 당사국과 보상협의를 거쳐야 함은 물론이다.

　　한국은 일단 모든 절차를 제대로 밟아 절차상의 문제는 없는 것으로 보인다. 그렇다면 과연 긴급수입제한 조치가 정당한 근거에 의해 발동됐느냐 하는 문제에 수입증가에 의한 산업피해 여부는 WTO 규범에도 구체적 기준이 없어 자칫 자의성이 개입되기 쉽다.

그러나 자의성 여부를 판단하기도 용이하지 않다. 1997년에 9,900톤(344만 달러)이던 마늘 수입이 1998년엔 무려 2만 2,600톤(898만 달러)으로 급증했다. 이로 인해 1998년 당시 3,100원 하던 마늘가격이 1999년에는 1,900원 선으로 폭락한 것은 사실이다. 그러나 같은 기간 중 마늘의 국내생산이 39만 4천 톤에서 48만 4천 톤으로 늘어나, 가격폭락의 주범이 중국산 마늘 수입증가인지 아니면 국내 마늘생산의 증가인지 여부에 대한 판단이 쉽지 않다.

중국의 보복조치도 그런 점이 불분명한 가운데 관세를 30%에서 315%로 인상한 한국의 극단조치에 대한 불만의 표시라고 볼 수 있다.

그러나 이번 중국의 처사에는 명백한 문제점이 발견된다. 우선 보복조치가 지나치게 과중하다. WTO 분쟁해결 규정은 보복조치도 상대국 조치에 상응하는 수준이어야 한다고 명시하고 있다. 중국은 마늘에 대한 긴급관세로 입게 될 피해액 900만 ~ 1,500만 달러의 50배에 달하는 5억 달러어치 정도의 보복조치를 취했다. 더욱이 아무런 통보나 협의 없이 일방적으로 취한 수입정지 조치는 국제무역관행에 정면으로 배치된다.

중국이 조만간 WTO 가입이 확실시되는 상황에서 국제적 관례를 무시하는 조치를 취한 것은 무역규모가 큰 중국의 국익에도 도움이 되지 않는다. 중국이 무역적자의 해소방안으로 그와 같은 조치를 취했다면 문제는 더욱 심각하다. 중국은 한·중간 무역적자의 원인을 보다 근본적 차원에서 이해하고 해결책을 찾아야 한다.

한국에 대한 중국의 무역적자는 중국의 공업화 과정에서 발생하는 중간재와 자본재의 수입수요 증가 및 한·중 간의 보완적 산업구조에서 자연적으로 발생한 것으로 볼 수 있다.

시시비비는 접어 두고 우선 현재의 상황을 슬기롭게 해결해야 한다. 어느 나라든 상대국의 공식적인 산업피해 구제기관의 권위와 결정을 존중하는 것이 국제적 관례다.

그렇다면 중국으로서는 한국무역위원회의 결정을 존중하고 그에 상응하는 보상을 요구하는 것이 타당하다. 한국도 중국에 대해 보다 실질적인 보상책을 제시해야 한다. 그럼으로써 양국의 체면손상을 방지하고 양국간의 우호관계도 더욱 공고해질 수 있다.

한국의 입장에서도 향후 원만한 대중(對中)관계를 유지하기 위해 노력해야 할 부분이 많다. 우선 산업피해 구제제도를 보다 합리적으로 운영해야 한다. 더욱 엄밀한 과학적 근거에 의한 산업피해 판정기준을 마련해야 하며, 무역위원회의 결정이 정치적 압력이나 부처 이해의 영향을 받지 않도록 독립성을 충분히 보장해야 한다.

이번 사안은 앞으로 한국의 전반적인 통상정책 운영에도 좋은 교훈을 주고 있다.

통상정책은 단기적이고 단편적인 경제적 효과에 집착해서는 안 된다. 거시적인 국가무역이익에 입각해 포괄적이고 체계적으로 추진돼야 한다. 특정 산업부문이나 시장에 국한하기보다는 관련산업과 소비자 일반을 포함하는 경제 전반의 시각에서 통상정책이 수립돼야 하는 것이다. 교역규모가 확대일로에 있고 선린우호관계에 있는 한·중간의 이번 무역마찰은 매우 유감이다.

그러나 이번 사안이 잘 해결될 경우 양국 관계는 더욱 공고해질 수 있을 것이다. 양국 정부의 슬기로운 해결책을 기대해 본다.

국책연구소의 진로[*]

이슈투데이, 2000. 7. 18

국책연구소 또는 정부출연연구소의 통폐합은 정권이 바뀌고 정부개혁이 논의될 때 빠지지 않고 등장하는 단골메뉴이다. 이는 국책연구소가 안고 있는 문제들이 그만큼 심각하다는 사실을 반영한다고 볼 때, 국책연구소에 몸담고 있는 한 사람으로서 그다지 유쾌한 일은 아니다. 더욱이 국책연구소가 막대한 예산을 쓰면서도 우리 사회를 위해서 기여하는 바가 별로 없다는 비판 앞에서는 억울한 심정도 든다.

국책연구소는 과연 본래의 역할과 책무를 다하고 있는가? 란 물음에 답하기 위해서는 국책연구소의 본래 역할과 책무가 먼저 규정되어야 한다. 정부가 국민으로부터 거둔 세금으로 국책연구소를 설립하였기 때문에 국책연구소는 당연히 공공적인 기능을 수행하여야 한다.

구체적으로는 공공정책 및 공공기술의 개발과 인문과학연구 등 시장에서의 사적 이윤 동기에 의해서는 수행되기 어려운 연구과제를

---

* 이 글은 인터넷지식언론 (주)이슈투데이에서 [베스트칼럼](사회분야)상을 수상하였다.

수행해야 한다.

그런데 공공과 시장의 경계선은 고정 불변적이 아니고 유동 가변적이기 때문에, 국책연구소의 연구대상도 시대에 따라서 달라져야 하는데 우리의 현실은 그러하지 못하다.

민간의 연구능력이 극히 취약하던 1970년대에는 경제연구와 기술개발의 주역을 국책연구소가 담당하고 민간부문을 선도하였으나, 민간의 역량이 괄목할 만한 수준으로 강화된 지금은 국책연구소와 민간의 수평적 협력관계와 상호보완성이 더욱 중요하다.

지금 경제와 기술분야에서 많은 민간연구소들이 활약하고 있는데, 이들은 주로 단기현안 위주의 연구를 하고 중장기적인 연구에는 낮은 비중을 둔다. 그런데 국책연구소도 여전히 단기현안 연구에 비중을 두고 중장기적인 연구를 소홀히 하고 있어서 협력과 보완보다는 경쟁과 대립이 노정되고 있다.

물론 민간연구소는 사적 이익을 대변하고 국책연구소는 공적 이익을 대변하기 때문에 두 기관 간에는 엄밀한 분업이 존재한다고 말할 수도 있다. 그러나 각 정부부처가 적어도 한 개 이상의 국책연구소를 두고 부처이익과 부합되는 연구를 요구하는 현실을 보면, 국책연구소도 많은 경우에 좁은 범위의 이익계층을 대변해야 하는 위험성에 노출되어 있다.

작년부터 국책연구소는 모두 국무총리실 소속으로 되었기 때문에 행정적으로는 각 부처의 감독을 받지 않게 되었다. 그러나 각 부처로부터 용역을 수주해야 하기 때문에 연구의 독립성은 더욱 약화되었다는 우려가 커지고 있다. 만약에 발주 부처의 비위를 거슬렸다가는 다음 용역의 수주경쟁에서 불이익을 받을 수도 있다는 것이다.

이 염려가 어디까지 사실인지는 확인될 수 있는 성격이 아니지만, 현행제도하에서 용역결과보고서는 제3자에게 공개되지 않고 발주기관에만 전달되며, 또한 해답이 이미 나와 있는 문제를 사후적으로 정당화하는 수단으로 연구를 의뢰했다면 모를까, 최선의 정책을 모색하기 위한 목적이라면 자기 구미에 맞는 연구결과를 강요할 필요가 없는 것이다. 그럼에도 불구하고 행여 이와 같은 일이 일어나지 않도록 지도감독이 필요하다.

용역체제는 장점도 지닌다. 용역발주가 적은 연구분야는 공공수요가 적다는 시장신호이기 때문에 정부예산의 효율적인 배분이 가능해지고, 정부용역보다도 비정부용역의 비중이 더욱 큰 연구소는 자연스럽게 민영화의 대상으로 검토될 수도 있다.

연구의 독립성과 관련되는 또 하나의 쟁점은 연구결과의 공개 여부이다. 국책연구소의 연구가 국민세금으로 지원되고 공익증진이 목적이기 때문에, 연구결과는 공개되어서 자유로운 토의가 이루어지도록 하는 것이 원칙이다.

연구결과가 어느 특정 정부부처의 의견과 다른 경우에 해당부처가 그 공개를 꺼리는 가장 큰 이유는 언론보도이다. 적지 않은 경우에 언론은 건설적인 토론을 유도하기보다는, 자극적인 제목하에 기사를 실으면서 정부와 연구소간에 큰 의견대립이 있고, 정부정책은 그르고 연구소의 지적은 옳다는 이분법적인 자세로 보도를 한다. 그러면 정부는 자신의 정당함을 증명해야 한다는 자기 방어적 반응을 나타내게 되고, 찬반 토론의 생산적인 토의는 실종되고 만다. 이에 따른 정부의 과민한 반응은 언론으로 하여금 연구소의 비판적인 연구결과를 크게 보도하게 하는 유인을 제공한다.

이와 같은 악순환을 끊기 위해서는 연구결과가 비판적이라고 하더라도 이를 공개하게 하고, 정부는 논리적인 근거를 토대로 해서 반박해야 하며, 언론은 이를 객관적이고 공정하게 보도해야 한다. 사실 경제정책의 타당성 여부에 대한 판단은 쉬운 일이 아니다. 경제정책은 옳고 그름이라는 도덕적 잣대가 아니라 합목적성이라는 실증적 잣대로 평가되어야 하며, 절대적 기준보다는 상대적 기준에 의한 선택의 문제이기 때문에 현실감각이 공무원보다도 무딘 연구원의 주장이 항상 타당하다고 볼 수도 없으며, 공개적인 토론문화가 정착되면 공무원들은 비판여론에 대한 피해의식에서 벗어날 수 있고, 연구소의 연구는 내용적으로 더욱 충실해질 것이다.

지금 국책연구소가 수행하는 업무 중에서 상당한 부분은 행정부처 실무자들에 대한 보조업무이다. 이는 원래 해당 실무자들이 직접 수행해야 하거나 적어도 행정조직 내에서 수행되어야 할 성질의 것이다. 워낙 잦은 자리바꿈 때문에 전문성이 부족하고, 다른 일에 시간을 뺏기다 보니까 차분하게 정책구상을 할 여유가 없다는 현실적 이유가 있지만, 결코 바람직한 현상은 아니다. OECD 회의에 가 보면 구미선진국들은 공무원들이 직접 발표하고 토론하는데, 우리는 국책연구소 연구원들이 발표, 토론하는 일을 종종 본다. 이는 공무원들의 자기개발 유인을 약화시킬 뿐만 아니라 연구소 고급인력의 높은 이직율의 원인이 된다. 이상 설명한 몇 가지 문제점들을 감안해서 국책연구소의 진로를 제시해 보기로 한다.

우선 당장 해야 할 일은, 현행 용역제도의 당초 취지인 경쟁원리가 제대로 실천되고 있는지를 점검해서 경쟁저해 요인을 제거해야 하고, 경쟁 결과를 토대로 해서 연구소의 구조조정 방향을 정하는 것이다.

다음으로는 행정공무원들의 보조기능적인 단기과제는 행정부로 되돌려 주어야 한다. 이를 위해서는 공무원들이 차분하게 정책개발을 할 수 있는 여유를 갖도록 소프트한 행정개혁을 해야 하고, 필요하면 행정부 내에 조사연구조직을 두어야 한다. 많은 선진국 정부는 in-house 조사연구 기능을 갖고 있다.

중장기적으로는 국책연구소를 소수정예화해서 중·장기적인 공공정책 연구를 수행케 하되, 매년 정부가 출연하는 것보다는 기금조성을 통해서 연구의 중립성을 확보토록 해야 한다.

세계화 앞당길 경의선 복원

세계일보, 2000. 8. 25

역사적인 6.15남북정상회담의 가시적인 성과로 남북 당국은 경의선 복원에 합의했고 그 기공식이 곧 있을 예정이다.

경의선 복원은 단순히 남북을 연결하는 데 그치지 않고 동북아 지역, 특히 한국·중국·일본간에 그동안 빠른 속도로 진행돼 온 무역과 투자교류가 급류를 타게 되는 계기를 마련해 준다는 점이 강조돼야 한다.

중국은 이미 한국의 3번째 교역상대국이고 일본의 2번째 교역상대국이거니와, 교역이 급진전하는 가장 큰 이유는 3개국 간에 존재하는 경제구조의 보완성이다. 한국은 일본에서, 중국은 한국에서 각자 경제개발에 필요한 중간재와 공장설비를 수입하고 있는 것이다.

경의선 복원과 그에 뒤따를 경원선 복원은 그동안 동북아 경제통합의 사각지대로 남아 있던 북한과 극동시베리아를 동북아경제권으로 흡수하고 동북아의 경제적 상호보완성을 심화시키는 결정적 전기를 마련해 줄 것으로 기대된다.

극동시베리아의 천연가스와 어업자원, 북한의 노동력, 중국의 광

대한 시장과 노동력, 남한의 범용제품 생산기술, 일본의 자본과 고도 기술이 어우러지고, 최근 남한과 일본에서 불고 있는 인터넷 열풍이 가세하면 동북아는 공업생산의 세계 기지로 변모함은 물론 지식정보 기술에서도 강력한 힘을 보유하게 될 것이다.

새로운 주변환경의 변화는 21세기 한반도의 발전 비전을 재정립해야 할 시대적 요구를 낳는다. 동북아의 중심에 위치한데다 중국-일본간 대립과 불신의 해소에 중간자적 역할을 할 수 있는 지정학적 이점을 십분 활용함으로써 한반도는 세계질서의 새로운 축으로 부상하고 있는 동북아의 중심국가로 발돋움할 수 있어야 한다.

경제규모 면에서 동북아지역은 세계경제의 5분의 1 이상을 차지하는 세계경제의 핵심지역 중 하나다. 이같은 경제규모 외에도 그 역동성 때문에 동북아지역은 세계 다른 국가들 및 기업들에게 21세기 주요 시장으로서, 그리고 경협파트너로서 매력적이기에 충분하다.

특히 한국의 동북아지역 내 지리적 입지를 최대한 활용할 수 있는 것이 물류부문이다. 세계 간선항로상에 자리잡고 있는 부산, 광양항이 제대로 개발될 경우, 이들 항구는 동북아지역의 중심항으로 부상할 수 있을 것으로 보인다. 세계 전체 컨테이너 물동량의 25% 이상이 아시아 역내항로에서 취급될 것으로 예측되고 있는 가운데, 선박의 기항 및 화물취급 관련 서비스에 따른 수입은 항만 인근지역뿐만 아니라 한국경제 전체에 활력소로 작용할 것이다.

또 21세기 성장산업으로 지목되고 있는 항공산업의 경우에도 새로이 건설되는 인천공항이 동북아지역 항공교통의 허브(Hub)로 등장할 가능성이 높다. 동북아 항공물동량이 향후 10년간 연 7% 이상의 높은 성장세를 유지할 것으로 전망되고 있음을 감안할 때, 동북아 중심공항으로서 인천공항이 가져올 경제적 파급효과는 클 것으로 예상된다.

그리고 남북관계 개선에 따라 남북간 철도가 복원되고 북한내 철로가 보완될 경우, 한국은 아시아와 유럽을 잇는 대륙간 육로의 시발점이 될 수 있을 것이다. 물류중심지 외에도 한국은 동북아지역에서 세계 유수한 기업의 거점이 되는 것을 또다른 목표로 삼아야 한다. 이제 한 국가의 부(富)의 수준은 그 국가 내에서 활동하는 기업이 창출하는 부가가치에 비례하기 때문이다. 따라서 우리 경제의 선진화 및 번영을 위해서는 보다 많은 세계적 유수기업을 국내로 유치하는 것이 중요하다.

한국이 동북아지역 내 세계적 유수기업의 거점이 되고 동북아 물류중심지가 되기 위해서는 한마디로 한국경제의 국가경쟁력을 높여야 한다. 국내외 기업이 활동하기에 좋은 최적의 환경이 조성돼야 하며, 외국선사, 항공사 및 외국인 항공승객이 선호할 수 있는 물적 – 제도적 여건을 구비해야 한다. 그리고 무엇보다도 외국인들을 편하게 해 줄 수 있는 국제적 인력양성과 외국인 친화적 문화를 창출하는 것이 시급하다.

한 국가가 단순히 인구나 면적 면에서 대국을 지향하던 시대는 지났다. 이제는 세계를 무대로 세계인들과 더불어 살 수 있는 문화를 지닌 국가가 최상의 기업 및 인력을 유치하여 세계 최고의 국가가 될 것이다.

한국경제 위기인가
정치문제에 발목 잡혀 상황 악화

매일경제신문 긴급진단, 2000. 9. 18

참석자: 김광두 서강대학교 교수
박진근 연세대학교 교수
이경태 대외경제정책연구원 원장
이윤호 LG경제연구원장
매일경제신문(사회)

과연 한국경제가 또다른 위기에 빠질 것인가? 최근 들어 한국경제에 위기감이 고조되고 있다. 국제유가가 급등하고 반도체가격이 하락하면서 성장·물가·국제수지 등 거시지표의 불안감이 커지고 있다. 또한 경제 체질개선을 위한 금융·기업 구조조정이 지연되고 있다는 지적이 끊이질 않는다.

이와 함께 경제의 바로미터라 할 수 있는 증시는 침체일로를 벗어나지 못하고 있고, 자금시장 경색으로 기업의 흑자 도산도 우려된다. 반면 최근의 위기상황은 경제주체들의 심리적 영향에 기인한 측면이 크며, 경제주체들이 심리적 안정을 되찾으면 충분히 극복 가능하다는 주장도 있다. 각계 전문가들을 통해 한국경제 위기론의 본질과 해법을 들어봤다.

사 회: 한국경제가 위기상황인가?

김광두: 현재 거시지표 자체는 괜찮은 편이지만 상황이 안 좋은 방향으로 변하고 있다. 지금 당장은 위기가 아니지만, 이같은 상황이 지속되면 위기상황이 올 수 있다. 물론 위기의 개념이 1997년 환란과는 다르겠지만 성장률이 급속히 하락하고 실업이 늘어나 외

국인투자자들이 이탈하는 등 전반적으로 어려워질 가능성이 크다. 국내 증시에서 외국인투자자가 이탈하고 환율이 오르고 있는 상황도 예의 주시해야 한다. 이는 구조조정이 늦어지고 있고 국회가 공전되면서 각종 개혁법안이 통과되지 않고 있기 때문이다.

박진근: 잠재적 위기상황이라 할 수 있다. 고유가와 구조조정 지연 등 여러 가지 악재가 일정기간 지속될 경우 위기가 현실화할 수 있다. 잠재적 불안요인이 크다. 이 때문에 증권시장도 불투명하고 자본시장의 활력도 기대할 수 없다. 구조조정지연, 대우문제, 남북경협, 경상수지 등도 단기적인 부담으로 작용하고 있다.

이윤호: 위기라고 보지 않는다. 일부에서 위기를 과대포장함으로써 위기를 확대재생산하는 태도는 바람직하지 않다. 물론 악재는 많다. 차분히 대응하는 것이 중요하다.

이경태: 유가, 반도체가격 등은 통제불가능한 외생변수다. 외생변수 악화가 한국경제에 영향을 주는 것은 피할 수 없기 때문에 일희일비할 필요가 없다.

사 회: 내년의 거시지표 전망은?

김광두: 내년의 경제는 고유가, 반도체 가격하락 등을 반영해 기존 예측을 전면 수정해야 한다. 구조조정도 내년 2월 말까지 안 될 가능성이 많다. 이 부분들을 고려한다면 내년의 안정적 성장기조 달성은 성급한 전망이다.

이윤호: 6% 성장은 가능할 것으로 본다. 하지만 배럴당 유가가 40달러까지 오르면 성장률은 2%에 그칠 것이며, 무역수지 흑자도 50억 달러에 불과할 것이다. 물가는 상대적으로 걱정을 하지 않아도 될 것으로 본다.

박진근: 내년 경제에 있어서 가장 중요한 것은 안정적인 저성장기조가

유지돼야 한다는 점이다. 하지만 정부의 정책의지가 무리하게 작용할 경우 8~9%의 고성장을 유지할 수도 있다.

사　회: 정부가 가장 역점을 둬야 할 거시지표는?

김광두: 물가다. 물가안정이 안 되면 저금리 기조가 유지될 수 없고, 이는 구조조정 지연으로 이어져 결국 국가경쟁력을 저하시킨다.

박진근: 경상수지다. 해외요인에 따라 경상수지가 급격히 악화될 가능성이 높기 때문이다.

이윤호: 경상수지 악화가 우려된다. 국내 수요측면 등을 고려했을 때 물가인상 압력은 심각하지 않을 것이다.

사　회: 정부가 남북문제에 치우쳐 국내경제 문제 해결이 지연되고 있다는 지적이 있는데?

이윤호: 남북문제가 이벤트성으로 가서는 곤란하다. 북한의 페이스에 말려 들어간다는 지적도 있다. 정부의 정책방향을 국민에게 투명하게 알리고 이를 지키는 것이 중요하다.

박진근: 최우선은 경제문제 해결에 둬야 한다. 남북문제는 중·장기적으로 차분히 풀어 가야 한다. 대북문제가 경제에 엄청난 부담을 주는 것은 바람직하지 않다.

이경태: 남북 경제 문제는 우리의 일방적인 지원을 필요로 한다. 북한이 개혁·개방을 하지 않으면 안 된다는 것을 인식시키는 것이 중요하다.

김광두: 국내 경제가 나아지지 않으면 북한을 도와줄 수 없다. 국내 경제문제 해결에 최우선 순위를 둬야 한다.

사　회: 4대부문 개혁 등 구조조정 중간평가 및 향후 추진 방향은?

이경태: 소프트웨어 개혁이 부진하다. 대기업도 부실계열기업 지원 등 구태의연한 관행에 젖어 있다. 기업 개혁을 위해 소액주주들이 소송을 쉽게 하도록 제도를 개선하고 적대적 M&A를 활성화해야 한다.

박진근: 구조조정 일정에 이의를 제기하는 것은 부당하다. 구조조정 목표는 착실히 달성해야 한다.

이윤호: 4대부문 개혁은 당연히 계속 추진해야 하고, 여기에 정치·교육·사회시스템 개혁도 가속화해야 한다.

김광두: 개혁을 빨리 해야 경제가 좋아진다. 단기적으로 성장률 등 거시지표가 다소 나빠지는 한이 있더라도 개혁은 지속돼야 한다.

사 회: 고유가에 대한 정부의 대응방식 평가는?

이경태: 근본 해결은 기존산업의 에너지 효율을 높이고 에너지절약적인 신산업을 발전시키는 것이다. 단기성·캠페인성 시책보다는 10년 정도의 장기계획으로 에너지 절약을 추진해야 한다.

박진근: 민간의 자발적인 참여를 요구하는 에너지대책은 실효성이 없다. 중장기적인 비전을 제시하는 후속대책이 필요하다.

이윤호: 과거부터 합리적인 에너지대책을 실시하지 않은 것이 문제다. 에너지 값은 경제원리에 맞게 시정해야 한다. 에너지 가격을 올리는 세제개편안은 바람직하다.

김광두: 정부 대책이 단기에 치우쳤다. 에너지 문제는 서민보다는 기업과 부유층이 세금을 많이 부담하는 방향으로 개편돼야 한다.

사 회: 효과적인 공적자금 투입 방식은?

김광두: 그동안 공적자금 정책은 정부의 대표적인 정책실패 사례다. 공적자금 조성이 불가피한데도 정부는 조성하지 않는다고 밝혀

시장신뢰를 상실했다. 지금이라도 하루속히 국회동의를 얻어 금융구조조정에 투입해야 한다.

이경태: 공적자금을 받은 은행들의 자구노력이 부족하다. 금융기관의 도덕적 해의에 대해서는 철저히 감독하고 처벌해야 한다.

박진근: 추가적인 자금조성에 대해서는 신중하고 투명하게 접근해야 한다. 자금조성 과정에서 국민적 동의를 얻는 것은 반드시 필요하다. 행정편의를 위한 공적자금 조성은 절대 안 된다.

이윤호: 투명한 절차를 거쳐 하루빨리 조성하는 것이 좋다. 자금규모는 충분히 조성해야 한다. 향후 발생하는 도덕적 해의에 대해서는 일벌백계의 엄중한 처벌을 해야 한다.

사 회: 내년 세계경제 전망과 한국의 영향은?

이경태: 유가급등이 불안요인이지만 세계경제는 대체로 양호할 것이다. 우리는 일본과의 협력을 통해 제조업 경쟁력을 강화하고 미국과의 협력으로 신경제를 도입해야 한다.

김광두: 미국경제는 내년에도 괜찮을 것이다. 다만 동남아의 경제불안이 염려된다. 우리는 금융시장 정상화를 이루고 경쟁력을 강화하는 것이 시급하다.

이윤호: 유가가 문제이다. 세계경제는 올해보다 성장률이 둔화되기는 하겠지만 그래도 높은 수준의 성장이 지속돼 우리 경제에 도움을 줄망정 악재가 되지는 않을 것이다.

박진근: 미국 경제는 고유가로 인해 과소비가 억제되는 긍정적인 효과를 가져올 것이다. 다만 우리나라의 자본시장에서 미국 의존도가 너무 높은 것이 문제다. 금융의존도를 낮추는 것이 중요하다.

사 회: 대우자동차 매각 실패 원인과 한국경제에의 영향은?

이경태: 대우자동차 매각 실패는 포드측의 사정 때문이다. 조속한 시일 내에 다른 매입자를 선정해야 한다.

박진근: 포드의 내부 사정과 더불어 대우에 대한 투자효과가 불투명했던 것이 원인이다. 우리 경제의 중기적 전망이 안 좋다는 것도 감안된 것으로 보인다. 해외매각만이 능사가 아니며, 인수를 희망하는 국내업체에게도 기회를 줘야 한다.

김광두: 이전에 정부가 해외매각을 반대하는 국내 여론에 너무 신경을 써 매각을 지연한 측면이 있다. 지금은 여론의 지지를 받는 것이 중요하지 않고 하루빨리 매각하는 것이 중요하다. 채권단이 많은 값을 받는 것도 중요하지만 매각을 빨리하는 것이 더 중요하다.

이윤호: 우선 협상자를 포드사 하나로 선정해 경쟁을 없앤 것이 실패 원인이다. 2개 회사 정도를 선정해 마지막까지 끌고 나갔었으면 하는 아쉬움이 남는다.

사 회: 10월 금리인상설에 대해서는?

이윤호: 단기금리 인상은 넌센스다. 현재 유가인상으로 불안이 가중되는 상황에서 금리를 인상하면 경기침체를 가속화할 것이다. (김광두, 이경태도 동조)

박진근: 정부가 지나치게 저금리에 집착하는 것은 금융정책의 경직성을 심화시킨다. 단기금리는 자금시장 상황을 고려해 어느 정도 인상하는 것도 필요하다.

사 회: 불안한 자금시장 대책은?

이경태: 기업 구조개혁을 확실하게 하는 것이 자금시장 불안을 막는 지름길이다. 기업의 자금난 해소에 너무 신경쓰면 구조조정이 지연된다.

박진근: 채권거래를 활발히 하기 위한 정부대책이 실효성이 없기 때문에 추가적인 대책이 필요하다. 채권펀드 추가조성도 한 방법이다.

이윤호: 은행에 대한 국제결제은행(BIS) 비율을 신축적으로 적용하는 것이 필요하다. 채권시장을 살리려면 투신사에 획기적인 금융상품을 허용해 주는 방안도 생각해 볼 수 있다.

사 회: 침체된 증권시장 활성화를 위한 정부정책에 대해서는?

이경태: 증시부양책이란 용어도 사용하지 말아야 한다. 주가하락은 소프트웨어 개혁의 부진이 근본원인이다. 벤처기업 부양책도 타당치 않다.

김광두: 증시를 살리기 위해서는 구조조정이 급선무다. 지금까지 정부대책은 너무 단기효과에 치중했을 뿐 본질적인 문제는 손을 못 대고 있다. 구조조정에 대한 청사진이 제시되면 미래에 대한 불안감도 없어질 것이며 증시도 활력을 되찾을 것이다.

박진근: 증시는 6개월 이후의 경제상황을 반영한 것이다. 정부의 인위적인 부양책은 타당하지 않고 구조조정을 통해 경제의 펀더멘털을 개선하고 경제안정화를 위한 노력을 지속해야 한다.

이윤호: 무리한 증시부양책은 국내외 투기자본에 기회를 제공하는 등의 부작용을 낳을 수 있다. 중요한 점은 한국 증시가 상대적으로 저평가돼 있다는 것이다. 이같은 냉정한 평가가 뒷받침되면 시중의 유동자금이 증시로 유입돼 괜찮아질 것으로 본다.

사 회: 지역간·업종간 경제력 격차가 심각한데?

김광두: 단기적인 해법은 어렵다. 지방경제 문제는 건설업 불황과 직결돼 있다. 사회간접자본(SOC) 확충을 통해 돌파구를 찾아야 한다.

박진근: 정부가 산업정책을 적극적으로 실시해야 한다. 현 경제팀은 산업정책이 전무하고 산자부의 역할도 위축돼 있다. 벤처와 정보통신기업 육성에 주력하는 것으로는 문제를 근본적으로 해결할 수 없다. 정부가 자금이나 자원배분 측면에서 합리적인 방안을 마련해야 한다. 건설업을 포함해 국내 내수산업 육성, 신도시 개발 등의 정책이 필요하다.

이윤호: 양극화 문제는 내년에 더욱 심화될 것이다. 양극화가 심화되면 경제문제를 넘어 사회문제로 확대된다. 양극화는 경제원리로 해결해야 한다. 반도체 산업과 같은 1등 품목을 여러 개 만들어 세계적으로 경쟁력있는 제품의 다양화를 이뤄야 한다.

한·일 경제협력 발상의 전환들

한국일보, 2000. 9. 20

한·일 간의 교역은 1965년 국교정상화 이후 증가해 왔으나 한국 전체 교역에서의 비중은 1970년의 37.0%에서 1980년 23.3%, 1999년 15.2%로 계속 감소해 왔다. 양국 경제관계가 한국의 1차 상품을 수출하고 일본으로부터 자본재, 부품을 수입하던 1970년대의 수직적 분업관계로부터 점차 가공조립 완제품시장을 다투는 수평적 경쟁관계로 변했기 때문이다.

중국, 동남아 등에 대한 우리 상품의 수출기회가 확대된 데 비해, 일본시장은 특유의 비관세장벽을 지닌 폐쇄적 시장이었다는 점도 원인이라 할 수 있다.

일본의 한국에 대한 투자도 크게 위축됐다. 1989년 한국 내 외국인투자 중 49.5%였던 일본의 대한(對韓)투자 비중은 1999년에는 7.8%로 줄어들었다. 일본의 저임금 활용형 투자가 상대적으로 투자여건이 열악해진 한국을 떠나 동남아 등으로 이전했기 때문이다.

이처럼 한·일 경제관계가 위축되면서도 한국의 대일(對日) 만성적자는 계속됐다. 이에 따라 얼마 전까지만 해도 한·일관계는 정치적 경제적으로 갈등과 대립관계의 성격이 짙었다. 그러나 김대중 대통령이 취임하고 1998년 10월 일본을 방문한 이후 한·일관계는 미래지향적 협력관계로 전환돼 가고 있다.

양국관계의 상징적 변화 중 하나가 일본문화에 대한 단계적 개방이다. 경제적으로도 최근 일본기업의 한국에 대한 직접투자는 비록 미국, EU 수준에는 못 미치지만 급증하는 추세다.

현재 한·일 양국 정부는 양국간 투자협정(BIT)을 협상중이다. 한국 대외경제정책연구원과 일본 아시아경제연구소는 양국간 자유무역협정(FTA)에 관한 공동연구를 진행중이며, 5월 서울세미나에 이어 28일 도쿄에서 세미나를 연다.

이제 우리는 일본에 대한 피해의식에서 벗어나 한·일 경제관계의 현안을 경제논리로 풀어야 한다. 한·일 투자협정 협상을 연내에 타결하고, 양국간 기업인 대화를 통해 자유무역협정에 대한 공감대를 넓혀감으로써, 일본으로부터 부품산업의 투자유치를 통해 대일수출 확대를 도모하는 적극적 사고로의 전환이 필요하다. 또 FTA 논의를 통해 호혜적 신뢰관계 구축을 위한 건설적 방안을 공동으로 강구하는 것이 바람직하다.

이와 같이 긴밀해진 한·일 경제관계가 앞으로 한·중·일 경제협력과 동아시아 경제협력으로 확대되면 동아시아는 북미 EU와 더불어 세계경제의 3대 핵으로 세계경제질서 구축에 동참할 수 있을 것이다.

김대통령의 22일 방안은 이미 시작된 한·일 경제관계의 대전환을 더욱 공고히 하면서 동아시아 경제협력의 토대를 마련한다는 점에서 의의가 매우 크다 하겠다.

ASEM의 경제적 의미

중앙일보 좌담, 2000. 10. 18

참석자: 사공일 ASEM비전그룹 의장겸
세계경제연구원 이사장
이경태 대외경제정책연구원 원장
정재관 현대종합상사 사장
한덕수 외교통상부 통상교섭본부장
조건호 무역협회 부회장(사회)

아시아·유럽 정상들이 2년마다 한 번씩 모이는 외교올림픽인 제3차 아시아·유럽 정상회의(ASEM)가 20~21일 서울에서 열린다. 아시아 경제위기가 극복되는 시점에 열리는 이번 회의에서 정상들은 금융위기 재발을 막기 위한 프로그램 마련 등 양대륙간 경제협력 문제를 다룰 예정이다. 중앙일보와 한국무역협회는 공동으로 전문가 좌담회를 마련, ASEM의 경제적 의미와 과제를 긴급 진단했다.

사 회: ASEM은 아시아·유럽 26개국 정상이 모여 지역간 협력방안을 논의한다는 데 의의가 있습니다. 경제적으로도 의미가 큰데요.

이경태: 세계 투자의 절반이 ASEM 회원국에서 이뤄집니다. 외환위기 이후 한국에 유럽연합(EU)국가의 직접투자가 빠르게 증가해 지난해 40%를 차지했어요. 그동안 한국에 투자하려던 이 지역 기업들이 외환위기 이후 시장이 더 열리자 적극적으로 들어온 결과입니다. 미국·일본보다 EU 국가가 많은 것은 이들 국가는 미국처

럼 기업을 단기적 현금흐름으로 평가하기보다 생산능력과 잠재력을 중시하기 때문입니다. 고용안정과 기업의 영속성에 비중을 두는 등 한국과 EU의 기업문화는 유사한 면이 많습니다.

사공일: 아시아 국가가 경제위기를 겪었던 1998년 런던에서 열린 ASEM 회의에서 아시아 국가를 돕기 위해 아셈신탁기금을 만들기로 합의했고, 이번에 이것을 더욱 확충하는 논의가 있을 것입니다. 당시 김대중 대통령은 유럽 국가들이 아시아 국가에 투자 사절단을 파견하도록 건의했는데, 유럽국가들이 이를 받아들여 아시아에 대한 직접투자를 늘렸습니다. 유럽 국가의 이같은 협력은 아시아가 금융위기를 벗어나는 데 중요한 역할을 했지요.

사 회: 한국은 국내총생산(GDP)에서 무역이 차지하는 비중이 65%나 될 만큼 무역의존도가 높습니다. 그래서 기업들은 ASEM 회의가 교역과 투자를 활성화하는 데 초점이 맞춰지기를 기대하는데요.

이경태: ASEM은 무역·투자 자유화를 위해 회원국이 본격적인 협상을 벌이는 기구는 아닙니다. 그러나 무역 원활화 및 투자촉진 행동계획 등을 통해 무역과 투자를 확대하려고 노력하고 있죠. 구속력은 없지만 회원국들은 자유스러운 교역을 저해하는 요소를 찾아내 무역·투자의 장벽을 해소하려는 자발적인 노력을 기울입니다. 아시아 외환위기 때 ASEM은 무역·투자 자유화 선언을 했는데, 당시 아시아는 수입을 줄이고 수출을 늘리면서 유럽과의 교역에서 흑자를 냈죠. 그렇지만 이를 이유로 유럽이 보호주의를 강화하진 않았습니다. 자유화 선언의 효과로 볼 수 있는 것이죠.

정재관: 유럽지역에 대한 수출이 늘어나는 것은 사실입니다. 그러나 최근 유로화의 지속적인 하락은 큰 위협요소입니다. 유로화 가치가 1년 사이 25% 하락했는데 이를 벌충할 만한 경쟁력을 찾기

힘듭니다. 반덤핑 관세 등 통상마찰 소지도 있지요. 유럽 국가들은 철강에 2.1%, 화학제품은 6.5%의 관세를 부과합니다. 그러나 우리나라에 들어오는 유럽산 철강이나 화학제품은 무관세입니다. 아시아 국가도 자국의 통화가치가 높아지고 국제유가 오름세에 정치 불안까지 겹쳐 수입을 늘리지 않고 있습니다. 태국은 자동차에 80%의 관세를 붙이는 등 관세 차이도 큽니다. ASEM에서 관세 철폐와 반덤핑 완화 등을 논의해야 합니다.

사공일: 유로화의 약세는 미국 경제가 유럽보다 좋기 때문에 나타나는 달러 강세 현상입니다. 유럽에서 진행중인 구조조정만 되면 유로화도 제자리를 찾을 것입니다. 그렇지만 유로화를 중앙은행에서 관리하기 때문에 유럽 내부의 금융정책에만 급급한 측면도 있습니다. 그래서 민간인으로 구성한 비전그룹은 유럽측에 유로화를 세계경제 관점에서 다뤄야 한다고 제안했습니다.

사 회: 기업들은 ASEM의 무역 및 투자촉진 행동계획의 구체적인 방향을 알고 싶어합니다.

한덕수: 지난 2년 원활한 교역을 위해 통관절차를 간소화하고, 검사·인증 표준 등 보이지 않는 장벽을 해소하고, 국제표준기구에 대해 공동입장을 취하는 문제 등을 논의했습니다. 한국은 지난 6월 무역을 전자상거래와 분리하기 어렵다고 보고 각 나라의 전자상거래 장벽을 목록화해서 내년부터 이들 장벽을 완화하기 위해 고위 실무급 회의에 올렸습니다. 또 투자를 촉진하기 위해 웹사이트를 통해 정부기구들이 정보를 교류하는 제도를 만들고 있지요. 정부는 가장 효율적인 제도가 무엇인지 조사해 각 나라가 자율적으로 채택하도록 노력하고 있습니다.

정재관: ASEM 회원국이 무역과 투자의 원활화를 위해 노력한다는 점

은 인정합니다. 그러나 기업의 입장에선 이것이 얼마나 빨리 실현되느냐가 중요합니다. 문제점을 서로 알고 이를 인정하는 정도로는 무역에 실질적인 도움이 되지 않습니다. 쿼타 철폐·반덤핑관세 완화·관세인하·환율안정을 위한 금융협력 등 구체적인 결과가 나와야 합니다.

이경태: 관세인하 등 실질적인 효과를 가져오려면 ASEM의 무역자유화를 위한 기능을 강화해야 합니다. 한국은 회원국 중 중간 정도의 경제력과 국력을 갖고 있어 주도적인 역할을 하는 데 적절합니다. 한국이 먼저 적극 개방해야 합니다.

사공일: 이번 회의에서 ASEM 회원국들은 세계무역기구(WTO)에 따른 다자간 체제를 조기 출범하는 것을 지지해야 합니다. 비전그룹에선 ASEM 수뇌부에 2025년까지 상품·서비스의 단계적 자유화 등 비전과 정책권고를 제시했습니다.

사 회: 그러나 WTO 뉴라운드 등 세계화에 대한 반대 의견도 많은데요.

한덕수: 무역자유화를 하면 단편적인 피해도 있을 테지만 한국처럼 무역의존도가 높은 국가에선 자유화로 얻을 수 있는 이익이 더 큽니다. 미국과는 농산물개방 등 민감한 문제가 있지만 아시아·유럽국가와는 현안이 적은 편입니다. 따라서 ASEM을 중심으로 자유무역 환경을 조성하는 노력이 중요합니다. 세계화를 추진하는데는 이익과 그림자가 함께 존재합니다. 세계화의 필요성을 알리면서 세계화에 따른 어두운 면을 극복하기 위해 내년에는 ASEM 회원국과 비정부기구(NGO)들이 참여하는 라운드테이블 회의를 열 계획입니다.

사공일: 돈은 벌이가 되는 데로 가게 돼 있어요. 한국이 정책·제도가 투명하고 사업하기 편하다고 인식되면 돈이 들어올 여지가 커지

는 거지요. 규제를 철폐하는 것은 우리의 이익을 위해서 중요한
것입니다.

사 회: 이번 ASEM 회의가 최근 변화하는 한반도에 어떤 역할을 할 수
있을까요?

이경태: 세계 경제와 정치에서 유럽의 비중이 갈수록 커지기 때문에 한
반도 문제에서도 유럽의 이해와 협력이 중요합니다. 이번 회의를
계기로 유럽이 한반도 평화정착 과정에 깊숙이 관여하도록 해야
합니다. 유럽과의 교류·화해·협력·지원은 통일에 대비한 개발
재원을 조달한다는 측면에서도 중요합니다.

사공일: 이번 회의에서 선언할 서울 평화선언은 ASEM 차원의 지지를
표명하는 계기가 될 것으로 보입니다. 서울선언이 채택되면
ASEM 차원에서 비회원국인 북한에 대한 지원책이 마련될 것입
니다.

정재관: 북한의 경제개발과 관련해서는 세계은행 등 국제기구의 차관
만으론 안됩니다. EU를 북한 개발을 위한 협력체제에 포함시켜
야 합니다. 전통적으로 유럽은 북한과 적대적인 관계가 아닙니다.
유럽에는 북한에 진출했다가 포기한 경험 있는 기업이 많습니다.
유럽 경제인들은 북한에 대해 많은 것을 알고 있고, 대북사업과
관련해 훨씬 실질적으로 접근하고 있습니다.

사 회: 유럽과의 교류증진과 세계화를 위한 노력이 국익에도 도움이 된
다는 말씀인데요. 이번 ASEM 회의에서 유럽과 아시아간 교류증진
을 위해 구체적으로 어떤 사업들이 논의됩니까?

한덕수: 경제교류를 활성화하려면 양대륙간 이해가 선행되어야 한다는
점에서 이번 회의에서 장학기금을 설립할 것입니다. 양대륙의 학

생·교수·연구원들이 서로 교환해 공부할 수 있는 장학기금을 한국과 프랑스가 주도적으로 만들기로 했습니다. 아시아와 유럽을 잇는 초고속 정보통신망을 구축하는 사업도 이번에 구체화할 것입니다. 유럽의 정보통신망이 한국으로 이어지고, 한국에서 다시 아시아로 뻗는 방식이 유력합니다. 이밖에도 에이즈 문제나 돈세탁·이민관리·테러대항·삼림보전 등 12개 정치·사회·경제적 의제가 있습니다.

사공일: 이런 공동과제를 효과적으로 실천하고 의사소통을 원활히 하려면 ASEM의 제도화가 필요합니다. 방콕 1차 회의부터 사무국을 마련하는 등 제도화는 하지 않겠다고 밝혔지만, 최소한의 사무국은 필요합니다. ASEM 의제와 관련해 문의할 게 있어도 국내에서조차 이 문제를 관리하는 부서 이외에는 모른다고 할 정도입니다.

이경태: 금융위기 재발방지 프로그램과 석유 및 에너지 공급의 원활화, 과학기술 분야의 협력 등으로 시너지 효과를 높이는 방안도 논의돼야 합니다.

정재관: ASEM 회의가 경제인 이동과 관련한 애로사항 해소 등 좀더 실질적인 문제를 해결하는 데 기여해야 합니다. 관세 문제를 비롯 기업인간 자유로운 이동에 대한 회원국간의 복수비자 허용·비자 면제·회원국 기업인에 대한 특별비자 등을 건의하고 실천해야 합니다. 현장을 뛰는 경제인들이 자유롭게 이동할 수 있게 되면 교류는 자연히 늘어날 것입니다.

새롭게 다가오는 유라시아 공동체

한국경제신문, 2000. 10. 18

유럽과 아시아의 25개국 정상이 한자리에 모여 양지역간의 협력 강화 방안을 논의하는 아시아·유럽 정상회의(ASEM)가 오는 20～21일 서울에서 개최된다.

우리 국민은 왜 불편하게 홀짝제로 차량을 운행해야 하는지, 왜 일부지역의 교통이 통제되어야 하는지, 왜 언론에서 대단한 비중을 두고 이 행사를 다루고 있는지 충분히 이해하고 있지 못한 듯하다. 관심이 있는 분들도 덕담이나 나누는 그렇고 그런 행사로 인식하기가 쉬울 듯하다.

그러나 이번 서울 ASEM 정상회의의 내면을 들여다보면 피상적으로 보는 것보다 훨씬 더 큰 의의가 있음을 알게 된다. 약간의 통계적 사실은 많은 것을 시사해 준다.

우선 지적할 수 있는 것은, ASEM은 세계 최대의 경제권이며, ASEM 회원국들은 한국의 가장 큰 경제협력 파트너란 점이다. ASEM은 아세안(ASEAN) 7개국과 한·중·일 그리고 유럽연합(EU)의 15개 회원국과 유럽연합(EU)집행위원회로 구성되는데, 세계 GDP의 약

절반과 세계 총교역량의 약 57%를 차지하고 있다.

또한 전세계 직접투자의 유입과 유출의 절반이 ASEM 역내에서 이루어진다. 흥미로운 사실은, 지난 1985년 이후 15년 간 동아시아와 EU의 역내교역량 증가율보다 동아시아·EU간의 교역증가율이 더 높다는 점이다. 이것은 동아시아·유럽 지역간 교역이 매우 활성화되고 있으며, ASEM을 통한 양지역간 경제협력의 가능성이 매우 크다. 우리의 대외교역을 살펴보더라도 ASEM역내 회원국들에 대한 수출과 수입이 약 절반을 차지하고 있으며, 그 성장가능성 또한 아주 높다.

또 동아시아와 유럽은 제조업은 물론 서비스업종에서도 산업구조상 상호보완성이 상당히 높은 편이다. 자동차·화학 등 일부 품목에서 경쟁적인 관계가 있는 것은 사실이지만 금융·뱅킹·소비재·우주공학 등에서는 유럽이, 가전·정보통신 등에서는 아시아가 비교우위를 가지고 있다. 따라서 상호보완성이 높은 산업분야에서의 기업간 전략적 제휴, 합작투자(Joint Venture) 등을 통해 시너지 효과를 극대화하는 것은 양자 모두의 이익이 될 것이다.

금번 정상회의는 양 지역간 경제협력의 높은 잠재성을 실현시키는 중요한 계기가 되리라 확신한다. 또 서울 ASEM회의는 역사적인 "6.15 남북공동선언" 이후 개최됨으로써 한반도의 평화정착에 대한 ASEM 차원의 지지를 재확인하고, 회원국들의 대북 진출 가능성을 높이는 장(場)이 될 것이다.

예를 들어 남북공동선언의 실천적 과제로 부각되고 있는 "경의선 복원" 사업은 남북한간의 협력 차원을 넘어 향후 아시아·유럽 대륙을 연결하는 "철의 실크로드" 건설사업의 일환이다. 따라서 경의선 복원은 ASEM이 지향하고 있는 "유라시아 공동체" 개념의 구체화에 기여하게 된다.

EU를 비롯한 ASEM 회원국들이 대북 진출을 시도할 경우 언어,

경험, 관습 등의 차이를 극복하고자 한국을 합작 파트너로 삼게 될 가능성이 높은데, 이번 회의를 통해 이러한 사실이 자연스럽게 홍보될 수도 있다.

이번 정상회의는 우리에게 통상외교적인 성과는 물론 실질적인 경제적 이익을 현실화시키는 데 큰 도움이 될 것이다. 새롭게 다가오는 "유라시아 공동체"라는 인식을 바탕으로 행사가 잘 치러지기를 기원한다.

ASEM의 경제적 성과와 과제

매일경제신문, 2000. 10. 22

지난 20~21일 이틀간에 걸쳐 개최된 제3차 아시아·유럽 (ASEM) 정상회담이 막을 내렸다. 유럽연합 15개 회원국과 동아시아 10개국의 25명의 국가수반 및 유럽 연합집행위원장은 총 3회의 전체회의를 가지면서 「2000 아시아-유럽 협력체제」, 「의장성명서」, 「한반도평화에 관한 서울선언」을 채택했다.

전체회의 이외에 총 74회의 정상 및 각료급 양자회의가 개최됨으로써 ASEM이 양자 정상회담의 장으로서도 확실한 자리매김을 하게 됐다. 금번 3차 회담에서는 ASEM을 항구적이고 영향력있는 협의기구로 발전시키기 위한 굳건한 토대가 마련됐다. ASEM의 장래비전과 함께 향후 10년간의 기본원칙, 목표, 중점협력분야 등이 포함된 ASEM의 기본문서의 성격을 지닌 '2000 아시아-유럽협력체제'가 채택됐기 때문이다.

이 채택문에는 ASEM이 경제분야에서 WTO의 다자무역자유화를 강화하는 회원국간 협력을 증대시키고, 무역원활화 행동계획과 투자촉진 행동계획을 철저하게 실행에 옮김으로써 회원국간의 재화 및 자본이동을 자유화하며, 생명공학, 정보통신 등 첨단기술산업 분야에서의 협력을 증대시켜야 한다고 강조하고 있다.

금번 3차 회담에서 정상들은 경제분야의 구체적 협력사업을 도출해내었는데 그 주요 내용은 다음과 같다.

첫째, 조속한 시일 내에 뉴라운드가 출범될 수 있도록 최선을 다하며, 모든 WTO 회원국들의 이익이 균형있게 반영될 수 있도록 광범위한 의제를 채택하고, 중국과 베트남의 WTO 가입을 위해서 협조한다. 유럽과 아시아는 작년 말의 시애틀 각료회의에서 뉴라운드가 포괄적 의제를 설정해야 되고 농업분야에 대한 특별한 고려가 필요하다는 점에 대해서 공동보조를 취한 바 있다. 그러나 노동문제와 반덤핑제도 개선에 대해서는 이견이 노출되고 있는데, 앞으로 이 분야에서도 공동보조를 취하도록 노력해서 뉴라운드 출범에 기여해야 한다.

둘째, 무역원활화 행동계획의 2000~2002년 간의 구체목표들을 승인했다. 통관절차의 간소화, 상이한 표준제도의 통일, 공공조달의 입찰제한 철폐, 검역절차의 투명성과 간소화, 사업자 이동의 자유화를 위한 비자발급과 일시거주 절차의 단순화를 추진하겠다는 것이다. ASEM 무역자유화의 특징은 관세인하가 제외되어 있고, 협상이 아닌 대화에 의존한다는 점이다. 이는 ASEM이 협상을 통해서 관세인하를 추진하는 것이 현실적으로 어렵다는 점을 인정하기 때문이다. ASEM 비전그룹이 2025년까지 무역자유화를 달성하자는 건의를 하였으나 채택되지 아니한 것도 같은 맥락이다. 그러나 경제협력이 ASEM의 가장 중요한 의제임을 고려할 때, 관세인하를 위한 공동노력을 무한정 배제하는 것은 바람직하지 않다.

셋째, 구체적인 협력사업으로서 유라시아 정보통신망 구축, 전자상거래 활성화 지원, 정보화격차 해소 등이 채택됐다. 유라시아 정보통신망은 우선 아시아와 유럽에서 별개로 가동중에 있는 연구통신망을 서로 연결해서 첨단기술의 공동연구와 정보교환을 촉진한다는 것인데, 향후에는 연구망 이외의 일반분야로 확대될 예정이다. 경의선 복원이 유라시아대륙을 철의 실크로드로 연결하고, 정보통신망 구축이 유라시아대륙을 빛의 실크로드로 연결하게 되면, 이는 ASEM이 지향하는 유라시아공동체의 초석이 될 것이다.

넷째, 외환위기의 재발을 방지하기 위한 국제금융체제 강화를 위해서 공동노력을 하기로 하고, 특히 헤지펀드를 위시한 과다채무기관의 부정적인 영향을 최소화하기 위해서는 간접규제는 물론 직접규제도 고려할 수 있다는 의견들이 제시됐다. 이는 미국의 입장과는 차이를 나타내는 것인데, 국제금융체제 구축에 있어서 ASEM의 목소리를 낸다는 점에서 의미를 부여할 수 있다. 전체 회의의 합의사항 못지않게 양자간 정상회담에서도 구체적인 협력사업들이 논의됐다.

특히 중국 주룽지 총리와의 회담에서는 중국의 CDMA사업에 한국이 참여할 기회를 갖도록 했는데, 향후 5년간 약 300억 달러 규모의 시장이 조성될 것이고, 우리나라의 CDMA 기술이 상당한 경쟁력을 갖추고 있음을 고려할 때 크게 기대되는 분야이다. 또한 중국에 1개의 한국보험사 영업을 허용하기로 했으며, 완성차 생산, 고속철도 및 원전건설과 중서부개발 분야의 한국기업 진출도 협의했다.

프랑스 시라크 대통령과의 회담에서도 중국의 고속철도사업에 TGV와 한국기업이 공동진출할 수 있도록 요청한 바 있기 때문에 긍정적인 후속조치가 기대된다.

유럽대륙은 유로화출범을 계기로 해서 경제통합을 일단락짓고, 앞으로는 정치·안보의 공동정책보조와 동유럽국가의 회원가입 등을 지향하면서 역사상 처음으로 유럽대륙의 통일이라는 원대한 꿈을 실현하고자 한다. 영국의 블레어 총리는 개막식 연설에서 이 점을 강조한 바 있다. 아시아는 유럽의 통합경험을 공유하고 자극을 받고 교훈을 얻어야 할 필요성이 크다.

이번 경제분야 정상회담에서는 앞으로 재무장관회의 등을 통해서 유럽의 경제·통화 협력경험을 아시아국가들이 공유할 수 있는 방안을 협의해 나가기로 했는데, 이는 매우 의의가 크다고 아니할 수 없다.

한반도 평화지지 가장 큰 소득

ASEM 결산 좌담

중앙일보, 2000. 10. 22

참석자: 현인택 고려대 교수
이경태 대외경제정책연구원 원장
김영희 중앙일보 대기자(사회)

제3차 아시아·유럽 정상회의(ASEM)가 21일 의장인 김대중 대통령의 폐막 연설을 끝으로 막을 내렸다. 서로가 멀게만 느껴 왔던 두 대륙의 만남이 해를 거듭할수록 더욱 가깝고 필요한 존재로 다가올 것이라는 게 전문가들의 분석이다. 건국 이후 최대의 국제회의인 ASEM을 마치면서 그 의미와 성과 등을 짚어 본다.

사　회: 세계 GDP의 절반을 차지하는 25개국 정상들이 서울에 모인 것은 큰 사건이다. 시기적으로도 남북관계가 전환기를 맞고 빌 클린턴 미 대통령의 방북이 임박한 한반도 격변의 시점이었다. 상징적 의미도 크지만 실질적 성과도 있는 것 같다.

현인택: 우선 한반도는 그동안 '분단·갈등의 나라' 라는 부정적 이미지가 강했다. ASEM을 통해 최근 진행중인 한반도 평화정착 과정을 세계에 알려 좋은 이미지를 심게 했다. 특히 서울선언을 통해 남북화해의 프로세스를 지지·확인한 것은 중요한 의미를 갖

는다. 25개국 정상들이 서울에 오고, 이를 전세계 언론이 보도한
것은 어떤 투자보다 가치있고 효과있는 것이다.

이경태: 당장 눈에 잡히는 성과를 조급하게 기대하지 않아도 될 상징적
의미가 충분하다. 이번 서울 ASEM은 앞으로 항구적으로 영향력
있는 회의체가 될 수 있는 토대를 마련했다고 본다. 경제분야에선
구체적인 성과도 있었다. 두 지역간 무역과 투자자유화를 위한 행
동지침을 정상들이 승인했고 점검체계까지 만들었다. 국가간 정
보격차 (Digital Divide) 해소를 위한 협력 프로그램과 유라시아 초
고속 정보통신망 구축사업에도 합의했다.

사 회: 밖에서 우리를 보는 눈, 즉 한국의 대외적 이미지 제고에 큰 성과
가 있었다. 그렇다면 우리 쪽에서도 밖을 바라보는 의식의 지평을
넓히는 데 큰 계기가 된 것인가?

현인택: 정도 차이는 있지만 역시 긍정적으로 생각한다. 지금까지 한
국의 대외관계는 미국·일본·중국 등 몇몇 국가와의 쌍무관계
에 국한돼 왔고 유럽은 아주 먼 나라로 인식돼 왔다. 그간 유럽
의 정상들과도 접촉이 있었지만 이번처럼 유럽지역이 한국으로
몰려온 적은 없었다.

이경태: 지난주만 해도 승용차 짝·홀수제 등 ASEM을 놓고 부정적 여
론이 많았다. 그러나 언론을 통해 많은 정보가 제공되고 20여개
국 정상들이 한자리에 모인 모습을 보면서 국민의식에 변화가 생
겼다. ASEM의 중요한 취지 중 하나가 아시아와 유럽이 각각 잘
모르고 있던 서로를 배운다는 것이다. ASEM을 통해 이러한 학습
과정을 잘 활용하면 국제화에도 기여할 수 있을 것이다.

사 회: 유럽은 이제 우리의 실질적인 무역 파트너다. 인권·평화를 위해

서도 중요하다. ASEM이 지금까지의 미국 편향에서 벗어나 균형을 잡는 데도 기여했다. 그렇다면 ASEM은 미국을 '왕따' 시키는 것인가, ASEM과 미국은 아시아에 대해 제로섬 게임인가.

현인택: 제로섬 게임은 아니라고 본다. 세계는 아시아·유럽·북미의 세 축으로 이뤄져 있다. 미국은 아시아와 오랫동안 연결돼 있었고 유럽과는 그 정도가 더욱 긴밀했다. 그러나 아시아 입장에서 보면 유럽과의 연결고리가 없었고, 미국과는 국가별 쌍무적 관계 성격이 강했다. ASEM을 통한 아시아-유럽 링크는 미국-아시아, 미국-유럽 링크에 대한 균형을 잡아주는 긍정적인 효과가 있다. 3대륙간에 균형적인 3각관계의 축이 이뤄지는 것이다. 이것은 반미(反美)의 축이 아니라 협력관계를 이룩한 것이기 때문에, 미국도 결과적으로 좋은 효과를 얻을 것으로 본다.

이경태: 아시아는 국제질서에 의해 영향을 받으면서도 형성과정에서 소외되어 왔다. ASEM이 국제질서 형성과정에 참여할 수 있는 기회를 줄 것이다. 미국이 '왕따' 된다기보다 아시아가 '왕따'에서 벗어나는 계기가 된 것 아닌가.

사 회: ASEM에서 두 가지 선언이 있었다. 「서울 평화선언」과 「AE-CF2000선언」인 데, 우리에게 실감나는 것은 평화선언이다. 남북관계 개선 작업에 힘을 실어준 것으로 보이는데, 앞으로 남북관계에 어떤 효과를 예상할 수 있나?

현인택: 상징적이지만 단순한 희망에 그치지 않고 북한을 개방시키는 계기가 될 수 있다. 유럽 각국들이 대북(對北)수교 의사를 밝힌 것이 그 예다. 한 가지 주목할 점은, ASEM이 북한 인권과 대량살상무기(WMD) 문제를 공식 제기하는 데 합의하지 못했다는 것이다. 이것은 '북한이 지난 몇 달 사이에 한반도 평화프로세스에

긍정적 입장을 보였으니 남북대화가 더 진행되도록 고무해 주는 게 좋겠다'는 입장이었던 것으로 보인다. 그런 민감한 문제를 거론하지 않는 것도 ASEM의 한 특징이다.

사 회: 북한의 인권 및 살상무기 문제는 격론에 가까운 의견대립이 있었던 것으로 알려지고 있다. 지금까지 유럽은 북한이 인권상황을 개선하고 대량살상무기 개발을 중단해야 북한과 수교한다는 입장이었다. 결국 방법론적 측면에서 ASEM에서도 햇볕정책이 채택된 것으로 보이는데?

이경태: 중국은 국제회의에서 인권문제가 거론되는 것을 싫어한다. 무기문제도 중국 등 아시아 국가들이 반대해 빠진 것 같다. 민감한 문제에 대해 유럽과 아시아간에 차이가 있다. 서두르면 ASEM 운영에 지장이 오는 것을 고려한 것 같다. 이번 ASEM 기간중 유럽 4개국이 북한과의 수교의사를 밝혔다. 북한이 국제금융기구에 가입하고 국제사회에서 자금을 지원받는 데 긍정적 영향을 미칠 것이다.

사 회: 구체적으로 들어가 보자. 밀레니엄 첫 회의답게 유라시아 초고속 정보통신망 구축계획이 발표됐다. 뭐가 달라지는 것인가, 실현가능성은 큰가?

이경태: 첫 단계로 유럽–아시아간 연구기관을 초고속망으로 연결하자는 데 합의했다. 한국에는 서울과 대덕연구단지간에 통신망이 있고, 유럽은 유럽대로 연구기관간에 통신망이 존재한다. 이 둘을 연결하자는 개념이다. 가령 대덕연구소가 프랑스연구소와 바로 연결되면 정보교환도 용이해지고 합동연구도 촉진될 것이다. 전자상거래 등 통신망 이용확대를 위한 위원회 설치도 이번에 합의

됐다. 한마디로 경의선 복원이 '철(鐵)의 실크로드'라면, 이것은 '빛의 실크로드' 구축작업이라 부를 만하다.

현인택: 우리나라가 이 사업을 제안한 데는 최근 몇 년 간의 정보기술 혁명을 통해 자신감이 생겼기 때문이다. 과학기술 혁명을 통한 정보화가 피할 수 없는 상황에서 통신망 연결은 세계화를 앞당기는 효과가 있을 것이다.

사 회: 초고속 통신망 사업엔 '정보격차'라는 문제가 존재한다. 특히 유럽에 비해 아시아 국가간에 격차가 크다. 일본·한국·싱가포르 정도가 앞서가고 있는데, 이를 어떻게 극복할 수 있을까?

이경태: 정보격차해소 사업은 일본·한국이 공동제안한 것이다. 정보기기 보급문제·정보기술 교육문제 등이 포함되어 있는데, 일본이 특히 적극적이다. 일본은 ASEM과 별도로 향후 5년 동안 여기에 150억 달러를 제공하겠다는 입장을 밝힌 바 있다.

사 회: 「AECF2000」 선언을 통해 아시아·유럽 협력의 큰 방향을 제시했다. 이를 평가·전망한다면?

현인택: 향후 10년간의 장기적 차원에서 실현될 문제들을 정리한 것이다. 지역내 평화안정 유지에 노력하고 지속가능한 경제발전에 주력하자는 것이 골자다. 원칙적으로 세계적·지역적 차원의 군축문제를 지속적으로 논의해나가자는 것도 중요한 과제가 될 것이다.

이경태: 이 선언을 보면 ASEM은 원칙적으로 점진주의를 택하고 있다. 이는 현실적으로 지혜로운 방향이다. 예를 들어 무역투자 자유화 부분에 대해 협상이 쉽지 않은 관세인하 부분은 빼고 비관세 분야만 포함시킨 것이 그렇다. 실천가능한 부분부터 하자는 ASEM의

정신이 실질적 협력으로 가는 데 도움이 될 것이다. 2,500만 달러의 장학재단을 설립하겠다는 것도 과거에 없던 일이다.

사　회: 사실 유라시아 하면 러시아가 가장 먼저 떠오르는데, ASEM에 러시아가 빠져 있다. 또 아시아 쪽에선 인도·파키스탄과 태평양 국가인 호주, 유럽에선 터키와 동유럽국가 등 영향력 있는 나라들이 빠져 있다.

현인택: 현재 회원국은 아시아는 아시아끼리, 유럽은 유럽끼리 만장일치로 합의해 추천하고 있다. 미가입국에 대해 일부 회원국들이 곤란하다는 입장이다. ASEM은 기본적으로 공개된 지역주의 대 지역주의의 만남이다. 앞으로의 세계가 가는 방향은 느슨한 지역주의를 바탕으로 한 지역간 링크이기 때문에 다양한 국가들의 회원가입을 수용하고 함께 갈등과 경제문제를 해소하는 노력이 필요하다. 또 ASEM은 세계무역기구(WTO)처럼 회원국을 구속하는 기구가 아니기 때문에 엄격하게 배제할 필요가 없다.

이경태: 앞으로 유럽에선 4~5개 국가가 추가로 정식 회원국이 될 것인데, 유럽은 20개국이 되고 아시아는 10개국으로 남아 있으면 지역적 불균형이 심해진다. 아시아 쪽도 호주·인도 등을 가입시키는 것이 균형상으로도 맞을 것이다.

사　회: 유럽이 서울에 와서 대북 수교선언을 할 정도로 아시아와의 협력유대에 적극적인 것은 경제적 동인(動因)이 가장 큰 것인가?

이경태: 그렇게 본다. 추진력은 경제력이다.

현인택: 더 포괄적으로 생각하면, 유럽은 탈냉전 이후 거의 모든 나라에서 민주적 가치를 성장시켜 왔다. 이것은 유럽의 자존심이다. 경제적으로도 유로화 통합을 실현해 하나의 유럽으로 등장하고

있다. 이런 자신감을 바탕으로 세계에 유럽을 알리면서 미국과 선의의 경쟁에 나서겠다는 측면도 있는 것으로 보인다.

사 회: 서구의 일부 학자들이 아시아의 경제위기를 보고 "아시아의 미래는 유럽의 과거와 같다"며 이른바 '백 투 더 퓨처' 논리를 폈다. ASEM이 회(回)를 거듭하고 이를 취재하는 수천 명의 기자와 이를 준비하는 관료, 뒤에서 이를 분석하는 학자들이 늘어나면 이같은 시각이 줄어들 것 같은데?

현인택: 당분간 국가의 영역은 없어지지 않을 것이다. 국가와 국가 사이의 격차, 지역과 지역 사이의 격차를 어떻게 해소하면서 새로운 세계를 만들어 가느냐가 과제가 될 것이다. 잘 조직된 제도화를 통해 그 격차를 줄여보자는 게 보다 나은 대안 중 하나다.

이경태: ASEM 개막식 때 토니 블레어 영국 총리가 특히 유럽통합을 강조했다. 왜 ASEM에 와서 자기들 이야기를 할까 생각했는데 아시아 국가들이 자극을 받을 수 있을 것 같다. 지역주의가 가장 약한 곳이 아시아다.

사 회: 이번 ASEM 회의에서 많은 중요한 일들이 시작됐다. 유럽의 앞선 제도와 앞선 경험이 아시아 지역의 평화증진과 경제발전에 자극이 되고 특히 한반도 평화정착에 획기적 계기가 되기를 기대해 본다.

미국 대선 당선자와 한반도

한국경제신문, 2000. 11. 9

11월 7일 실시된 미국 대통령 선거는 플로리다의 막판 대접전으로 아직 최종 결과가 유보된 상태지만, 일단은 공화당 조지 부시 후보의 당선이 유력시되고 있는 상황이다. 아울러 같은 날 실시된 상·하원의원 선거는 공화당이 민주당을 누르고 다수당이 됐다.

조지 부시 후보의 통상정책은 자유무역을 기본노선으로 삼고 있다. 대통령 선거운동 기간 동안 부시 후보는 멕시코를 예로 들면서, NAFTA를 통해 멕시코가 경제발전 및 개혁을 이루었다고 지적하고, 이러한 관점에서 미국은 자유무역을 세계로 전파시킬 도덕적 책임을 지고 있다고 강조했다.

부시 행정부가 출범하게 되는 경우, WTO의 뉴라운드를 적극 추진하리라 전망되며, 농업과 서비스부문을 WTO협상에 추가하고, 또 미국 수출품에 부과되는 관세를 인하하기 위한 협상을 추진할 것으로 전망된다. 또 대통령에게 무역협상 권한을 부여하는 신속처리 권한의 도입도 추진할 것으로 보인다.

그런데 공화당이 상·하원의 다수당이 됐으므로 차기 하원은 차기 대통령에게 무제한 신속처리권한을 부여할 가능성이 크다. 즉, 무역협상 때 대통령에게 전권을 위임하고, 하원에선 협상내용을 수정할 수 없으며 단지 가부만 결정케 하는 것이다.

이러한 전망에 기초해 한국경제에 미치는 영향을 고려해 보면, 우선 농업·서비스 분야에 대한 시장개방 압력이 더욱 거세질 전망이다. 한국 농산물시장의 개방, 수출보조금 폐지, 자유무역을 왜곡하는 국내 보조의 금지 등이 미국의 주요 입장이기 때문이다. 특히 농업분야와 관련, 유전자변형 식품에 대한 규정도 관심사인데, 미국 새 행정부는 이 문제에 대해 적극적인 정책을 취할 것으로 본다.

뉴라운드에 보다 적극적

한국의 경우 내년부터 유전자변형 식품에 대한 표기 의무화가 시행될 예정이어서 미국과 마찰을 일으킬 것으로 예상된다. 또 미국내의 보호주의 목소리가 커지고 있는 상황을 고려해 볼 때, 철강·자동차·반도체 등에 한·미간 통상마찰이 심화될 가능성이 높다.

특히 지난 10월 반덤핑 또는 상계관세 부과로 발생한 정부 세수입을 피해기업체에 분배하는 것을 내용으로 하는 「버드 수정안」이 상·하원에서 통과됐다. 그러나 이 분배는 일종의 보조금 성격을 띠고 있어 WTO 규정에 위배되는 것으로 분석돼 국제적 논란이 예상된다.

미국의 외교정책은 지금까지 '초당적 대응'이라는 전통을 갖고 있다. 때문에 집권당이 바뀌었다고 해서 급격한 정책변화가 이뤄지지는 않을 것으로 보인다. 그러나 지난 수년간 공화당이 지배해 온 의회의 정책결정과정에서 알 수 있듯이, 대북정책에 관해 공화당은 원칙적이고 강경한 입장을 취할 것으로 보인다.

기본적으로 외교정책이 초당적이긴 하지만 클린턴 정부가 북한

핵투명성을 지난 1994년 제네바 기본합의 이후의 핵개발 동결로 규정한 반면, 공화당은 1994년 이전의 핵개발을 포함한 북한 핵문제의 완전한 해명과 해결을 요구하고 있다는 점에서 상당한 차이가 있다.

또 공화당이 국가미사일방어체제(NMD)나 전역미사일방어체제(TMD) 등의 도입에 있어서도 적극적인 자세를 취하고 있어 이것이 북미 또는 남북관계의 새 갈등요인으로 작용할 수도 있다. 공화당은 민주당에 비해 전통적 우방관계나 미국 중심 국제질서를 중시하고 있기 때문에, 동북아지역의 다자간 회담보다 한·미관계나 미·일 관계 등의 비중이 커질 수 있다.

對북한관계 강경노선

그러나 이러한 양당간의 정책차이에도 불구하고 공화당이 기존 행정부의 결정을 쉽게 번복하기는 어려우며, 최근 한반도문제를 둘러싸고 한국과 중국의 영향력이 커진 현실을 감안할 때, 공화당이 야당시절처럼 강경론으로 일관하지는 않을 것으로 보인다.

따라서 부시 행정부가 출범한다고 해도 급격한 정책변화가 있지는 않을 것으로 보이지만, 공화당의 원칙적이고 강경한 입장으로 인해 북·미 관계개선이 다소 지연될 가능성도 있다.

특히 2001년 한 해 북한과 미국간에 협상주도권을 둘러싼 힘겨루기가 진행될 가능성이 높다. 하지만 이로 인해 양국관계가 원점으로 돌아가지는 않을 것으로 본다.

APEC 정상회의, 역내 개도국 개방 도움 줘야

매일경제신문 좌담, 2000. 11. 11

참석자: 사공일 세계경제연구원 이사장
한덕수 외교통상부 통상교섭본부장
이경태 대외경제정책연구원 원장(사회)

오는 15~16일 이틀 동안 브루나이에서 열리는 2000년 아시아·태평양경제협력체(APEC) 정상회의를 앞두고 개방화 논리가 국내외적으로 더욱 힘을 얻고 있다. 한덕수 외교통상부 통상교섭본부장, 사공일 세계경제연구원 이사장(전 재무장관), 이경태 대외경제정책연구원(KIEP) 원장 등 우리나라에서 대표적인 개방론자들은 이번 회의에서 한동안 침체된 역내 개방화 추진을 위해 우리 정부가 주도적인 역할을 해야 한다고 한목소리를 냈다. 이들은 특히 이번 회의가 1997년 아시아 금융위기 이래 고조된 역내 선진국과 개도국간 금융분야 협력이 최대 쟁점이 될 것으로 전망하고, 위기를 예방할 수 있는 선진 금융기술 기법을 서둘러 개도국에 이전해야 할 때라고 강조했다. 사공 이사장은 이와 관련해 "최근 미국 민간경제전문가그룹(PIE) 보고서가 역내 국가들을 대상으로 한 금융기술 연구·훈련기관 창설을 제안했고, 미국 정부가 이번 회의에서 이를 정식 안건으로 내놓을 가능성이 크다"고 밝혔다. 이 방안은 2000년 APEC 의장국인 중국 정부도 강력하게 지지하고 있어 가까운 시일 안에 실행에 옮겨질 것으로 보인다.

이경태(사회): 세계화는 이미 19세기 말 유럽과 북미를 중심으로 크게 진전됐지만 20세기 들어 오히려 후퇴한 듯하다. 요즘 세계화를 반대하는 비정부기구(NGO) 등의 움직임이 거세다. APEC을 바라보는 한국 상황과 처지는?

사공일: 지금까지는 세계화의 장점만을 강조했다. 그러나 아시아 금융위기 후에는 부작용이 부각되기 시작했다. 국내에서 일고 있는 반세계화 주장을 가만히 들여다보면, 무역자유화에 대한 반대보다는 금융·자본 자유화에 대한 반대가 더 강하다. 세계화가 불가피한 이상, 중요한 것은 세계화로 인한 장점은 최대한 활용하되 부작용을 최소화하는 정책방안 개발이다.

한덕수: APEC은 세계교역 중 50%, 생산(GDP) 중 60% 이상을 차지한다. 세계화의 당위성에 대해서는 더 이상 논의할 필요가 없다. 발전에 필요한 생산요소를 적절히 확보하고 생산한 제품을 널리 팔 수 있는 경쟁력과 환경을 만들어 나가는 '정책 경쟁'이 역내 국가 사이에 불붙고 있다. 최근 정보화 경제를 맞아 제기되고 있는 계층간·국가간 정보격차(digital divide) 해소나 생산적 복지는 이 점에서 매우 중요한 개념이다.

이경태: 이번 APEC 정상회의에서 실질적인 성과를 거두기 위해서는 구체적인 행동강령이 나와야 할 것 같은데?

사공일: 이번 회의에서 '아시아 금융훈련기관' 창설이 제안될 가능성이 크다. 최근 미국 민간경제전문가그룹(PIE) 보고서는 선진국 금융기술 기법과 위기 예방을 위한 프로그램 전수를 위한 금융전문인 훈련기관 창설안을 기획해 미국 정부가 이를 APEC 회의에서 정식 제기할 것으로 보인다. 특히 역내 금융기술 기법 지원계획 마련 과정에는 중국 등이 강력하게 후원한 것으로 알려져 어

느 정책안보다 실현가능성이 높다고 APEC 전문가들은 말한다.

이경태: 신무역라운드 출범을 위한 APEC의 기여방안은 역내 선진국과 개도국간 의견차이가 무척 큰 것으로 알려져 있다.

한덕수: 신무역라운드가 출범하는 데 가장 큰 장애요소는 의제의 선정 이지만, 각국이 의제의 내용에 대한 이해가 부족한 점도 걸림돌 이다. 노동이나 환경분야의 의제 선정과 관련해서도 이는 교역활 성화를 위한 것이 아니라 교역을 규제하기 위한 조치라는 오해를 사고 있다. 개방을 두려워하는 역내 개도국을 위해 개방효과를 누릴 수 있도록 역량증대(capacity building)를 지원해야 한다.

사공일: APEC은 신무역라운드가 출범하는 데 주도세력이 될 수 있으 며, 여기에서 미국은 세계적 지도력을 발휘할 수 있다. 우루과이 라운드 출범 때도 APEC과 미국은 이같은 몫을 했다. 지난해 가 을 열린 신무역라운드 출범을 위한 시애틀 회의가 실패한 것은 이러한 지도력의 결여가 주원인이었다.

이경태: 한·칠레 자유무역협정 등 APEC 내에서 나라별로 양자 자유무 역협정 등을 추진하는 것이 역내통합에 방해가 되지 않느냐는 주장 이 제기된다. 세계화와 관련해 다자주의와 양자주의는 서로 상충되 지 않겠는가.

한덕수: 지난 1994년 APEC 회의에서 채택한 '보고르 선언'에서 선진 국은 2010년까지, 그 외 국가는 2020년까지 완전한 무역자유화 를 표명했다. 한·칠레 자유무역협정이 APEC 역내통합에 저해 된다고 생각하지 않는다. 자유무역협정은 참여 국가만 구속하기 때문이다.

신무역라운드 협상에서 민감한 부분을 일부러 빼고 하는 것은 오히려 세계무역질서를 위태롭게 할 수 있다. 예외적인 문제는 국내적인 해결방법을 모색해야 한다.

이경태: 마지막으로 북한이 APEC에 가입하는 문제는?

한덕수: 지난 봄 APEC 서울포럼에서 북한이 참여하는 데 대해 역내국가 간에 상당한 공감대가 형성됐다. 정부도 이 점을 북한에 전달한 것으로 안다. 하지만 당장 북한이 가입, 회원국이 될 수는 없다. APEC은 2007년까지 정식회원 가입을 유예하기로 했기 때문이다. 그러나 11개 실무그룹에 참여하는 길은 그리 어려운 문제가 아닐 것으로 본다.

이경태: 세계화 과정에서 소외되는 계층과 국가들이 저항하리라는 것은 어느 정도 예상되는 문제라 할 수 있다. APEC 차원에서 취할 대응책은?

한덕수: 세 가지 사항을 말하고 싶다. 먼저 정보화에서 탈락하는 계층이나 국가를 위해 APEC 차원에서 현재 아시아·태평양 정보통신 기반(APII) 구축을 위한 연구를 진행하고 있다. 둘째, 정보통신 기반을 이용할 수 있는 정보화 마인드를 심어주기 위한 프로그램을 들 수 있다. 우리나라도 컴퓨터를 전공한 대학생 등을 선발해 개도국 청소년을 위한 컴퓨터 교육을 지원하고 있다. 마지막으로 정보화 경제에서 탈락한 계층이 새로운 직업을 찾을 수 있도록 도와야 한다. 이를 위해 인적개발 프로그램이 중요한데, 역내 개도국을 위한 교재지원·교사훈련 프로그램을 실시하고 있다.

사공일: 자본과 기술을 보유한 다국적 기업은 수지가 맞는 곳을 찾아다닌다. 그리고 교육, 사회경제적 기반, 정보화, 숙련 근로자, 법

과 질서가 잘 잡힌 투명한 곳을 선호한다. 이러한 역량이 부족한 나라를 위해 역내 선진국들이 도와 주어야 한다. 특히 금융분야에서 선진국이 보유한 금융기술 전수와 지원은 필수적이다. 이 점에서 미국 지도력은 매우 중요하며 한국도 세계화 시대에 걸맞는 새로운 금융질서를 만들어 나가는 등 적극 대응해야 한다.

이경태: APEC 등이 세계화를 추진하는 과정에서 주의해야 할 점은?

한덕수: 세계화하면 시장에 가변성(volatility)이 그만큼 커지고 이것이 경제위기 원인으로 작용한다. 가변성을 줄이는 구조적 대책을 세우는 일에 더 몰두해야 한다. 무역시장 다면화나 금융시장에서 단기성 투기자본에 대한 감시 강화가 그러한 예다. G7 등 선진국이 중심이 돼 주도하는 정책 프로그램이 아니라 주요 개도국이 대거 참여하는 G30도 고려해야 한다.

사공일: 세계화를 반대하는 분은 중국을 봐주기 바란다. 철저한 폐쇄국가였던 중국은 개방정책을 20년 넘게 추진했고 하루빨리 세계무역기구(WTO)에 가입하려 안간힘을 쓰고 있다. 세계화하는 데 최대 걸림돌은 금융부문이 될 수밖에 없다. APEC 역내에서 금융구조(financial architecture)구축에 보다 적극 나서야 할 때다. 국가 차원에서 대외 투명성도 제고해야 한다.

자유무역협정(FTA) 추진과 과제
한·중·일 3국간 FTA 바람직

한국경제신문 좌담, 2000. 11. 24

참석자 : 김철수 세종대 교수
손병두 전경련 부회장(사회)
이경태 대외경제정책연구원 원장
한상춘 본사 전문위원

최근 들어 세계무역기구(WTO) 기능 약화, 뉴라운드 협상 부진에 따라 다자 체제가 균열될 조짐을 보이고 있다. 동시에 개도국과 비정부기구(NGO)를 중심으로 반세계화 물결도 거세다. 이에 따라 세계 각국들은 대체방안으로 주요 교역국과의 자유무역협정(FTA) 체결에 주력하고 있다. 우리나라도 현 정부들이 FTA정책을 대외정책의 핵심과제로 추진해 오고 있다. 이런 상황에 맞춰 전국경제인연합회와 한국경제신문사가 공동으로 긴급 좌담회를 마련, 그동안 FTA의 추진현황과 문제점, 앞으로 해결해야 할 과제를 집중 점검해 봤다.

손병두(사회): 먼저 자유무역협정(FTA)이 세계무역기구(WTO) 정신에 위배되는 것은 아닌지, 이 분야의 최고권위자인 김교수의 견해는?

김철수: 몇 년 전까지만 하더라도 FTA와 같은 지역주의가 다자주의의 걸림돌로 인식돼 온 것은 사실이다. 그러나 최근처럼 지역주의 움직임이 확산되고 있는 상황에서 WTO는 회원국들이 실질적으로 평등하고, 역외국에 대해 차별적인 요소만 없다면, 예외적으로

FTA를 인정하고 있다. 이제부터는 다자주의와 지역주의를 서로 대립적 관계로 파악하기보다는 보완적인 개념으로 봐야 한다.

사 회: 우리나라가 칠레와 같은 교역국과의 FTA 정책을 추진할 때 역시 농산물 분야를 어떻게 처리할 것인가가 관건이 될 것으로 보이는데, 이 문제는 어떻게 생각하나?

김철수: 해당국과의 협상을 통해 충분히 해결할 수 있는 문제로 생각한다. WTO규정에도 농산물과 같은 민감한 분야에 대해서는 해당 업종과 관련산업의 경쟁력을 감안해 FTA추진에 따른 피해를 최소화하기 위한 차원에서 유예기간을 두도록 되어 있다.

한상춘: 많은 예외조항을 두다 보면 WTO 정신에 위배되는 문제와 FTA 추진에 따른 실질적인 효과를 기대할 수 없기 때문에 어차피 예외조항은 제한적일 수밖에 없다. 사전에 충분한 협의를 거쳐 해결해야 될 문제라고 생각한다.

사 회: 과거 미국과 이스라엘의 FTA 추진과 북미자유무역협정(NAFTA)에서는 농산물 분야를 예외적으로 인정한 사례가 있지 않은가?

이경태: 칠레는 모든 제조업이 우리보다 경쟁력이 뒤지기 때문에, 우리 입장만을 고려해 농산물 분야를 예외조항으로 두다 보면 실상 FTA추진이 어려워지는 문제가 발생한다. 오히려 우리 포도재배 농민들을 칠레에 진출시켜 현지 재배하는 것도 하나의 대안이 될 수 있고 또 성공한 사례도 있다.

사 회: 어떤 나라와 FTA를 추진하더라도 우리 입장에서 농산물은 민감한 분야인 것만은 분명하다. 그렇더라도 FTA는 경제적 효과가 크기 때문에 본격적으로 추진해야 할 것으로 보이는데, 이를 위한 선결과

제로는 어떤 것이 있나?

이경태: 무엇보다 우리나라가 후보국가와의 FTA를 추진할 때 무역상의
이익이 얼마나 되는지 기초연구부터 필요하다. 이 문제의 시급성
을 감안해 이미 관련 국가와 공동으로 연구를 추진하고 있다. 이
것이 빠른 시일 내에 전제가 돼야 후보국 선정과 FTA 추진에 대
해 부정적인 국민들을 설득시키는 데 좋은 자료가 될 것으로 보인
다.

김철수: 우리가 FTA후보국을 선정할 때 고려해야 할 기준으로는 경제
규모가 커야 하고, 지리적으로 인접한데다, 역사적·문화적 공감
대가 있어야 하며, 가능한 한 우리가 주도할 수 있다면 더 바랄
것이 없다. 이런 기준을 감안할 때, 2국간 FTA보다는 3국 이상의
FTA가 바람직하다. 현 시점에서 한·중·일간 FTA가 현실적인
방안이 아닌가 생각한다.

사 회: 한·중·일간 FTA는 현실적으로 많은 어려움이 따른다. 오히려
경제적·안보적 측면을 감안할 때 미국과의 FTA를 추진하는 것이
바람직해 보이는데?

김철수: FTA추진은 우리뿐만 아니라 상대국이 어떻게 생각하는지 알
아야 한다. 현재 미국은 우리와의 FTA추진에 대해 관심이 없는
것으로 알고 있다. 미국의 관심을 이끌어 내는 것이 우선순위라
고 본다.

한상춘: 여러 가지 문제가 있는 것은 사실이나, 계량적으로 보더라도
미국과의 FTA를 추진할 경우 단기적으로 우리에게 실익이 크게
나타나지 않는다. 미국과 같은 선진국과의 FTA를 추진하기 위해
서는 우선 투자협정을 통해 신뢰 구축과 산업간 격차를 줄여 놓
을 필요가 있다.

사 회: 일본과의 FTA추진은 어떤가. 지난번 한·일간 재계회의에 참석
해 관련 인사들을 만나보면 최근 들어서는 일본이 더 적극적인 것
같다. 이런 점을 감안하면 일본과의 FTA추진은 쉽게 가져갈 수 있
는 것이 아닌가?

이경태: 중장기적으로는 몰라도 단기적으로 일본과 FTA를 추진할 때
대일 무역적자가 늘어나는 것이 문제다. 가뜩이나 일본에 대한 우
리국민들의 정서가 좋지 않은 상황에서 대일 무역적자가 늘어날
경우 FTA 추진은 쉽지만은 않다. 한위원이 지적했듯이, 신뢰구축
을 위해서는 일본의 대한국 투자를 가능한 한 많이 유도해야 할
것으로 보인다.

김철수: 우리가 단독으로 일본과 FTA를 추진했을 경우 역사적 앙금을
어떻게 극복할 수 있느냐도 커다란 과제다. 이런 측면에서 중국
을 끌어들여 한·중·일 3국간 FTA를 추진할 경우 이 문제를
자연적으로 해결할 수 있을 것으로 생각한다.

한상춘: 최근처럼 국제적으로 외환위기 가능성이 상존해 있는 상황에
서는 FTA를 추진하더라도 단순히 교역상의 이익만을 고려해 추
진할 수는 없다. 특히 외환위기를 겪은 우리의 입장에서는 '제2
선 자금(back up facility)'을 확보한다는 차원에서도 한·중·일
3국간 FTA방안이 바람직해 보인다.

사 회: 참고로 전경련이 조사한 자료에 따르면, 우리 기업들은 정부가
교역국과의 FTA를 추진하는 정책에 대해 88.1%가 긍정적인 반응
을 보이고 있다. 교역상대국으로는 미국과의 FTA를 추진하는 방안
에 대해서는 86.8%, 일본과의 FTA 추진방안에 대해서는 69%가
찬성하고 있는 것으로 나타났다. 마지막으로 FTA 추진을 위해 국내
기업들은 어떤 준비를 해야 하는가?

이경태: 미국, 일본과 같은 선진국들과의 FTA를 추진하기 위해서는 사전단계로 이들 국가의 우리나라에 대한 투자확대를 통해 신뢰를 구축하는 것이 중요하다. 이 문제만큼은 정부보다는 재계가 적극적인 역할을 해야 가능한 문제라고 본다. 앞으로 재계가 정부의 FTA정책추진에 좀더 적극적인 입장을 보여야 한다.

김철수: 지금의 위기상황을 극복하고 우리 경제가 다시 한 번 세계성장 반열에 진입하기 위해 세계화는 필수적인 과제다. 최근 들어 우리 국민들 사이에 반세계화 조짐이 일고 있는 것으로 알고 있다. 염려되는 대목이다. 특히 FTA정책에 대한 국민들의 부정적인 시각을 해소하기 위해서는 그 어느 때보다 홍보가 필요한 시점이라고 본다.

국내 취약산업 구조조정이 우선 과제

한국경제신문 'FTA전략' 주제발표, 2000. 11. 24

세계경제가 다자체제인 WTO를 중심으로 통합되어 가는 추세임에도 불구하고 새로운 지역무역협정의 체결과 기존 지역무역협정의 확대 심화 추세가 강화되고 있다. 우리나라의 경우 1963년 6.4%에 불과하던 지역경제권과의 교역 비중이 EU(유럽연합), NAFTA(북미자유무역협정), ASEAN(동남아국가연합), MERCOSUR 등의 지역무역협정 창설 이후 최근 50% 이상을 기록하여 대외교역의 절반 이상이 지역경제권에 의존하게 되었다.

따라서 이러한 지역주의의 확산에 따른 세계경제질서 변화에서 고립되지 않기 위해서는 우리나라도 자유무역협정 체결을 적극 추진할 필요가 있다.

자유무역협정의 궁극적인 목적은 역내국 상호간의 무역장벽 철폐를 통하여 역내 무역자유화를 실현함으로써 상호간의 지속적인 경제성장을 도모하고 후생을 극대화하는 데 있다.

물론 이러한 긍정적 혜택과 함께 부정적 효과도 수반될 수 있다. 즉, 협정 체결 이후 역외국에 부과하는 높은 관세로 인해 역외국의 비교우위상품 수입이 억제되어 역내국 소비자들의 후생이 악화될 수 있다.

따라서 자유무역협정을 통한 불이익을 최소화하기 위해서는 자유무역협정 체결시 상대국과 우리나라의 산업간 상호보완성 여부에 대한 신중한 검토와 함께 국내 취약산업에 대한 구조조정이 우선적으로 시행되어야 할 것으로 보인다.

이런 견지에서 자유무역협정 추진방안으로 크게 세 가지를 검토해 볼 수 있다.

첫째, 거대경제권과의 추진, 둘째 동아시아 지역경제권 형성을 위한 동남아 국가들과의 자유무역협정 추진, 셋째 주요 거점지역별 추진이 가능할 것이다.

우선 무역과 투자 효과의 극대화, 우리 경제구조의 선진화 도모 및 거대시장의 안정적 확보라는 차원에서 우리의 최대교역국인 미국, 일본 및 중국과 같은 거대 경제권과 자유무역협정을 추진하는 것이 바람직하다.

두번째 방안으로 정치·경제적 우방을 확대하기 위한 전략적 차원에서 경제 및 문화적으로 유사한 동남아 국가들과 자유무역협정을 추진하는 방안이 검토될 수 있는데, 역내 개별국보다는 동아시아지역 경제권의 형성을 위해 ASEAN과 추진하는 것이 좋을 것으로 보인다.

마지막으로 지역시장의 안정적인 확보라는 차원에서, 향후 성장 잠재력이 큰 지역별(남미아프리카 등) 거점국가로서의 성격을 지닌 국가와의 추진도 검토해 볼 수 있다.

이러한 거점별 주요 대상국으로는 칠레(남미), 멕시코(북미), 뉴질랜드(오세아니아), 남아공(아프리카) 등이 있다.

최근처럼 세계경제가 지역경제블록으로 재편되고 있는 시점에서 이런 세계경제질서에서 고립되지 않기 위해서는 우리나라도 가능한 조속한 시일 내에 자유무역협정을 체결하는 것이 바람직하다.

국책연구기관 진로
정부출연보다 기금조성 연구 중립성 확보 필요

매일경제신문, 2000. 11. 27

우리나라에는 공공자금으로 운영되는 많은 국책연구기관이 있기 때문에 외형적으로는 바람직한 방향으로 실현되고 있는 것처럼 보이지만 실상을 들여다 보면 많은 괴리가 있다.

우선 연구에 창의성이 부족하다. 창의성을 높이려면 독립성이 전제되어야 하는데, 국책연구소의 독립성에 대해서는 회의적인 시각이 많다.

지난해부터 국책연구소는 전부 국무총리실 소속이 되었기 때문에 행정적으로는 각 부처의 감독을 받지 않게 되었다. 그러나 각 부처에서 용역을 수주해야 하기 때문에 연구의 독립성은 더욱 약화되었다는 염려가 커지고 있다. 이 염려가 어디까지 사실인지는 쉽게 확인될 수 있는 성격이 아니지만, 현행제도 아래에서 용역결과보고서는 제3자에게 공개되지 않고 발주기관에만 전달되며, 또한 해답이 이미 나와 있는 문제를 사후적으로 정당화하는 수단으로 연구를 의뢰했다면 모를까, 최선의 정책을 모색하기 위한 목적이라면 자기 구미에 맞는 연구결과를 강요할 필요가 없는 것이다. 발주 부서는 이를 유념해야 한다.

연구의 독립성과 관련되는 또 하나의 쟁점은 연구결과의 공개여부다.

국책연구소의 연구는 국민세금으로 지원되고 공익 증진이 목적이기 때문에, 연구결과는 공개되어 자유로운 토의가 이루어지도록 하는 것이 원칙이다.

비록 연구결과가 정부정책에 대해서 비판적이라고 하더라도 이를 공개하게 하고, 정부는 논리적인 근거를 토대로 반박해야 하며, 언론은 이를 객관적이고 공정하게 보도해야 한다. 정책연구에 관한 한 현실감각이 공무원보다도 무딘 연구원의 주장이 항상 타당하다고 볼 수도 없으며, 공개적인 토론문화가 정착되면 공무원들은 비판여론에 대한 피해의식에서 벗어날 수 있고, 연구소의 연구는 내용적으로 더욱 충실해질 것이다.

지금 국책연구소가 수행하는 업무 중에서 상당 부분은 행정부처 실무자들에 대한 보조업무다. 이는 원래 해당 실무자들이 직접 수행해야 하거나 적어도 행정조직 내에서 수행되어져야 할 성질의 것이다. 워낙 잦은 자리바꿈 때문에 전문성이 부족하고, 다른 일에 시간을 뺏기다 보니 차분하게 정책을 구상할 여유가 없다는 현실적 이유가 있지만, 이는 결코 바람직한 현상은 아니다.

이상 설명한 몇 가지 문제점을 감안해 국책연구소 진로를 제시해 보기로 한다.

우선 당장 해야 할 일은 현행 용역제도의 당초 취지인 경쟁원리가 제대로 실천되고 있는지를 점검해서 경쟁저해 요인을 제거해야 하고, 경쟁결과를 토대로 연구소의 구조조정 방향을 정하는 것이다. 다음으로는 행정공무원들의 보조기능적인 단기과제는 행정부로 되돌려 주어야 한다. 이를 위해서는 공무원들이 차분하게 정책을 개발할 수

있는 여유를 갖도록 소프트한 행정개혁을 해야 하고, 필요하면 행정
부 내에 조사연구조직을 두어야 한다.

중장기적으로는 국책연구소를 소수 정예화해 중·장기적인 공공
정책연구를 수행케 하되, 매년 정부가 출연하는 것보다는 기금을 조
성해서 연구의 중립성을 확보토록 해야 한다.

구조조정 마지막 기회다

세계일보, 2000. 11. 27

정부는 이번에 추가로 조성되는 40여조 원의 공적자금이 구조조정을 위해서 투입되는 마지막 공적자금이라고 단언하고 있다. 하지만 정말 마지막이 될는지, 아니면 또다시 공적자금이 투입돼야 하는 최악의 사태가 벌어질는지는 전적으로 지금부터 제2차 구조조정을 어떻게 하느냐에 달려 있다.

제2차 구조조정을 성공시키기 위해서 우리는 1차 구조조정과정을 되돌아 보고, 시행착오를 반성해서, 2차 구조조정의 교훈으로 삼아야 한다.

흔히 외환위기 이후에 실시한 1차 구조조정을 하드웨어 개혁이라고 한다. 부실기업을 정리하고, 그 과정에서 발생하는 부실채권을 털어내며, 부실금융기관을 정리하는 외과적 수술이 단행되었는데, 수혈용으로 100조 원이 넘는 공적자금이 투입됐다.

정부는 하드웨어 개혁이 완수되었다고 자평하고, 제2차 구조조정의 목표를 소프트웨어 개혁에 두었다. 이는 기업과 금융기관 등 경제주체들의 행위양식이 투명성과 수익성의 원칙에 부합되도록 하는 것인데, 이를 위해서 정부는 하드웨어 개혁에서 구축된 제반 제도들이 엄정하게 집행되도록 감시만 하고, 실질적인 개혁은 시장시스템이 담당하면 된다고 생각했다.

그러나 우리 경제는 지금 외과적 수술을 다시 해야만 하는 어려운 상황에 처해 있다. 이는 개혁수준에 중대한 차질이 생긴 것이며, 우리 경제의 본격적인 회복과 경쟁력 강화가 지연됨을 의미한다.

1차 수술이 성공하지 못한 원인은 두 가지가 있다. 하나는 기업과 금융부실을 완전히 제거하지 않은 것이고, 또다른 하나는 섭생을 잘못해서 추가적인 부실이 발생했다는 점이다.

회생가능성이 없는 기업과 금융기관은 읍참마속(泣斬馬謖)의 심정으로 정리해야 하는데, 경제에 미치는 충격과 노조(勞組) 반발에 발목이 잡혀서 적당히 타협하는 실수를 저질렀던 것이다.

지금도 회생가능성이 없는 기업과 금융기관들이 긴급자금 지원이라는 산소마스크에 의지해서 목숨을 연명하고 있는데, 이들을 과감하게 도려내지 않으면 주가폭락, 금융경색, 외자유출이 지속돼 경제 전체가 위기에 빠지게 된다.

기업지배구조 개선과 금융기관 건전성 규제강화는 부실발생을 원천적으로 봉쇄하고, 부실이 발생하더라도 초기에 발견해서 적절한 조치를 취함으로써 외과적 수술까지는 가지 않겠다는 조치이다. 그런데 많은 기업과 금융기관들은 이런저런 이유를 대면서 구시대적 경영을 답습한 나머지 계속해서 부실을 발생시키고 있다.

2차 구조조정에서 해야 하는 수술 내용은 1차 구조조정시와 매우 유사하다. 부실기업 판정, 부실채권의 인수와 금융기관 합병 등은 2년 전에도 똑같이 추진됐다. 그러나 비록 수술내용은 같더라도 수술방법은 달라져야 한다. 그렇지 않으면 2차 수술로 끝나지 않고 3차 수술이 필요해질 것이며, 수혈을 위한 또 다른 공적자금이 필요해질 터인데, 국민들이 이를 동의할 리가 없다.

2차 수술은 다음의 원칙을 지켜야 한다.

첫째, 회생가능성이 없으면 아무리 덩치가 크더라도 과감하게 정리해야 한다. 법정관리, 워크아웃, 국유화 등을 통해서 살릴 수 있다는 희망과 살리고 싶은 유혹을 용감하게 뿌리쳐야 한다. 이 희망과 유혹을 뿌리치지 못하면 국민경제 전체가 피해를 입는 반면에, 이익을 보는 집단은 해당기업의 경영주와 임직원뿐임을 명심해야 한다.

둘째, 매각해야 할 기업은 최대한 빨리 매각해야 한다. 제값 받기, 국부(國富)지키기, 선 정상화 – 후매각 등은 민족주의적 정서와 애국심에 강한 호소력을 지니지만 실효성이 없다는 것이 이미 판명됐다.

셋째, 엄격한 손실부담원칙에 입각한 자구노력이 병행돼야 한다. 일부 워크아웃 기업이나 공적자금지원 금융기관에서 목격되고 있는 도덕적 해이를 제거하지 않으면 공적자금 지원은 밑빠진 독에 물 붓는 격밖에 되지 않는다. 말뜻이 앞뒤가 안 맞지만, 자구노력은 타율이 가해져야 가능하므로, 채권금융기관과 금융감독기관의 엄정한 감독이 필요하다.

넷째, 경영부실에 대한 책임을 철저하게 물어야 한다. 경영권 박탈, 민 – 형사상 책임이 합리적이고 공정하게 추궁될 때 도덕적 해이는 최소화될 수 있다.

국정쇄신 이렇게
도덕적 해이 제거로 개혁공감대 형성을

세계일보, 2000. 12. 19

현 시국의 어려움은 근본적으로 정부에 대한 국민 신뢰의 상실에서 기인하는 것이기 때문에, 국정쇄신은 불신을 신뢰로 국면전환시킬 수 있게끔 강력하고도 새로워야 한다. 종전처럼 사람을 바꾸는 것만으로 그치면 오히려 불신은 더욱 깊어질 것이다. 새로 구성되는 당·정은 적어도 대통령의 남은 임기 동안 대통령과 운명을 같이하면서 국정쇄신의 선봉에 설 수 있도록 해줘야 한다. 그들에게 권한과 책임을 동시에 부여해 조직을 장악하고, 관료조직을 개혁주체세력화하며, 정책의 지속성과 일관성을 확보할 수 있도록 해줘야 한다.

구조조정의 성공은 효과적인 정책조정을 전제로 한다. 조정의 책임소재를 분명히 하고, 조정에 필요한 제도적 권한과 대통령으로부터의 신임을 부여하며, 강력한 조정기구의 설립도 검토돼야 한다.

정부정책이 추진력을 얻으려면 정책결정의 투명성과 공정성이 확보돼야 하며, 이를 위해서는 공조직(公組織)이 정부기능의 중심에 확고하게 자리잡고 주위 압력에 흔들리지 않는 의연함을 보여줘야 한다.

정부의 구조조정 의지에 대한 의구심을 불식시키기 위해 향후 2년 간의 구조조정 일정과 순위를 작성하고 사안의 경중과 완급을 구별해 제한된 역량을 집중시켜야 하며, 정부와 민간의 역할분담을 명확히 하는 지침도 작성 – 공표돼야 한다.

신뢰 상실의 가장 큰 원인인 도덕적 해이의 제거 없이는 국정쇄신을 기할 수 없다. 부실 책임에 대한 엄중한 추궁, 공정한 인사, 경영 – 정책 투명성은 도덕적 해이를 없애는 요체다.

도덕적 해이의 제거는 개혁 고통을 분담하는 국민적 공감대 형성을 위해서도 반드시 실천에 옮겨져야 하는 막중한 과제다.

2001

엔화 약세, 강 건너 불 아니다

한국일보, 2001. 1. 19

　　최근 엔화 환율 동향이 심상치 않다. 작년 말 달러당 114.41엔 기준을 기록한 엔화환율은 1월 15일에 118.96엔까지 상승하여 엔화 가치는 불과 보름 사이에 4% 가까이 하락하였다.

　　엔화의 약세는 미국 신정부의 달러화 강세 정책에 대한 외환시장의 기대감이 반영된 것이라고 볼 수 있다. 더욱이 일본은 최근의 경기회복 지연과 증시침체에도 불구하고 미국과 다르게 금리인하를 단행할 수 없는 상황이다. 이에 따라 작년에 회복세를 보였던 일본경제가 금년에 다시 침체국면에 빠질 것이라는 비관적인 전망도 나오고 있다.

　　엔화 약세는 우리에게는 강 건너 불이 아니다. 작년 말에 100엔당 1,093원 수준이었던 원화의 대(對)엔화환율은 15일에 1,078원 수준까지 떨어졌다. 반도체, 전자제품, 조선 등 우리나라의 주종수출상품이 주로 일본제품과 경쟁한다는 것을 감안할 때, 우리 수출품의 경쟁력에는 부정적이다. 대미 달러환율이 같은 기간 중 1,264원에서 1,285원 수준까지 상승했지만 대외수출 측면에서는 원화가치 하락의 효과가 반감될 수밖에 없다.

앞으로 엔화환율은 달러당 120엔 수준까지 상승하다가 안정세로 돌아설 것이 예상된다. 하지만 일본정부가 그동안 지지부진했던 부실기업 정리 및 금융산업 구조조정을 단기간에 마무리하기가 어려우며, 국제외환시장에서 미 달러화에 대한 초과수요가 여전하기 때문에 엔화 약세가 상당기간 지속될 가능성도 배제할 수는 없다.

우리경제의 입장에서 엔화 약세는 물가하락 압력과 엔화표시 채무부담의 완화라는 긍정적인 영향도 없지 않으나, 수출과 성장에 부정적인 영향을 미칠 것으로 예상된다. 금년 중 우리경제는 구조조정의 성공적 이행과 경기 연착륙이라는 양대 과제를 안고 있다. 국내소비와 투자가 위축되는 가운데 대외부문의 안정적인 성장이 더욱 긴요한 상황이다. 작년에는 소비와 수출이 우리경제의 성장을 이끌었으나, 금년에는 수출의 성장기여도가 소비, 투자, 정부지출의 기여도를 모두 합친 것보다 클 것으로 예상되기 때문에 금년 중 우리경제의 연착륙 여부는 내수보다는 수출에 달려 있다.

이에 따라 우리나라 정부와 기업들로서는 엔화 약세에 따른 부작용을 최소화하기 위한 구체적 대책을 마련해야 할 것이다. 우리가 변동환율제를 채택하고 있는 이상 정부가 외환시장에 직접 개입할 여지가 적지만, 지나치게 급격한 환율변동폭을 완화하기 위한 시장개입은 필요한 경우 신중하게 고려해야 한다. 또한 금리, 통화 등 거시경제변수의 운용을 외환수급과 연계시키는 방안도 활용되어야 한다. 그러나 더욱 중요한 것은 기업의 환율변동 대응능력의 배양이다. 엔화 약세의 영향을 최소화하기 위해서는 기업 내부에서 충격을 흡수할 수 있어야 하는데, 이는 원가절감, 금융비용감소, 기술혁신을 통한 생산성 향상이 그 요체이다. 따라서 우리의 당면과제인 기업구조조정은 엔화 약세에 대한 효과적 대응을 위해서도 적극적으로 추진되어야 한다.

엔화약세를 계기로 해서 많은 자금이 일본에서 빠져나오고 있는

데, 이들 자금을 우리나라로 유치해서 주식시장의 활성화와 연계시키면 이 또한 기업구조조정에 도움이 될 것이다.

우리기업들은 아직도 환위험을 회피할 헤징(hedging)기술이 매우 낙후되어 있다. 종래에는 환율이 비교적 안정적이었기 때문에 헤징을 활용할 필요성이 적었지만, 본격적인 변동환율제도가 채택되면서 환위험 회피기법은 기업수익과 직결되게 되었다. 더욱이 자본조달의 국제화와 수출시장의 다변화가 진전되면 될수록 선진적인 헤징기법은 기업재무관리의 필수요건이 되고 있다. 이에 따라 전문가를 키우는 장기적인 전략도 필요하다.

미국경제 전망과 한국에의 영향

조선일보, 2001. 2. 7

근 10년간의 장기호황을 구가하던 미국경제는 작년 3/4분기부터 하강국면으로 접어들어서 성장률이 이전의 절반에도 미치지 못하는 2.2%로 떨어졌고, 4/4분기에는 1.4%로 곤두박질하였으며, 금년 1/4분기에는 제로 수준에 근접할지도 모른다는 어두운 전망이 나오고 있다.

우선 지적되어야 할 것은, 미국의 성장둔화는 불가피하고도 바람직한 것일 뿐만 아니라, 미 연준의 반인플레정책의 의도된 결과라는 점이다. 장기호황 과정에서 기업은 물론 가계의 부채가 급증해서 가계저축률이 마이너스가 되었으며, 경상수지적자 또한 GDP의 4% 수준으로 확대되고, 주식의 가격이 그 내재가치를 훨씬 상회하는 등 경제 전반에 거품이 형성되었다. 노동시장 또한 초과수요가 발생하여 임금상승에 따른 인플레압력이 가중되었다.

거품은 언젠가는 터지게 마련이듯이, 3.5% 내외로 추정되는 잠재성장률을 초과하는 고성장이 무한정 지속될 수는 없는 것이다. 미 연준은 거품이 너무 커지는 것을 예방하기 위해서 1999년 6월 이래 6

회에 걸쳐서 금리를 1.75% 포인트 인상하였는데, 최근 그 긴축효과가 나타나고 있다고 보아야 한다.

그러나 경기하강의 속도가 예상보다도 너무 빨라서 그대로 방치하면 추락할지도 모른다는 염려를 한 나머지 미 연준은 금년 들어서 불과 한 달 동안에 금리를 2회에 걸쳐서 1% 포인트 인하하였고, 앞으로도 추가적인 금리인하를 단행할 것이 거의 확실시된다.

금리인하 이외에도 부시 대통령은 경기진작을 위해서 1조 6천억 달러 규모의 감세조치를 추진하고 있는데, 이 모두가 경기연착륙을 위한 부시 행정부의 강력한 의지를 담고 있는 것이다.

미국경제가 조정과정을 단기간에 끝내고 금년 하반기경에 강력한 회복을 할 수 있느냐의 여부는 기업, 금융 등 펀더멘털의 건전성과 통화, 재정정책의 수행능력에 달려 있다.

미국기업들은 매출둔화와 이윤감소에 대비해서 벌써부터 대량해고, 과잉설비폐기 등을 단행하고 있으며, 소비자들은 지출을 줄이고 있다. 물론 이것이 지나치면 경기냉각을 부채질하겠지만, 반면에 기업과 가계가 매우 신속하게 환경변화에 대응하는 능력의 표시이기도 하기 때문에, 재고조정이 일단락되면 재빨리 확장국면으로 돌입할 가능성이 높다.

미국기업들은 지난 10년 동안 제조업, 금융, 유통 등 이른바 구경제 부문에서 적극적으로 IT투자를 늘려서 생산성을 배가시켰고, 신경제로 불리는 IT부문에서는 엄청난 기술투자를 통해서 컴퓨터와 통신기기의 성능향상과 가격인하를 달성하였다.

지난 1월에 미행정부가 의회에 제출한 경제보고서에 의하면, 1995년 이후에 미국경제의 생산성향상 추세가 구조적으로 1% 포인트 정도 상승하였다고 한다. 앞으로 이러한 추세가 얼마나 지속될는지를 단정할 수는 없으나, IT 기술혁명이 수년 내에 종식된다고 믿는 사람은 거의 없다는 점에 유의해야 한다.

미국경제의 미시적 펀더멘털에 더해서, 지난 10년간 미 연준의 그린스펀 의장이 보여준 거시정책 운용능력을 감안할 때, 미국경제는 적어도 경착륙은 피할 수 있을 것이며, 1년 정도의 조정기간이 지나면 다시 호황국면으로 재진입할 수 있을 것이다.

미국경기의 하락에 따른 IT제품 수입수요 감소와 엔화 불안정 등은 우리경제의 불확실성을 가중시키지만, 이는 우리가 통제할 수 없는 외생적 충격이라는 점 또한 사실로 받아들여야 한다.

우리가 더욱 주목해야 할 점은, 미국기업이 철두철미하게 자율과 책임의 시장원리를 신봉하면서 생존을 위한 변화에 앞장서고, 정부는 건전한 거시경제운용, 규제완화, 경쟁촉진, 교육 및 기술투자 확대 등을 통해서 생산성 향상을 지원한다는 점이다.

한·미 정상회담의 의의

한국경제신문, 2001. 3. 6

금번 김대중 대통령의 미국방문이 가지는 의미는 각별하다. 부시 행정부의 대(對)한반도 정책이 구상되기 시작하는 중요한 시기에 그 직접 당사국인 한국의 입장과 견해를 미국 지도층에 설명하고 이해와 공감의 영역을 확보하는 것이야말로 곧바로 우리의 이익과 직결되기 때문이다.

외교·안보분야와 경제분야를 막론하고, 한·미 양국은 기본적인 목표에 있어서 입장을 같이하는 동맹관계임은 의심의 여지가 없다. 양국 모두 한반도의 긴장완화를 추구하고, 대북 포용정책을 수용한다는 점에서 그러하고, 무역 및 투자확대를 통해서 세계화의 이익을 나누어 가지자는 점에서도 그러하다.

그러나 목표달성을 위한 수단의 선택을 위시한 방법론상의 미묘한 차이가 양국간에 감지되고 있는 것 또한 부정할 수 없기 때문에 이의 조기 해소가 요망되고 있는 것이다.

우리 정부는 북한이 개혁·개방 노선으로 방향선회하겠다는 강력한 의지가 있음을 기정사실로 인정하고, 대북 정책의 기조는 북한

지도층의 의지가 실천될 수 있도록 유도하는 데에 집중되어야 한다는 입장이다.

이에 반해서 미국의 공화당 정부 내에서는, 핵 및 미사일 개발 포기의 검증 등 북한이 실제로 달라졌다는 사실확인이 선행되어야만 북·미 관계의 개선이 가능하다는 견해가 지배적인 것 같다.

김대중 대통령은 대북 정책에 대해서 오랫동안 고민해 왔을 뿐만 아니라, 김정일 국방위원장과 장시간 대화하는 기회를 가졌었고, 6·15 정상회담 이후에 남북한간에 진행되어 온 일련의 접촉에 대해서도 그 전말을 소상히 파악하고 있기 때문에, 북한 지도층의 의중과 북한에서 일어나고 있는 변화의 의미에 대해서 부시 대통령과 허심탄회한 의견교환을 함으로써 부시 행정부하에서도 한·미 공조가 지속될 수 있는 계기를 마련할 것으로 기대된다.

한·미간의 조율이 필요한 또 다른 주요 현안은 통상분야이다. 지난 4~5년간 잠잠하던 한·미 통상마찰이 재연될 것이라는 관측이 많다. 미국 경기의 하강, 한국의 외환위기 극복, 대미무역흑자의 확대, 한국의 구조조정 방식에 대한 미국 경쟁업계의 불만 등이 대미 수출품에 대한 수입규제, 한국시장 개방 확대, 구조조정과정에서의 정부개입 축소 요구 등으로 표출될 가능성이 커지고 있는 것이다.

양국간의 교역규모가 연 700억 달러에 이르고 있음에 비추어 볼 때, 다소간의 통상마찰은 불가피하다. 다만 국지적인 갈등이 양국간 교역동반자 관계의 근본을 위협하는 전면전으로 확대되지 않도록 하는 예방조치가 있어야 되는 것이다.

우리는 외환위기 이후의 극심한 경기침체의 와중에서도 대외개방을 확대하였기 때문에, 한국시장이 폐쇄되어 있다는 교역상대국들의 부정적 인상은 현저히 개선되었다. 또한 구조조정의 핵심부문인 금융자율화와 기업지배구조 개선 및 재벌내부거래의 규제의 결과, 덤핑수출 및 소나기 수출의 소지가 줄어들고 있다.

그러나 최근 구조개혁이 둔화되고 있다는 우려가 점증하는 가운데, 특히 대외개방에 대해서 한국내의 부정적 정서가 강해지고 있음은 한·미 교역의 순조로운 발전을 위해서 매우 염려스럽다. 우리는 외환위기 극복과정에서 수출이 큰 기여를 하였음을 상기하고, 해외수출시장 관리 차원에서 국내시장도 계속 개방하여야 하며, 금번 정상회담에서 우리의 개방의지를 상대방에게 강력하게 심어줄 필요가 있다.

아울러, 미국이 철강 등 경쟁력 쇠퇴산업을 보호하는 무역제한조치를 취하지 않도록 하라는 우리의 요구 또한 분명히 전달하는 것이 바람직하다.

미·일 경기와 한국경제

우리 경제 하반기엔 회복 가능할 듯

서울경제신문 좌담, 2001. 3. 24

참석자: **이경태** 대외경제정책연구원 원장
한성택 재정경제부 경제정책국장
정태승 전국경제인연합회 전무

미국과 일본에서 촉발된 경제위기가 우리 경제에 어두운 그림자를 드리우고 있다. 미국경제의 경착륙 가능성이 높아지고, 일본경제는 언제 회복될지 모르는 장기침체의 늪에서 헤어나지 못하고 있다. 이에 따라 우리 경제의 성장이 급속히 둔화되고 물가는 오르는 이른바 '스태그플레이션'의 우려까지 제기되고 있다. 이에 본지는 정부·학계·재계의 전문가를 초청, 경제좌담회를 갖고 미·일 경기를 진단하고 한국경제의 돌파구를 모색해 봤다. 전문가들은 미국과 일본 경제의 불확실성이 커지고 있다며, 특히 일본경제는 엄청난 부실규모와 구조조정의 지연으로 회복의 탈출구가 보이지 않는다고 지적했다. 전문가들은 정부와 기업은 일본의 선진기술을 국내에 도입하고 수출점유율이 1%에 미달하는 프랑스 등 유럽시장을 적극 개척해야 한다고 주장했다. 또 최근 지표상으로 다소 회복국면에 접어든 우리 경제는 하반기에 들어서야 비로소 정상궤도에 오를 것으로 조심스럽게 내다봤다.

한성택: 지난해 4/4분기부터 국내 경기가 급속히 둔화되기 시작했는데 예상보다 속도가 빠릅니다. 다행히 올해 들어 기업들의 경기실사

지수나 소비자들의 심리지수를 보면 경기회복이 기대되지만, 최근 일본이 어려운 상황에 직면해 있는데다 미국 경제 역시 경착륙과 연착륙 기로에 놓여 있어 향후 경기전망을 어렵게 하고 있습니다. 특히 미국은 3개월 전만 해도 경착륙 의견이 소수였고 연착륙 기대가 많았지만, 최근 들어 반반 정도로 비관적 전망이 높아지고 있는 상황입니다.

이경태: 맞습니다. 미국경제가 시간이 흐를수록 당초 예상보다 안 좋아지고 있습니다. 국내총생산의 60% 이상이 소비인 만큼 소비심리가 매우 중요한데, 주가가 예상보다 떨어지니까 소비심리가 얼어붙고 있습니다. 소비가 되지 않으니까 기업의 매출이 줄고 수익성이 악화, 또다시 주가가 떨어져 결국에는 소비가 감소하는 악순환이 계속되는 거죠. 그러나 노동시장이나 기업·금융기관 등을 다른 나라와 비교해 보면 미국만큼 건실한 나라가 없는 것 같아요. 경착륙까지 갈 것인지는 의문입니다. 나스닥에 거품이 끼었던 것은 사실이지만, 미 경제의 펀더멘털이 건실하기 때문에 조정과정이 오래 가지는 않을 것입니다. 설령 올해 1% 미만 성장의 경착륙을 해도 내년에는 회복될 가능성이 있다고 봅니다.

한성택: 미국 경제가 요즘처럼 전망이 엇갈린 적이 없습니다. 이 원장님 말씀처럼 소비측면에서 경기 전망을 할 수 있지만, 이것 외에 정보기술(IT) 산업을 통해서도 전망할 수 있습니다. 그동안 IT산업이 미국의 호황을 이끌어 왔는데 현 상황을 'IT 산업이 설비투자 과잉과 인터넷 사업의 수익성 급락으로 인한 산업구조의 단기 조정과정이냐', 아니면 '지난 10년간의 중장기적 기술성장이 막바지에 와서 새로운 돌파구가 나타나지 않으면 장기불황에 들어

가느냐'에 따라 전망이 달라질 수 있다는 것입니다.

정태승: 미국이 최근 새로운 산업의 효과가 커서 주식에 거품이 생기기도 했지만, 이러한 상황을 전통산업과 조화되는 시기로도 볼 수 있습니다. 다시 말해, IT 산업이 전통산업과 연관될 경우 산업 전반적으로 높은 효율성을 갖게 됩니다. 그러면 효율이 높아지면서 안정을 찾아가는 시기가 곧 올 것입니다.

이경태: 일본 경제는 앞이 보이지 않는 것 같습니다. 어떻게 보십니까?

정태승: 일본은 제조업이 많은데, 제조업체의 후계자가 큰 문제입니다. 일본 공장 하나하나가 세계적인 기술을 가진 업체가 굉장히 많은데, 젊은 후계자들이 전과 동일한 수준으로 기업을 유지하는 것이 어려울 것입니다.

이경태: 일본 경제는 지난 1980년대와 1990년대가 대조적인 양상을 보이고 있습니다. 소니·워크맨 등 히트상품을 잇달아 내놓았던 일본이 1990년대에 들어서는 새로운 히트상품을 만들지 못했습니다. 지금까지 일본경제는 혁명적인 기술혁신을 통해서가 아니라 끊임없는 개선을 통해서 성장해 왔습니다. 야구에 비유하자면, 홈런에 의존한 것이 아니라 안타에 의존한 것입니다. 그런데 최근에는 안타를 치지 못하는데 이는 제조업이 일본경제에 기여하지 못하고 있기 때문입니다. 더 이상 창조적인 생산을 하지 못하고 있는 것입니다.

한성택: 그렇습니다. 일본도 현재 거품 붕괴에 따른 자산디플레에 헤매고 있습니다. 원장님이 말씀하신 것처럼 제조업의 돌파구가 보

이지 않는 측면도 있지만, 경제 전체적으로도 그동안 실물부분의 실력보다 상당히 과대평가된 측면이 있는 것 같습니다. 일본에는 소니 같은 훌륭한 기업도 많지만 부실기업도 많습니다. 일본은행의 부실채권이 13%나 되고 규모도 64조 엔에 달하고 있습니다. 연말까지 우리가 부실채권을 5% 정도로 낮추려고 하는 것에 비하면 이는 엄청난 규모입니다. 일본은 부실을 털어내기 위한 구조개혁이 제대로 되지 않고 있습니다.

정태승: 일본경제가 그렇게 된 것은 폐쇄성이 가장 큰 문제입니다. 제조업은 모든 것을 끌어안고 폐쇄적으로 운영하다 보니까 다른 나라보다도 효율이 훨씬 떨어지고 있습니다. 유통 쪽에서는 미국보다 3~4배나 많은 인력을 갖고 있습니다. 폐쇄성을 빨리 탈피하는 것이 매우 중요합니다. 결국 일본이 어려운 것은 미국 중심의 세계화 흐름에 대해 일본은 계속 예외를 고집했기 때문입니다. 일본은 세계무역기구(WTO) 체제에서도 알게 모르게 고립돼 있는 것 같습니다.

한성택: 일본 소비자들은 지금까지 자기들이 만든 '메이드 인 제팬'에 대한 브랜드 우월성을 고집했습니다. 따라서 일본 제품을 제외하고 우리나라나 동남아 국가의 제품은 잘 팔리지 않았습니다. 그런데 최근 경제의 불확실성이 커지면서 가격은 싸더라도 어느 정도 질이 괜찮은 제품을 선호하는 경향이 나타나고 있습니다. 이는 우리 수출에도 좋은 기회가 될 것입니다.

정태승: 일본은 제조업의 노령화로 인해 실제 사장과 회사원이 노인이어서 젊은 경영진 등이 없어 어려운 상황입니다. 이런 하이테크

제품을 중국과 동남아시아에서 유치하기는 어렵지만 우리나라는 적합합니다. 우리나라는 기술 수준이 어느 정도 갖춰져 있고 지리적으로 근접하기 때문입니다. 노동시장만 안정되면 우리가 일본의 선진기술을 유치할 수 있을 것입니다. 특히 IT산업 분야는 일본이 외국인력을 도입할 계획을 가지고 있는데, 이스라엘과 인도가 강하지만 우리가 일본과 문화적으로 비슷하고 앞서는 분야도 많아, 우리가 참여할 여지가 많습니다.

한성택: 그렇습니다. 대불공단과 진사공단 등에서 외자를 유치하려는 데 일본의 하이테크에 상당히 관심을 갖고 있다고 합니다. 우리가 일본의 선진기술을 유치하는 데 최적이지만 노사분규가 우려되는 것이 사실입니다. 이 부분만 안정되면 우리나라로 올 가능성이 많습니다. 우리 경제에 상당히 희망적입니다. 정부는 특히 부품소재 분야에서 노력하고 있습니다.

이경태: 이 부분이 한국경제의 장래 비전에서 핵심부분입니다. 일본의 내부상황으로 인해 밖으로 밀어내려는 것을 우리나라로 흡수해야 할 것입니다. 이것이 산업정책의 중요한 과제가 될 것입니다.

한성택: 원장님께서 중국을 말씀하셨는데 수출의 다변화에 대해 생각해 볼 필요가 있습니다. 우리나라의 대외 수출비중을 보면 미국이 22%, 일본이 12%로 미·일이 총 34%입니다. 그러면 나머지 66%에서 수출을 늘릴 여지는 없는지 알아볼 필요가 있죠. 유럽(EU) 시장이 14%를 차지하는데 경제규모로 볼 때 수출을 늘릴 여지가 많습니다. 특히 프랑스는 0.5%, 오스트리아는 0.3%에 불과합니다. 이런 나라에 대한 시장개척이 필요합니다. 또 중동의

오일머니를 끌어오는 노력도 필요하지요. 앞으로 유럽·중국·동남아 시장 쪽을 공략하면 다변화 전략이 성공할 것입니다.

이경태: 국내 경기로 넘어와서 언제쯤이면 우리 경기가 회복될까요.

한성택: 복합적인 요인이 있어 단적으로 말하기는 어려운 상황입니다. 국내외 여건의 추이를 2~3개월 더 지켜봐야 방향을 짐작할 수 있을 것입니다. 당초 전망보다 대외여건이 나빠지고 있는 것은 사실이지만, 제한적인 경기 조절책이나 예산 조기배정, 구조조정의 마무리로 인한 시장의 불확실성 감소, 자금시장에 대한 보완책 등으로 인해 기업금융의 활성화 효과가 나타나고 있어, 하반기에는 경기회복이 가능하지 않을까 하는 조심스러운 생각을 하고 있습니다. 물론 미국과 일본의 경기가 어느 정도 하강할 것인지가 중요한 변수로 작용할 것입니다.

정태승: 경기가 앞으로 어떻게 되는지에 대한 논의 이전에 경기에 영향을 주는 요인에 대한 분석이 선행돼야 합니다. 이와 관련해 저는 기업들의 투자마인드가 어떻게 되느냐가 매우 중요하다고 보고, 투자마인드가 높아지려면 노사관계의 안정이 중요한 과제라고 봅니다. 제조업체 현장에 가보면 전혀 노사안정이 이뤄지지 않고 있습니다. 임금으로 인한 고비용 구조에다 생산성 저하까지 나타나고 있습니다. 노사안정이 확보되면 투자마인드가 살아날 것입니다. 임금문제와 관련해서는 현재 상황에서 3.5% 인상은 흡수할 수 있지만 그 이상으로 올라가면 어려워질 것으로 보고 있습니다. 소비자 입장에서는 건강보험 등 사회적 불안이 경기악화에 일조하고 있습니다.

한성택: 지난해 이후 노사가 어려운 상황을 맞아 자제하는 모습을 보이고 있습니다. 노사문제에 있어서 기업의 투명성 확보가 가장 중요한 문제라고 생각합니다. 재무제표 등에서 강화된 기준이 지켜진다면 노사문제도 안정될 수 있다고 봅니다. 과거의 경우를 보면 경영진에 대한 불신이 노사 불안의 원인이 되었기 때문이죠. 이익을 보든 손해를 보든 경영성과가 투명하게 공개되고 분배의 룰이 제대로 성립되면 분쟁할 이유가 없다고 봅니다.

정태승: 기업들도 투명경영을 위해 열심히 노력하고 있습니다. 현실적으로 회계법인이 기업감사를 할 때 옛날과는 완전히 달라졌다는 소리가 많이 나옵니다. 투명회계로 대전환이 이뤄졌다고 할 수 있습니다.

이경태: 정부는 상시구조조정체제로의 전환을 방향으로 정했습니다. 이것이 지켜져야 시장이 제대로 기능할 수 있다는 거죠. 상시구조조정체제가 작동하기 위해서는 다양한 구속요소가 있습니다. 기업 지배구조가 제대로 정착돼 감사나 소액주주가 제대로 기능하고, 금융기관이 기업을 제대로 평가해서 부실징후가 보이면 조기 조치를 취해야 할 것입니다. 정부는 상시구조조정체제를 작동하는 데 필요한 이 모든 구속요소를 상시 점검해야 할 것입니다. 상시 구조조정 제도의 진척사항을 상시적으로 점검하는 것이 중요합니다.

한성택: 정부도 이를 진행시키고 있습니다. 동시에 기업들은 국제기준에 따라 회계의 투명성, 소액주주, 이사회와 사외이사 기능 등을 제대로 작동시키는 것이 중요합니다. 이를 잘 지키는 기업은 자

동적으로 신용등급이 올라가고 금리부담이 낮아지는 등 자연스
럽게 인센티브가 돌아올 것입니다. 경영진과 주주들이 이에 맞춰
행동하는 것이 필요합니다.

대외여건과 수출

경향신문, 2001. 5. 1

우리나라에서 수출이 갖는 국민경제적 중요성은 매우 크다. 수출은 지난해 국내총생산(GDP)의 37.7%를 차지했고, 총취업률에서 차지하는 기여율은 10.8%나 된다. 특히 외환위기 극복과정에서 수출은 지대한 공헌을 했다. 1998년 이후 우리 수출은 경상수지 흑자 확대, 외환보유액 증가, 대외신뢰도 향상에 기여했고, 국내투자 및 소비침체를 상쇄했다. 만약 수출이 아니었다면 경제성장과 고용의 악화는 사회적 혼란을 야기할 정도로 심각했을 것이다.

지난 3년간의 수출 호조는 주로 세계경제의 순조로운 성장과 원화 약세에 의해 가능했다. 특히 미국의 10년 호황과 중국의 지속적 성장은 우리의 수출상품 구성과 맞아떨어져 큰 위력을 발휘했다. 정보기술(IT) 혁신이 엔진이 되고 정보기술 투자가 연료가 된 이른바 '신경제'는 막대한 IT제품 수요를 낳았고, 국내 대기업들은 이에 부응해 대규모 IT 설비투자를 감행했다. 그 결과 IT제품 수출은 지난해 우리 상품 총수출의 28.3%를 차지하는 주종 품목으로 부상했다.

중국의 급격한 공업화와 고도성장이 필요로 하는 자본재·중간

재를 공급하는 데 우리나라는 지리적 인접성, 중간기술의 적합성, 경쟁력 있는 중화학 제품을 무기로 핵심 역할을 하고 있다. 그 결과 중국은 우리 총수출의 10.7%를 수입함으로써 미국·일본 다음가는 수출시장이 됐다. 조만간 제2의 수출시장이 될 것이 확실하며, 10년 후에는 우리의 최대 수출국으로 부상할 잠재력을 갖고 있다.

지난해 하반기부터 시작된 미국경제의 둔화는 특히 IT제품 투자 감소가 주도하고 있어 우리의 대미수출이 상당한 영향을 받고 있다. 이뿐 아니라 세계 전체생산의 25%, 수입의 19%를 차지하고 있어 일본, 동남아, 서유럽 지역에 대한 우리의 수출에도 부정적 영향을 미치고 있다.

미국경제의 경착륙 여부와 회복시기를 현재로서는 단정하기 어려우나, 한 가지 확실한 것은 일본처럼 장기불황에 빠지지는 않는다는 것이다. 미국의 경기후퇴가 주식시장의 거품 붕괴에서 비롯됐다고는 하지만 부동산값은 안정돼 있고, 금융건전성이 양호하며, 거시정책 운용이 적절하다는 점에서 일본과는 큰 차이가 있기 때문이다. 또 설령 올해 경착륙한다 해도 이는 경기회복을 앞당기는 전화위복의 측면이 있다. 주식시장과 IT투자 부문의 거품이 빠른 속도로 걷히면 소비 및 투자가 정상수준으로 회복될 수 있다.

다행인 것은 중국경제의 고성장이 지속되리라는 전망이 유력하다는 점이다. 중국 수출품은 경공업 위주로 구성돼 있기 때문에, 미국 IT투자 감소의 영향을 상대적으로 덜 받는데다 외국인직접투자와 내수진작을 통해 올해도 7% 이상의 성장이 예상된다.

우리의 경기회복을 위해 수출이 매우 중요함은 명백한 사실이지만 단기적, 임기응변적 대응의 유혹을 물리치고 구조적, 전략적으로 접근해야 한다. 환율, 수출금융, 행정독려 등의 구태는 지양하고 중동, 중남미 등의 새로운 수출기회 포착, 한·일 자유무역 추진, 외국인투자유치 등 글로벌 시대에 맞는 시책이 강구돼야 한다.

고유가 덕분에 중동 산유국들은 지난해 1,660억 달러의 오일달러를 벌어들여 사회간접자본 구축과 비석유산업 육성을 의욕적으로 추진중이다. 우리는 도로·항만 건설은 물론 전력·통신 부문에 진출하고, 중소기업 기술인력 훈련과 산업설비 수출을 확대해야 한다.

한·일 자유무역협정은 한·중·일 간의 분업체계를 우리에게 유리한 방향으로 형성, 동북아에서 우리의 우위를 확보할 수 있는 주요 전략이다. 교과서 왜곡 파문에 따른 한·일 관계의 악화에도 불구하고 실익 확보 차원에서 일본과의 자유무역협정을 진지하게 검토할 필요가 있다.

미국 '호황 거품' 빠지는 중; 내년쯤 회복될 듯

조선일보 좌담, 2001. 5. 3

참석자: 제프리 삭스 하버드대학 교수
　　　　이경태 대외경제정책연구원 원장

올 들어 세계경제가 후퇴하고 있는 가운데 아르헨티나, 터키 등 신흥시장국들의 외환위기가 터져 나오고 있다. IMF(국제통화기금)와 세계은행은 올해 세계경제성장률이 작년(4.7%)의 절반 정도에 불과할 것이라는 전망을 내놓고 있다. 우리 경제도 급속한 침체가 예상되고 있을 뿐 아니라 수출이 감소세를 나타내고 있다. 과연 올해 세계경제는 어떤 모습일까. 조선일보는 최근 미국 보스턴 현지에서 하버드대 경제학과 제프리 삭스 교수와 대외경제정책연구원 이경태 원장간의 대담을 마련했다.

이경태: 미국과 일본에 이어 유럽경제마저 둔화세를 보이고 있는데 올해 세계경제를 어떻게 전망하십니까?

제프리 삭스: 전반적으로 작년에 비해 둔화되고 있다는 점에는 이견이 없을 것입니다. 그러나 지역별로는 상당히 다른 모습을 보이고 있습니다.

이경태: 먼저 유럽은 미국을 대신해 세계경제의 기관차 역할을 하리라던 예상과는 달리 올 들어 상당히 둔화세를 보이고 있습니다.

제프리 삭스: 서유럽경제에 대해서는 대체로 낙관적입니다. 유로(Euro)가 성공적으로 정착하고 있을 뿐 아니라 유럽연합(EU)내의 경제 효율성이 전반적으로 높아지고 있습니다. 또 유럽중앙은행(ECB)이 조만간 금리를 인하하면서 성장세를 계속 유지해 나갈 수 있을 것입니다. 아울러 유고지역을 제외한 동유럽국가들도 위기를 벗어나고 있습니다. 그러나 러시아를 비롯한 구(舊)소련국가들은 당분간 어려운 상황을 벗어나지 못할 전망입니다.

이경태: 아르헨티나를 비롯해 중남미 경제도 어려움이 가중되고 있습니다.

제프리 삭스: 아르헨티나는 외채(1,500억 달러)가 국내총생산(GDP)의 50%를 넘고 있을 뿐 아니라 올 들어 만기가 돌아오는 단기외채가 300억 달러에 달해 채무불이행 가능성이 높아지고 있습니다. 다행히 최근 IMF가 140억 달러의 구제금융을 제공할 것으로 알려지면서 일단 한숨을 돌린 상황입니다. 또 브라질도 통화가치와 주식가격이 폭락하고 금리가 뛰는 등 불안한 양상을 보이고 있습니다. 반면 멕시코는 북미자유무역지대(NAFTA)에 가입 이후 5년 만에 수출이 3배 이상 늘어나는 등 매우 안정된 성장을 보이고 있습니다. 최근에도 대미수출이 강세를 보이고 있을 뿐 아니라, 다른 남미국가들의 통화가 약세를 보이고 있는 데 반해 멕시코 페소화는 오히려 강세를 보일 정도입니다. 정치도 안정되고 있어 중남미 국가 중 향후 전망이 가장 좋습니다.

이경태: 아시아로 눈을 돌려보겠습니다. 먼저 일본이 장기불황에서 계

속 벗어나지 못하고 있습니다.

제프리 삭스: 일본은 거품경기가 꺼지기 시작한 1990년대 초 엔화의 약세를 통한 수출증가로 위기를 탈출하려고 했습니다. 그러나 미국과 유럽의 정치적 압력으로 인해 엔화는 오히려 강세를 보였습니다. 이에 따라 일본은 내수(內需)를 진작키 위해 재정지출을 늘렸지만 결국 불황이 더 심화했을 뿐 아니라 장기화한 것입니다. 지금도 일본은 엔화의 약세와 함께 돈을 더 푸는 수밖에 없을 것으로 생각합니다.

이경태: 아시아의 다른 지역도 평가해 주시겠습니까?

제프리 삭스: 중국과 인도가 6~8%대의 고성장을 지속하고 있는 등 아시아는 세계에서 가장 안정적이면서도 기술화돼 있는 지역입니다. 지난 수십년 간에 걸친 경제개발이 성공한 결과입니다. 기술·과학·역동성(dynamism) 등에서 아시아가 21세기 세계경제를 주도할 것이라는 데 의심의 여지가 없습니다.

이경태: 미국경제는 어떻게 전망하십니까?

제프리 삭스: 미국은 현재 지난 10년 간 호황을 누리면서 발생한 거품이 꺼지는 과정이므로 단기적 침체는 어쩔 수 없습니다. 문제는 침체의 정도와 기간입니다. 다행히 미국은 기술, 노동, 정치적 측면에서 볼 때 가장 안정적인 경제입니다. 기록적인 경상수지 적자가 문제이기는 하지만 경기가 위축되면서 적자규모도 줄어들 것입니다. 게다가 미국은 금리 및 재정정책 면에서도 여유가 많은 편입니다. 연방준비제도이사회(FRB)가 올해 들어 네 차례에 걸쳐 금리를 인하한 것이 그 예입니다. 개인적으로 미국경제가 올 하반기 중 회복하기는 어려울 것이지만, 내년에는 상당폭 회

복이 가능하리라고 봅니다.

이경태: 미국의 경상수지 적자규모가 늘어나면서 보호무역이 강화될 것
　　이라는 시각이 있는데요?

제프리 삭스: 부시 대통령의 주변에는 보호무역옹호자보다는 자유무역
　　주의자들이 더 많습니다. 민주당에 비해 공화당은 노동조합으로
　　부터의 압력을 덜 받는다는 점에서도 보호무역 성향으로 돌아서
　　지는 않을 것으로 봅니다.

이경태: 전세계적으로 경기가 후퇴하면서 한국도 경기위축이 예상되는
　　등 여러 가지 어려움이 가중되고 있습니다. 외환위기 이후 한국의
　　구조조정 노력을 어떻게 평가하십니까?

제프리 삭스: 구조조정은 하기도 어렵지만 그 평가도 어렵습니다. 한
　　가지 분명한 것은, 제도적 환경(scheme)과 방향을 제대로 잡아야
　　한다는 점입니다. 예를 들어 시장에서 경쟁력이 있는 한 기업이
　　과다한 부채와 단기유동성의 부족으로 파산하게 된 경우, 경쟁력
　　에 대한 평가가 어려운 만큼 파산 여부를 결정하기도 어려울 수
　　밖에 없습니다. 경우에 따라서는 파산보다 부채를 출자로 전환하
　　는 것이 경제적 비용을 훨씬 더 줄일 수도 있습니다. 그러나 이
　　과정에서 정치적 동기(動機)가 개입되면 제도적 환경과 방향이
　　왜곡되기 때문에 개혁이 제대로 이뤄질 수 없습니다. 원론적이지
　　만 시장만이 개혁을 제대로 할 수 있습니다. 또 기존금융제도와
　　재벌체제로는 세계시장에서 살아남을 수 없다는 것을 강조하고
　　싶습니다. 그렇다고 해서 미국형 경제만이 최선은 아닙니다. 개방
　　화, 자유화된 환경에 맞는 한국 나름대로의 금융제도와 기업체제
　　를 만들어 가는 것이 구조조정의 과제입니다.

이경태: 앞으로의 한국경제에 대해 조언을 한다면?

제프리 삭스: 어느 사회건 새로운 과학·기술·혁신(innovations)을 받아들여야 발전해 나갈 수 있습니다. 앞서 구조조정에서는 시장의 역할을 강조했습니다만, 과학·기술·혁신은 시장에서만 가능한 것은 아닙니다. 때로는 정부의 역할이 훨씬 더 중요할 수도 있습니다. 미국에서도 국립보건원(NIH), 국립과학재단(NSF) 등에 대한 정부차원의 대대적인 지원이 계속되고 있고, 인터넷도 국방부에서 먼저 시작한 것입니다. 정부는 과학·기술·혁신을 촉진하기 위해 연구개발(R&D)에의 직·간접적 지원 및 세제혜택 등 인센티브를 제공해야 합니다. 이를 위해서는 교육 등 관련분야에 대한 장기적 전략이 반드시 필요합니다.

이경태: 한국경제의 또 하나의 복병은 북한문제입니다. 북한경제의 개방에 대한 충고를 하신다면?

제프리 삭스: 먼저 남북한간의 경제적 교류 또는 통합(economic unification)은 점진적으로 추진해야 합니다. 특히 노동시장의 통합시 북한의 임금을 낮게 가져가야 합니다. 그래야 북한이 노동집약적인 산업에서 경쟁력을 유지하면서 경제적 통합비용을 줄이는 것은 물론 통합속도를 가속화할 수 있습니다. 그 반대의 예가 독일의 경우입니다. 동독의 임금을 일시에 서독수준으로 인상함으로써 엄청난 비용을 지불했을 뿐 아니라 동독의 산업이 거의 붕괴될 수밖에 없었습니다. 다음은 농업 및 기업의 민영화인데, 독일과 구소련의 경험에서 보는 것처럼 매우 어려운 문제입니다. 게다가 북한은 현재 농업기반이 붕괴됐을 뿐 아니라 부패 및 비효율이 만연해 있다고 봐야 합니다. 1979년 이후 중국의 경험이 크게 도움이 되리라고 생각합니다.

IMF 3년 반 한국경제 진단
한국 위기불구 장기성장 가능

매일경제신문 좌담, 2001. 5. 18

> 참석자: 이경태 대외경제정책연구원 원장
> 로버트 배로 하버드대학 교수
> 김동원 매일경제 논설위원

로버트 배로(Robert J. Barro) 하버드대 교수는 김동원 매일경제 논설위원, 이경태 대외경제정책연구원장과 만나 한국경제 전반에 대한 3자 대담을 나누었다. 대외경제정책연구원·IMF 세미나에서 외환위기가 아시아 위기 경험국의 성장궤도에 어떤 충격을 미쳤는지를 검토하는 논문을 발표할 예정인 배로 교수는 위기 후 성장 비전을 찾지 못해 고심하고 있는 한국경제에 대한 견해를 밝혔다. 대담내용을 정리한다.

김동원: 경제위기를 겪은 지 3년이 지났지만 여전히 한국경제는 새로운 성장궤도를 회복하지 못하고 있다. 배로 교수 논문은 한국경제가 안고 있는 이같은 고민에 대해 해답을 줄 수 있다고 본다. 논문 요지는 무엇인가?

로버트 배로: 외환위기 후 한국을 포함한 아시아 국가들이 어떤 성장궤도를 따라갈 것이냐 하는 의문에 대한 해답을 찾기 위해서는 먼저 위기가 아시아 국가들의 성장궤도에 어떤 장기적이고 부정적

인 영향을 끼쳤는지를 찾아내는 것이 중요하다.

그러나 나는 외환위기가 아시아 국가들의 투자와 성장궤도에 특별하게 부정적인 충격을 미쳤다고 할 만한 증거가 없으며, 외환위기가 발생하지 않았을 때의 성장고도와도 큰 차이 없이 앞으로 발전할 수 있다고 본다.

한국은 1999년과 2000년에 높은 경제성장률을 기록했지만 아직 많은 경제지표에서 위기로 인한 부정적 영향이 남아 있다. 나는 한국경제가 앞으로 3~4% 정도 경제성장률을 보일 것으로 예상한다.

성장률이 둔해질 것이라고 보는 이유는, 어느 나라든 부유해질수록 경제성장률이 둔해지는 현상을 보이는 것이 일반적인 양상이기 때문이다. 일본 경제를 대표적인 예로 들 수 있다. 한국 경제성장률이 낮아지는 것은 30년 이상 장기간 고성장을 지속한 결과이지, 위기가 미친 충격 때문에 성장률이 장기적으로 낮아질 것으로 볼 만한 증거는 없다고 본다.

이경태: 배로 교수가 예측하는 경제성장률은 한국경제가 성공적인 구조조정을 이행한다는 전제에서 예상된 결과인가?

로버트 배로: 옳은 지적이다. 구조조정은 위기가 한국경제의 성장궤도에 미치는 부정적 충격을 보충해 주는 작용을 한다. 만약 구조조정을 하지 않았다면 위기가 미친 충격은 보다 장기적으로 한국경제의 잠재성장률을 낮추도록 작용할 것이다.

김동원: 위기를 겪은 국가들은 위기 후 경제성장률이 현저하게 낮아지는 것이 일반적인 양상이다. 최근 한국개발연구원(KDI)은 앞으로 10년 동안 한국경제 성장률을 5.1% 내지 4.0%로 전망했다. 이

전망치에 대한 견해는?

로버트 배로: 내 전망치보다 높지만 그렇다고 해서 KDI 전망치가 특히 낙관적이라고 보지는 않는다. 구조조정과 정책 여하에 따라서는 한국경제가 앞으로 10년 동안 평균 4~5% 성장률을 기록하는 것은 가능하다고 본다.

그러나 1999~2000년에 높은 성장률을 기록한 것은 1998년에 경제위기를 맞았기 때문에 가능한 것이었다. 장기적으로 볼 때 이같은 고성장은 일시적인 현상이다.

김동원: 한국경제는 미국경제의 고성장에 의존해 위기를 상대적으로 빨리 넘길 수 있었다. 그렇기 때문에 한국은 미국경제의 추이에 민감할 수밖에 없다. 현재 미국의 경기둔화는 단기적인 현상인가 또는 신경제의 구조조정 현상인가. 미국경제를 어떻게 전망하나.

로버트 배로: 미국경제는 1분기에 예상보다 좋은 실적을 올렸다. 하지만 그것은 단순히 1분기에 불과하다. 미국경제가 최근 몇 년 동안 호황을 누릴 수 있었던 것은 상당부분 정보기술(IT)산업의 호황으로 인한 거품현상에 힘입은 것이었다.

그 결과 인터넷 주식 등에서 거품이 빠지면서 증시는 폭락했다. 이것은 현재 미국인들이 IT산업에 대해 예전만큼 높은 가치를 매기지 않기 때문이라고 해석할 수 있다. 따라서 미국경제가 본격적으로 회복국면에 진입하기 위해서는 좀더 시간이 필요한 것으로 본다.

이경태: 연방준비제도이사회(FRB)가 펼치는 적극적인 통화정책은 경기회복을 앞당길 것인가.

로버트 배로: FRB는 현재 경기를 부양하기 위해 적극적인 통화정책을

펼치고 있다. 앨런 그린스펀 의장이 이끄는 FRB는 지난 12~13년 동안 비교적 조심스러우면서도 성공적으로 통화정책을 펼쳤다. 성장률은 높아지고 인플레이션은 억제됐다. 하지만 최근 그린스펀 의장이 통화정책을 너무 갑자기 적극적으로 전개하는 것은 당혹스런 측면이 있다. 현재 미국 금리는 이미 4%대로 떨어져 금리 인하를 통한 경기부양책에는 한계가 있다.

현재 미국경제의 성장추세는 두 가지 요인에 의해 주도되고 있다. 하나는 신경제의 영향이며, 둘째는 인플레이션이 예전에 비해 현저히 낮다는 점이다. 이 두 가지 요인이 복합된 결과로 증권시장은 과열되어 있었고 증권시장은 IT산업과 밀접한 관계를 맺고 있었다.

물가안정은 매우 중요하다. 그린스펀 의장은 생산성 증가가 물가안정에 도움이 될 것이라고 발표한 적이 있다. 하지만 나는 그런 견해에 동의할 수 없다. 앞으로는 통화정책보다 적극적인 감세 등 재정정책이 더 중요해질 것이다.

김동원: 오늘(17일) 대부분의 한국 신문 1면은 정부 재벌정책에 관한 기사로 채워져 있다. 현재 한국에서는 정부가 재벌개혁정책을 지속해야 하는지 여부를 두고 정치권·정부·재계가 논쟁을 벌이고 있다. 배로 교수는 한국 정부가 추진하는 재벌정책에 대해 어떻게 생각하나.

로버트 배로: 사실 이 분야의 전문가는 아니지만, 한국정부는 재벌정책과 관련해 지급보증과 부채비율감소에 역점을 두고 있는 것으로 알고 있다. 하지만 이런 규제가 과연 효과적인지에 대해 의문을 가지고 있다. 정부가 기업활동 자체를 규제하기보다는 오히려 기업 투명성과 주주권리 보장에 더 신경을 써야 한다고 생각한다.

김동원: 한국 정부와 은행·기업 간 특별한 관계는 고성장을 이끄는 원동력으로 작용했다. 그러나 위기를 수습하는 과정에서 이 성장 엔진은 붕괴되고 아직 새로운 대안을 찾지 못한 채 혼란이 계속되고 있다. 한국이 새로운 재계·정부 관계를 만들어 나가기 위해 무엇이 필요하다고 보는가?

로버트 배로: 무엇보다 보조금 성격을 띤 금융지원이 부활되어서는 안 될 것이다. 한국 외환위기는 정부가 대기업에 금융을 지원했기 때문에 일어났다고 볼 수 있다. 즉, 금융을 악용한 성장을 피해야 하는 것이다. 올바른 정책 도입과 더불어 교육정책에 역점을 두어야 한다.

사실 정부와 재계의 관계에서 '정석'은 없다. 나라와 상황에 따라 다르기 때문이다. 다만 정부는 기업이 자율적으로 활동할 수 있는 기본적 틀(framework)을 마련해 주는 것으로 소임이 끝나야 한다. 인위적으로는 어떤 정책이든 원만하고도 효율적인 관계를 유지할 수 없다.

김동원: 한국이 새로운 성장궤도에 진입하기 위해서는 어떠한 부분에 역점을 두어야 한다고 보는가?

로버트 배로: 무엇보다 정부가 경제활동에 개입하지 않아야 한다. 통화정책과 거시경제정책에 대한 안정성 또한 빼놓을 수 없다. 당연한 지적이지만, 사실 위기를 겪었다고 해서 세계경제 흐름이 달라진 것은 아니다. 따라서 바람직한 정책틀도 달라지지 않는다.

이경태: 위기 직전 한국과 일본은 세계경제 흐름에서 약간 벗어난 전략을 추구했다. 앞에서도 언급했듯이, 재계·정부·은행권간 관계는 밀접했다. 하지만 위기 후 이러한 전략은 비난을 받게 됐다.

한국이 성장세를 회복하기 위해서는 이러한 세계경제 흐름에 맞추어야 한다고 생각하는가?

로버트 배로: 사실 위기가 발생한 것에 대해 정부 책임이 크다는 것이 내 견해다. 정부는 시장에 지나치게 개입했다. 일본을 예로 보면, 정부는 지나치게 규제하고 시장은 폐쇄적이다. 무역량을 보더라도 더 개방할 필요가 있다. 새로운 성장궤도에 진입하기 위해 한국정부가 다시 적극적인 통화정책과 산업정책을 전개하는 것은 결코 바람직하지 않다. 가장 중요한 것은 시장 역동성과 교육을 통해 잠재성장률을 높이는 것이다.

중국경제 단상(斷想)

경향신문, 2001. 6. 15

중국경제의 눈부신 발전을 보고 온 사람들은 이구동성으로 우리 경제가 중국으로부터 빠른 속도로 추격당하고 있으며, 마침내는 압도 당하지 않을까 우려한다.

몇몇 거시지표들은 이러한 우려가 단순한 기우만은 아님을 증명한다. 중국의 2000년 GDP는 약 1조 800억 달러로서 이미 우리의 약 2.4배에 달하며, 무역규모 또한 4,743억 달러로서 우리보다 더욱 크다. 의류, 신발 등 경공업분야에서 중국은 1990년대 초에 미국시장에서 한국을 추월했다.

그러나 13억의 인구를 가진 중국과 4,800만 명의 인구만을 가진 우리나라를 경제의 절대 규모만으로 단순비교하는 것은 무리이다. 더욱 중요한 것은 국민 1인당 소득인데, 공식환율로 환산하면 중국은 787달러로서 우리의 10.9%에 불과하기 때문에, 아직은 양국간의 격차는 현저한 것이다.

1992년 수교 이후 우리나라는 중국과의 무역에서 총 249억 달러의 흑자를 기록하고 있으며, 특히 외환위기 이후에는 전체 무역흑의 33%가 대중무역에서 발생하고 있는 점을 감안하면, 중국은 아직까지는 우리에게 위협요인이라기보다는 기회를 더욱 많이 제공하고 있다고 보아야 한다.

중국의 급부상이 우리나라에 대해서 어떠한 유형의 충격과 영향을 끼칠 것인가는 중국경제가 어느 정도 사회주의 계획경제의 구각을 탈피하고 진정한 시장경제체제로 이행하는가에 달려 있다.

만약에 중국이 현재 우리의 수출주도 산업인 자동차, 조선, 철강, 정보통신산업을 인위적으로 육성하겠다는 목표하에 우리의 수출시장과 내수시장을 잠식하겠다는 의도를 갖고 있으면, 중국은 우리나라에게 상당한 위협을 가할 수 있다.

그런데 중국이 지금까지 취해 온 경제개혁추이와 WTO 가입 이후에 예상되는 개혁의 방향을 보면, 중국은 전후의 일본과 한국에 비해서 훨씬 더 개방적이고 시장중심적인 발전모형을 따를 것으로 예상된다.

중국의 주용기 총리를 비롯한 중앙정부 관리는 물론이고 지방정부의 관리들도 개방에 대해서 적극적인 사고를 가진 것으로 관찰된다. 이들은 중국의 고도성장이 기본적으로 개방을 통한 외국자본의 대량유치와 선진기술의 도입에 기인한다는 점을 분명히 인식하고 있는데, 이 점이야말로 일본, 한국과는 크게 차이가 나는 부분이다.

얼마 전에 중국 곤명시 근교의 조그마한 온천 휴양지에서 WTO 가입 관련 세미나가 있었는데, 인구 수만 명에 불과한 지방 소도시의 공무원들이 회의에 참석한 전문가들과 별도의 모임을 마련해서 WTO 가입의 영향에 대해서 몇 시간 동안 진지하게 토의하는 광경을 보았다. 우리나라의 군청공무원들이 과연 이 정도의 국제적인 시야를 가지고 있는가?

중국의 중앙정부는 물론이고 지방정부는 더욱 많은 외국자본을 유치하기 위해서 혈안이 되어 있다. 지방정부의 행정관리는 물론이고 공산당 간부들도 외국기업을 끌어들이고, 지방 주민이 공유하는 기업을 수익 위주로 경영해서 지역소득을 높이는 데에 주력하고 있다. 중국인들이 어느 정도 경쟁친화적인가를 보여주는 재미있는 실화가 있다. 북경대학에는 원래 마르크스경제학을 가르치는 경제학부가 있는데, 개방 이후에는 시장경제를 가르치기 위해서 별도로 경제연구소를 설립하였다. 두 조직은 교수와 학생선발, 교과과정, 예산 등에서 독립적, 경쟁적으로 운영되는데, 지금은 뒤에 생긴 경제연구소가 더욱 우위에 있다고 한다. 우리나라에서 과연 이런 일이 가능할까?

중국은 아직도 자동차의 고유모델이 별로 없고 다국적기업의 조립공장이 지배하고 있다. 중국에서는 지금 고유모델을 육성하기 위해서 산업정책을 구사해야 한다는 민족주의적 주장과 비교우위에 맡겨야 한다는 세계주의적 주장이 논쟁을 벌이고 있는데, 어떻게 결론이 날 것인가는 우리에게도 대단히 중요한 의미를 지닌다.

중국이 개방적, 시장중심적인 발전전략을 채택하게 되면 우리는 엄청난 규모의 중국시장에 진출할 수 있는 더욱 많은 기회를 누릴 수 있다. 그러나 이는 대단히 중요한 전제 위에서만 가능하다. 즉, 우리의 산업구조가 정보화, 지식집약화되어서 중국과의 교역이 경쟁적 관계보다는 보완적 우위를 계속 유지할 수 있어야 하는 것이다.

뛰는 중화경제 대비하라

경향신문, 2001. 7. 3

중국 경제의 눈부신 발전을 보고 온 사람들은 이구동성으로 우리 경제가 중국으로부터 빠른 속도로 추격받고 있으며 마침내는 압도당하지 않을까 우려한다. 몇몇 거시지표들은 이러한 우려가 단순한 기우만은 아님을 증명한다. 중국의 2000년 국내총생산(GDP)은 약 1조 800억 달러로 이미 우리의 2.4배에 달한다. 무역규모 또한 4,743억 달러로 우리보다도 더욱 크다. 의류·신발 등 경공업 분야에서 중국은 1990년대 초에 미국 시장에서 한국을 추월하였다.

그러나 13억의 인구를 가진 중국과 4,800만 명의 인구만을 가진 우리나라를 경제의 절대규모만으로 단순비교하는 것은 무리이다. 더욱 중요한 것은 국민 1인당 소득인데, 공식환율로 환산하면 중국은 787달러로 우리의 10.9%에 불과하기 때문에 아직 양국 간의 격차는 현저한 것이다.

1992년 수교 이후 우리나라는 중국과의 무역에서 총 249억 달러의 흑자를 기록하고 있으며, 특히 외환위기 이후에는 전체 무역흑자의 33%가 대중무역에서 발생하고 있는 점을 감안하면, 중국은 아까지는 우리에게 위협적 요인이라기보다는 기회를 더욱 많이 제공하고 있다고 보아야 한다. 만약 중국이 현재 우리의 수출 주도산업인 자동차·조선·철강·정보통신산업을 인위적으로 육성하겠다는 목표 아래 우리의 수출시장과 내수시장을 잠식하겠다는 의도를 갖고 있으면 중국은 우리나라에 상당한 위협을 가할 수 있다.

그런데 중국이 지금까지 취해온 경제개혁추이와 세계무역기구(WTO) 가입 이후에 예상되는 개혁의 방향을 보면, 중국은 전후의 일본과 한국에 비해서 훨씬 더 개방적이고 시장중심적인 발전모형을 따를 것으로 예상된다. 중국의 주룽지 총리를 비롯한 중앙정부 관리는 물론이고 지방정부의 관리들도 개방에 대해서 적극적인 사고를 가진 것으로 관찰된다. 얼마 전에 중국 쿤밍시 근교의 조그마한 온천 휴양지에서 WTO 가입관련 세미나가 있었는데, 인구 수만 명에 불과한 지방 소도시의 공무원들이 회의에 참석한 전문가들과 별도의 모임을 마련해서 WTO 가입의 영향에 대해서 몇 시간 동안 진지하게 토의하는 광경을 보았다. 우리나라의 군청 공무원들이 과연 이 정도의 국제적인 시야를 가지고 있는가?

중국의 중앙정부는 물론이고 지방정부는 더욱 많은 외국자본을 유치하기 위해서 혈안이 되어 있다.

지방정부의 행정관리는 물론이고 공산당 간부들도 외국기업을 끌어들이고, 지방주민이 공유하는 기업을 수익 위주로 경영해서 지역소득을 높이는 데에 주력하고 있다. 중국인들이 어느 정도 경쟁 친화적인가를 보여주는 재미있는 실화가 있다. 베이징대학에는 원래 마르크스 경제학을 가르치는 경제학부가 있는데, 개방이후에는 시장경제를 가르치기 위해서 별도로 경제연구소를 설립하였다. 두 조직은 교수와 학생선발, 교과과정, 예산 등에서 독립적·경쟁적으로 운영되는데, 지금은 뒤에 생긴 경제연구소가 더욱 우위에 있다고 한다. 우리나라에서 과연 이런 일이 가능할까?

중국은 아직도 자동차의 고유모델이 별로 없고 다국적기업의 조립공장이 지배하고 있다. 중국에서는 지금 고유모델을 육성하기 위해서 산업정책을 구사해야 한다는 민족주의적 주장과 비교우위에 맡겨야 한다는 세계주의적 주장이 논쟁을 벌이고 있는데, 어떻게 결론이 날 것인가는 우리에게도 대단히 중요한 의미를 지닌다. 중국이 개방적·시장 중심적인 발전전략을 채택하게 되면 우리는 엄청난 규모의 중국 시장에 진출할 수 있는 더욱 많은 기회를 누릴 수 있다. 그러나 이는 대단히 중요한 전제 위에서만 가능하다. 즉, 우리의 산업구조가 정보화·지식집약화되어서 중국과의 교역이 경쟁적 관계보다는 보완적 우위를 계속 유지할 수 있어야 하는 것이다.

한·칠레 FTA는 국익을 우선해야 한다

경향신문, 2001. 7. 20

한국의 첫번째 자유무역 협상 대상국인 칠레와의 교섭이 교착상태에 빠져 있다. 왜냐하면, 우리나라가 개방유보 품목으로 제시한 농산품의 범위가 너무 광범위하다는 이유로 칠레측이 협상의 계속에 소극적이기 때문이다.

칠레는 원칙적으로 농·공산품을 막론하고 모든 품목을 예외없이 개방하자는 입장인 반면에, 우리나라는 국내 농민들의 어려운 사정을 감안할 때 민감한 농산품은 개방할 수 없다는 입장이다.

칠레와의 FTA협상을 타결짓는 것은 우리나라의 국익을 위해서 매우 큰 의미를 갖는다. 대외경제정책연구원의 계산에 의하면, 칠레와의 자유무역이 이루어지면 우리의 대(對)칠레 제조업수출은 자동차를 중심으로 해서 6억 달러 이상 늘어나는 반면에, 제조업 순수입은 구리를 중심으로 해서 불과 1억 달러 정도 늘어날 전망이다.

이는 칠레가 아직도 GDP 중 제조업 비중이 14.7%로 낮은 반면에 광업, 농림수산업 등 1차산업은 17.3%의 높은 비중을 차지할 정도로 산업구조가 낙후되어 있기 때문이다.

칠레는 1970년대 중반부터 통신분야 민영화를 적극 추진하여 남미국가 중에서 최고의 IT선진국임을 자임하고 있으나 IT제조업이 전무해서 기기는 전적으로 수입에 의존하고 있다. 우리가 칠레와 FTA를 타결하면 우리의 유망품목인 정보기기의 대칠레 수출기회는 대폭 늘어나는 반면에, 칠레가 현재 협상을 진행중인 미국, 캐나다, EU 등과 우리보다 먼저 FTA를 체결하면, 우리의 입지는 상대적으로 매우 불리해지는 것이다.

농민들의 어려운 처지를 감안할 때 우리는 이러한 질문을 할 수 있다. 우리 총수출의 0.3%에 불과한 미미한 금액의 공산품수출을 늘리기 위해서 가뜩이나 어려운 농촌을 더욱 어렵게 만들 필요성이 있느냐고. 칠레와의 FTA는 우리나라가 앞으로 계속해서 추구해 나가야 할 일련의 FTA협상의 첫단추이기 때문에, 이에 실패하면 다음 상대국과의 협상이 어려워진다. 지금도 이미 우리나라는 일본, 중국과 더불어 어떠한 지역무역 협정에도 가입하고 있지 않은 몇 안 되는 국가에 속하는데, 일본은 금년 중에 싱가포르와 FTA를 체결할 예정이고, 중국은 아세안과의 FTA를 제안해 놓은 상태이다.

만약에 세계 주요교역국들이 모두 지역무역협정에 가입하고 우리나라만이 가입하지 않는다면, 우리의 수출은 350억 달러 줄어드는 것으로 시산된다.

농업과 공업은 대립관계에 있지 않고 잇몸과 입술처럼 보완관계에 있다. 우리의 수출이 줄어들면 농산물시장이 위축되고, 농촌 출신 자제들의 취업기회가 상실되는 것이다.

21세기 세계질서 흐름의 양대 축은 세계화와 지역주의이다. 개별국가들은 국경없는 경쟁에서 유리한 입지를 확보하기 위해서 이웃 나라, 혹은 전략적 이해관계가 일치하는 먼 나라들과 짝짓기를 늘려 나가고 있다.

우리나라는 지역경제통합의 사각지대인 동북아시아에서 일본과 중국의 긴장과 갈등관계를 중재함으로써 동북아 통합의 주역이 되어야 하는 위치에 있다. 이는 지금 성난 기세로 부상하고 있는 중국과, 언젠가는 다시 포효할 일본이라는 두 대국에 인접하여 있는 우리의 생존과 번영전략의 요체이다.

우리나라가 경제규모에 기초해서 동북아지역의 지도력을 확보하는 것은 무리이다. 일본은 이미 세계 2위의 경제대국이고, 중국도 세계 7위로서 우리보다 앞서 있다. 우리는 개방되고, 투명하고, 깨끗하며, 규범을 준수하는 고품질의 경제체제에 바탕을 둔 지도력을 배양해야 한다.

한·칠레 FTA는 이와 같은 장기적 구상에 있어서 작지만 매우 중요한 첫걸음이라는 사실을 인식하고 빠른 시일내에 타결될 수 있도록 최선을 다해야 한다.

이러한 관점에서 보면 우선 농산물 개방유보의 범위를 정함에 있어서, 칠레로부터의 수입급증이 예상되고 국내농가에 광범위한 피해를 끼칠 우려가 있는 품목에 한정시킨다는 적극적 자세가 필요하다. 만약에 수입증가가 미미한 경우까지도 포함시킨다면 이는 부분적인 이익을 위해서 국익을 희생하는 결과가 되는 것이다.

뿐만 아니라 농민들과 그 자제들이 FTA 타결 이후 약 10년 동안의 이행기간 동안에 더욱 나은 생업을 모색하는 계기를 제공하고, 그러한 노력을 지원하는 것이 진실로 농민을 위하는 정책이라고 본다.

지식수출강국 보고서
교육 · 산업정책 연계 필수

매일경제신문, 2001. 7. 31

참석자: 김광두 산업발전심의회 위원장
(사회: 서강대 교수)
베르트랑 프랑토 베인&컴퍼니 한국대표
온기운 매일경제신문사 논설위원
이경태 대외경제정책연구원 원장
배광선 산업연구원 원장
신수연 여성경제인협회장
김종갑 산업자원부 산업정책국장

변화의 기로에 서 있는 우리 산업의 새로운 경쟁력은 지식에서 찾아야 한다는 주장이 제기됐다. 또 이런 과정에서는 현재 여러 개의 정부부처가 나눠 수행하고 있는 산업정책을 효율적으로 조율하고 통합하는 것이 필요하다고 지적됐다. 이같은 주장은 「매일경제신문」과 베인&컴퍼니가 발간한 『지식수출강국 보고서』 발표와 맞춰 각계 전문가와 250여 명이 참가한 가운데 열린 산업경쟁력 대토론회에서 제기됐다.

사 회: 지난 3년 동안 산업정책이나 산업경쟁력에 대한 논의가 부족했다. 지금은 새로운 국제경쟁력의 원천을 진지하게 생각해 봐야 할 시점이다.

배광선: 최근 수출이 계속 감소하고 있는 상황에서 우리 산업의 경쟁력 향상에 대해 논의하는 것은 매우 시의적절하다. 신산업정책은 경쟁력 원천을 지식에서 찾아야 한다. 지식이 변화를 주도하고, 기업들은 이러한 변화에 조직구조나 행동을 적응시킬 수 있도록

해야 한다. 둘째, 신산업정책은 교육·훈련과 연계돼야 한다. 특히 전자상거래가 전 산업으로 확산되고 있는 점을 감안, 이 분야와 산업정책과의 연계는 꼭 필요하다. 셋째, 신산업정책은 지식의 창출과 확산에 초점이 맞춰져야 한다. 산업자원부에서 실시중인 '산업기술 지도사' 방식처럼 기업들이 실제로 활용할 수 있는 지식을 정부가 앞장서서 민간에 이전해야 한다.

신수연: 보고서가 제시한 지식수출을 위한 6대 과제가 외환위기를 겪었을 때 제시됐다면 구조조정과 병행해 더욱 좋았을 것이라는 생각이 든다. 현 정부가 추진한 4대 부문 구조개혁 가운데 노사개혁이 가장 중요하다. 외국인 투자자 중 상당수는 노사불안 때문에 한국에 투자하는 것을 꺼리고 있다. 노사개혁을 위해서는 기업경영이 투명하게 이뤄지는 것이 가장 중요하다.

이경태: 지식수출강국 보고서가 제안한 것처럼, 우리 산업구조를 저지식 산업에서 고지식 산업으로 바꾸자는 데는 동의한다. 그러나 짧은 기간내에 지식기반 산업과 비지식기반 산업을 어떻게 나눌 수 있으며, 그렇게 나눴을 때 과연 부작용이 발생하지 않을지 의문이 든다. 중화학공업은 우리 산업의 뿌리다. 일부에서는 자동차 수출 금액과 영화 한 편을 수출했을 때 얻는 돈 액수를 비교하는데, 그러한 단순비교는 해당 산업 종사자들을 실망시킬 뿐이다. 앞으로 5년 또는 10년 뒤를 놓고 볼 때, 우리 제조업은 여전히 성장가능성은 높다. 수천 개 기업 중 30대 기업집단을 대상으로 할 것이 아니라 개별기업을 대상으로 한 정책으로 바뀌어야 한다. 예를 들어 기업별로 구조조정을 잘 하는 곳은 인센티브를 주고 그렇지 못하면 불이익을 주는 방식으로 기업정책을 변경해야 한다.

온기운: 지식 창출을 위해서는 교육을 강화하고 지적재산권 보호를 잘 해서 이를 상업화해야 하고 기술투자를 늘려야 한다. 산업자원부

가 이를 제대로 다루기 위해서는 산업부총리 제도를 도입해야 한다. 국가정책을 현 재정경제부 또는 재무 중심에서 산업 중심으로 바꾸려면 부총리가 산업자원부를 맡도록 해야 한다. 만일 최고경영자가 지식기반 확대에 자신이 없다면 관련업무를 아래로 위양하든지 이에 관한 지식을 습득하도록 노력해야 한다.

김종갑: 앞으로 성장동력이 될 요소를 제시한다면 크게 인력 양성, 기술축적, 외국인투자 등 세 분야라고 생각한다. 우리나라는 지금 일부 산업은 인력과잉을 겪고 있으나 또 다른 산업은 인력부족에 허덕이고 있다. 물론 숙련기술자가 부족한 것도 큰 문제다. 산자부는 이를 해결하기 위해 고급인력 양성을 위한 다양한 대책을 수립해 추진하고 있다. 정부는 하반기에 추진할 핵심과제로 2단계 규제완화를 선정했다. 지금까지 실시한 정부규제 완화 실적을 점검하고 추가적으로 완화해야 할 정부규제 분야를 다음 달까지 정할 계획이다. 이를 위해 현재 50개 팀이 400여 사업장을 방문해 추가로 규제완화할 분야를 점검하고 있다.

사 회: 보고서는 외국인직접투자(FDI)를 유치하려면 영어를 제2공용어로 채택해야 한다고 제안했지만, 외국 기업들이 한국에 투자하는 것을 기피하는 가장 큰 이유는 노사불안과 정부규제 때문이다. 현재 중요한 정책수단은 모두 재경부와 금융감독위원회·금융감독원에서 갖고 있다. 산업자원부가 신산업정책을 적극적으로 추진하기 위해서는 이들 기관이 수행하는 정책수단이 기업 투자활동을 비롯해 인력훈련, 정보통신(IT)산업 등과 어떤 연관을 맺고 있으며 무엇이 문제인지를 먼저 분석해야 할 것이다.

베르트랑 프앙토: 정부 부처간 업무조정이나 협력이 중요하다는 지적에 동의한다. 이같은 이유 때문에 산업자원부의 기능이 절대적으로

중요함을 강조하고 싶다. 연구를 진행하면서 외국의 사례를 분석했는데, 그 결과 각국 정부에서 산업정책이 갈수록 통합되고 있다는 사실을 발견했다. 지식수출 강국이 되기 위한 핵심적인 요소들을 이들 베스트프랙티스를 통해서도 배울 수 있을 것이다. 그러나 중요한 것은 아이디어가 아니라 아이디어를 실천하는 것이다. 지금 한국에 필요한 것은 실질적인 행동이다. 영국은 외국인직접투자를 유치하기 위해 지난 25년 동안 일관되게 노력했다. 내각이 바뀌어도 영국은 책임감을 갖고 꾸준히 외국인투자유치를 위해 노력해 왔다. 한국이 지식수출 강국이 되려면 개인의 창의력을 길러주는 교육을 체계화하고, 그러한 창조성이 산업현장으로 연결되도록 해야 한다.

사 회: 토론회에 참석해 귀중한 의견 내주신 데 대해 감사드린다. 오늘 토론회 내용을 바탕으로 우리 산업이 새로운 성장을 위한 엔진을 얻을 수 있기를 바란다.

'30대 그룹 지정제' 개선돼야

경향신문, 2001. 8. 22

최근 전경련은 30대 기업 집단지정제도가 디지털 시대에는 맞지 않는 시대착오적인 규제이므로 철폐돼야 마땅하다고 주장하고 있는 반면에, 정부는 재벌개혁이 진행되는 와중인 중차대한 시점에서 재벌정책의 기본틀을 바꿀 수 없다는 상반된 견해를 표명하고 있다. 이와 관련해서 일전에 열린 여·야·정 협의회에서는 대기업집단의 지정기준을 자산 순위에서 자산 규모로 변경한다는 부분적 손질에만 합의했다. 30대 기업 집단지정제도가 시대착오적이라는 주장이 공감을 얻기 위해서는 다음 몇 가지 조건이 충족되어야 한다.

첫째, 대기업들의 의식과 관행의 변화이다. 외형 위주, 다각화 위주의 경영전략에서 탈피하고 수익성과 핵심역량을 중시하는 방향으로 바뀌어야 재벌규제가 명분을 잃게 된다. 둘째, 경영투명성과 책임성이 확보되어야 한다. 분식회계가 판을 치는 대신에, 경영상태가 유리알처럼 투명하게 공개돼서 주가에 반영되고, 부실기업은 인수·합병을 당하거나 경영진이 교체되고, 차입비용이 차별화되는 등 이른바 시장규율이 지배하게 되면, 정부의 규제는 설득력을 잃게 된다. 셋째, 국내시장의 본격적 개방이다. 외국인 기업들이 국내 대기업들과 필적하게 되면, 국내기업에 국한된 규제는 역차별의 문제를 낳고, 외국인 기업까지 규제대상에 포함시키게 되면 통상마찰의 문제를 낳게 된다.

외환위기 이후 추진된 일련의 구조개혁은 대기업의 경영행태를 크게 바꿔 놓았다. 30대 대기업 집단의 대다수가 법정관리 혹은 워크아웃의 대상이 되거나, 자산매각 등을 통한 구조조정을 강요당했으며 그들은 자의반 타의반으로 과거의 경영관행을 수정하고 있다. 새로운 제도가 뿌리를 내리고 합리적인 경영관행이 정착되면, 재벌규제는 당연히 철폐되어야 한다. 기업이 경영다각화를 추구할 것인지, 전문화의 길을 갈 것인지는 자율적인 판단에 맡겨져야 되고, 기업은 그 결과에 대해서 책임을 지면 된다. 다각화경영으로도 이윤을 창출할 수 있다면 그 기업은 시장의 판단에 의해서 정당성을 부여받는 것이며, 전문화에도 불구하고 손실이 발생하는 기업은 시장의 힘에 의해서 도태되면 되는 것이다.

그러나 우리의 현실은 정부규제를 완전히 철폐하고 시장규율에만 일임하기에는 아직도 시기상조라고 보아야 한다. 하드웨어적인 제도는 선진국 수준으로 구비되었지만, 의식과 관행은 이를 따라가지 못하고 있으며 재벌개혁은 그 동안의 상당한 성과에도 불구하고 앞으로 가야 할 길이 멀다. 이와 같은 과도기적 상황을 고려하면, 재벌규제는 장기적으로는 완전철폐를 지향하면서도 중단기적으로는 필요한 범위 내에서 존속시키되 새로운 환경변화를 반영해서 그 틀을 바꾸는 개선이 필요하다. 지금의 규제가 갖는 가장 큰 문제점은 제도의 획일성과 경직성이다. 자산 규모가 30위 이내이면 다각화 정도, 경영성과, 기업지배구조 여하를 불문하고 규제대상이 되는데 이는 시장차별화에 역행하는 것이다. 지금 30대 기업집단에는 삼성그룹처럼 수익성과 브랜드가치가 뛰어난 기업도 있고 현대자동차, 포항제철 등 전문기업도 있다. 이들을 워크아웃대상기업 또는 문어발, 낙지발을 수십 개 거느린 기업과 동일취급하는 것은 합리성과 형평성을 결여한 조치이다.

외환위기 이후에 국내 유수기업의 외국인지분은 증가일로를 걷고 있으며 이미 절반을 넘어선 기업도 많다. 이같은 소유분산은 앞으로 더욱 진행될 것이므로 30대 기업 집단지정의 취지인 경제력집중의 잣대 또한 달라지는 것이 마땅하다. 30대 기업 집단지정은 이제 졸업제도를 도입해야 한다. 자산 규모가 줄어들어서 졸업하는 것이 아니라, 경영성과가 양호하거나 전문화되어 있으면 졸업시켜 주어야 한다. 이들 기업은 이미 이 제도의 취지를 충족시켜 주고 있어 규제가 불필요할 뿐만 아니라 높은 비용을 수반하기 때문이다.

대우자동차 매각 관련, 사후관리 중요

경향일보, 2001. 9. 24

경천동지할 미국 테러로 가뜩이나 어려운 세계경제가 더욱 어려워지고 있다. 격동하는 세계경제의 변화에 대응하여, 우선의 긴급대책도 서둘러야 하겠지만, 현안이 되고 있는 기업구조조정을 더 이상 지척거리지 말고 빨리 마무리해야 할 것이다. 경제체질을 개선하지 않고서는 IMF 졸업은 명목만 졸업일 뿐, 우리 경제는 또다시 위기에 봉착할지 모르기 때문이다.

기업구조조정의 핵심은 시장에서 독자적으로 살 수 있는 기업은 살리고, 살지 못할 기업은 조기에 시장에서 퇴출시키는 선택과 집중의 원칙을 확실히 적용하는 데 있다.

대우자동차가 채권단의 출혈지원 없이 독자생존을 유지하기 어려웠기 때문에, 이번에 기업가치가 있는 부문을 매각하게 되어서 채권단과 국민의 추가부담을 덜어주게 된 것은 다행스러운 일이다.

일각에서는 조기매각 주장이 헐값매각을 부채질하였다는 비판을 하지만, 사실은 매각지연 때문에 값이 떨어진 것이다. 한보철강 때에도 경험하였듯이, 부실기업의 기업가치는 시간을 끌면 끌수록 떨어지

게 되어 있다는 점을 유의해서 앞으로는 같은 실수를 되풀이해서는
안 된다. 대우차 매각은 기다려서 대박을 터트리려고 했던 것이 아니
라, 원매자가 나오면 매각하여 손실을 최소화하기 위한 것이었음을
분명히 인식하여야 한다.

매각협상 과정에서 최대이슈가 되었던 부평공장 문제는 근본해
결은 뒤로 미룬 채 당분간 시간을 벌어보자는 방안인 것 같다. 매각
이전의 일반적인 평가에 의하면, 부평공장은 청산가치가 존속가치를
능가하였다고 한다.

그럼에도 불구하고 지역경제 문제와 실업문제를 감안해서 부평
공장을 위탁생산의 형태로 당분간 존속시키기로 한 것은 현실적 타협
이다. 희망하건대, 노사가 합심노력해서 부평공장의 존속가치가 청산
가치를 능가할 수 있도록 면모를 일신시키기 바란다.

앞으로 부평공장의 근본적인 해결책을 강구함에 있어서는 경제
논리보다는 사회·정치논리가 앞서는 것을 경계해야 한다. 부평공장
근로자의 생계, 부품·협력 업체의 앞날, 부평지역의 경제침체 등의
문제는 분명 이해가 걸린 당사자 입장에서는 앞이 캄캄한 일이다. 더
욱이 선거를 염두에 두고 표 계산에 바쁜 정치가들에게는 답답한 난
제임에 틀림없다.

그러나 기아자동차 문제를 해결하는 과정에서 사회·정치논리가
경제논리보다 앞설 때 결국은 전체 국민부담을 가중시킨다는 사실을
우리는 분명히 배웠다.

이제 시행착오는 그만해야 한다. 구조조정은 인기없는 정책이므
로 구조조정 실행 담당자는 자기 손에 피를 묻히지 않으려 하겠지만,
원칙에 철저한 구조조정만이 우리 경제를 살리는 길임을 망각해서는
안 된다.

모두에게 뜨거운 감자인 부평공장 문제를 근본적으로 해결하기

위해서는 위탁생산에 만족하지 말고 근로자, 부품업체, 지역주민, 채권단, 인천시 및 정부가 서로 한 발씩 양보하여 진정으로 모두가 살수 있는 상생방안을 찾을 수 있도록 계속 노력해야 할 것이다.

특히, 인천시와 정부는 부평공장 문제를 GM과 채권단에게만 맡겨 현상유지 형태로 어정쩡하게 끌고 가려 하지 말고 진정으로 이 지역 경제활성화를 위해 어떠한 정책적 배려가 있어야 할 것인지 깊은 고민을 해야 한다.

한편, 정부나 채권단은 GM과의 양해각서 채결 이후의 전략도 깊이 생각해야 한다. GM과의 MOU체결은 시작에 불과하며, 이후 실사를 통한 완전합의, 실질적인 인수절차 등 앞으로 넘어야 할 산이 많이 남아 있기 때문이다.

특히, 정부나 채권단은 MOU에 포함된 합의정신이 잘 지켜지도록 MOU상에 불명료한 조항 내지 독소조항이 없는지 세심하게 살펴보아야 한다. 과거 포드의 매각불발 사태나 최근 현대투신의 외자유치처럼 MOU체결 이후 본계약 과정에서 혼선이 발생해서는 안 되기 때문이다. 또한, GM인수가 우리 경제에 실질적인 기여가 될 수 있도록 국민들이 납득할 수 있는 대한(對韓) 투자전략과 실행플랜도 축구해야 한다.

또한, 차제에 하이닉스전자 등 구 현대그룹 관련 구조조정도 하루빨리 마무리하여 우리 경제의 불확실성 요인을 완전히 해소함으로써 구조조정의 시너지효과를 높여 나가야 한다. 지금은 하루속히 구조조정의 질곡에서 벗어나 격변기를 이겨나갈 수 있도록 국가경쟁력을 높이는 데, 국민적 에너지를 결집할 때이다.

2002년 세계경제를 이끌 새로운 조류

매일경제 2001년 10월 16일

9.11테러사태로 말미암아 불확실성이 높아진 세계경제는 2002년 경기회복이 초미의 관심사가 될 것이나, 세계화(Globalization), 지역주의(Regionalism), 정보화(Informatization) 등의 이슈 역시 본격적으로 논의될 전망이다.

오는 11월 카타르 도하에서 개최될 예정인 국제무역기구(WTO)의 각료회의는 테러사태의 영향을 받아 개최 여부가 불확실한 것이 사실이나, 뉴 라운드 출범에 대한 논의는 지속적으로 전개될 것이다. 1999년 12월 시애틀에서 무산된바 있는 WTO 각료회의는 최근 세계경제의 침체에 따른 주요국간 통상마찰의 심화와 지역주의의 확산이라는 새로운 도전을 맞이하여 WTO가 앞으로 신뢰성을 회복할 수 있을 것인지 가늠하는 시금석이 될 것이다. 또한 경기침체와 더불어 테러로 인한 보안비용의 상승으로 자유로운 국제무역 분위기 역시 훼손되고 있는데, 뉴 라운드를 통한 관세율 인하는 높아진 거래비용을 다시 줄이는데 큰 도움이 될 것이다. 사실 이러한 주장은 최근 미국을 중심으로 대두되고 있는데, 재정 및 조세정책과 더불어 경기부양정책으로서 주목받고 있다. 특히 뉴 라운드가 출범하게 되면 축소 지향적인 보호주의 대신 자유무역의 국제통상환경이 조성될 것으로 기대된다. 따라서 뉴 라운드의 출범에 대해 조심스럽지만 낙관적인 분위기가 조성되고 있으며, 그 동안 걸림돌로 작용한 이행문제에 대해 미국과 EU 등이 전향적인 입장을 표명할 경우 뉴 라운드의 출범 논의가 급진전될 가능성이 높다. 그러나 우루과이라운드 협상이 7년이 소요되었던 점과 최근 개도국의 제목소리 내기가 강경해졌다는 점에서 뉴 라운드 협상 역시 오랜 시일이 걸릴 것이라는 전망이 우세하다.

　　이러한 세계화 논의 중 세계화 부작용에 대한 논의 역시 본격적으로 대두되기 시작하고 있는데, 그 중 가장 주목을 받고 있는 것이 국제투기자본에 대한 과세문제이다. 국제투기자본에 대한 과세는 흔히 토빈稅(Tobin Tax)라고 불리는데, 이는 외환거래에 부과되는 세금으로 이 이론을 제창한 제임스 토빈(James Tobin)의 이름을 따서 명명되었다. 토빈은 1972년 고정환율시스템인 브렌튼우즈 체제가 붕괴되자, 이에 따른 국제금융시장의 혼란을 방지하기 위해 외환거래에 대한 과세를 주장하였었다. 최근 국제투기자본의 규제를 위해 프랑스와 독일을 비롯한 유럽을 중심으로 토빈세 문제가 제기되기 시작하였다. 反세계화를 주도하는 금융거래과세협회(ATTAC)와 같은 단체에서는 토빈세를 부과하여 투기성 자본의 이동에 따른 부작용을 제한하고 빈곤국의 발전을 지원하기 위한 재원확보 수단으로도 활용하자는 시민운동을 전개하고 있다. 그러나 현재 프랑스 및 독일 정상이 토빈세 도입을 주장하는 것은 정치적인 의도에서 출발한 것으로, 2002년 대선 및 총선을 앞두고 반세계화 운동에 편승하여 시민단체의 지지를 이끌어 내기 위한 의도가 내포되어 있다. 이에 반해 유럽중앙은행(ECB) 총재는 토빈세 도입은 득보다는 실이 많을 것이라며 반대하고 있고, 미국 역시 토빈세 주장에 대해 무반응을 보여 이를 도입하기 위한 국제적인 협조가 여의치 않은 실정이다. 이와 같이 세계화를 보다 진전시키고자 하는 움직임과 세계화로 인한 부작용을 부각시키고 이를 해결하고자 하는 움직임이 2002년 세계경제를 이끌 새로운 조류라고 할 수 있다.

그러나 세계화를 진전시키기 위한 WTO의 다자간 무역협상 움직임과는 별도로 2002년 지역주의 논의 역시 활발해질 것으로 보인다. 1990년대 후반 들어 지역주의는 국제통상환경에서 큰 흐름으로 부상하였는데, 2001년 일본마저 싱가포르와 자유무역협정(FTA)을 맺어 현재 우리 나라만이 이 흐름에 소외되어 있다. 그러나 우리 나라 역시 한-칠레 자유무역협정(FTA)에 대한 정부차원의 논의에 이어 2002년에는 미국 및 일본 등과의 FTA논의가 학계를 중심으로 진행될 것으로 보인다. 특히 미국과의 FTA논의가 활발하게 진행될 가능성이 높은데, 미국 국제무역위원회(USITC)는 상원 재무위원회의 요청에 따라 한미FTA 체결의 경제적 효과를 분석한 보고서를 지난 10월 11일 발표하였다. 동 연구에 따르면 한미FTA가 체결될 경우 양국은 국내총생산(GDP) 및 후생수준의 개선, 교역확대 등의 효과를 누릴 수 있는 것으로 나타나 양국간 FTA를 긍정적으로 평가하고 있다. 따라서 향후 미 의회와 행정부는 USITC의 연구결과를 기초로 양국간 FTA 추진 여부를 결정할 것으로 보이나, 상원內에서 통상정책을 담당하는 재무위원회 위원장이 바로 이 연구를 요청한 보커스 의원이라는 점에서 미국이 한국과의 FTA 추진에 적극적으로 나설 가능성이 높다. 우리 측면에서도 미국은 우리 나라의 가장 중요한 교역상대국이어서, 만일 미국이 미주자유무역지대(FTAA)를 형성하고 일부 동아시아 국가들과 FTA를 체결하는 경우 우리 나라에 대한 무역전환의 불이익이 매우 클 것으로 전망된다. 따라서 우리 정부 역시 한미FTA를 공격적인 통상측면 뿐만 아니라 방어적 통상관점에서도 적극적으로 추진할 유인을 가지고 있는 것으로 사료된다.

2000년 하반기부터 둔화되기 시작한 미국경제의 영향으로 신경제(New Economy)에 대한 논쟁이 최근 크게 주목을 받지 못하고 있는 실정이나, 경제구조의 정보화는 피할 수 없는 대세로 인식되어진다. 정보기술(IT)의 발전에 따른 금융비용 및 경영비용의 하락과 생산성 향상은 지속적으로 진행될 것으로 판단되나, 테러사태와 그로 인한 세계경제의 침체는 또다시 신경제논쟁을 야기할 것이다. 즉 과연 IT혁명이 경제전반의 생산성을 향상시켜 고성장-저물가 현상을 지속할 만큼 경제구조를 변화시켰는지에 대해 해묵은 논쟁이 다시 벌어질 가능성이 크다. 1990년대 후반 미국경제가 보여주었던 생산성 향상이 IT투자로 인한 구조적 변화이었는지 아니면 단순한 경기 순환적 모습이었는지에 대한 논쟁이 2000년에 이어 재기될 것이다.

또한 미국에서는 신경제와 관련하여 변화된 경제환경 속에서 새로운 통화정책에 대한 요구 역시 대두되고 있는 실정이다. 금융비용의 하락과 금융기법의 발전은 다양한 형태의 통화를 창출하고 있어 기존의 통화량 측정에 한계가 나타나고 있다는 지적이 최근 미국 연방준비제도이사회(FRB)에서 제기되고 있다. 또한 재정수지 흑자규모가 지속적으로 증가하고 있어 재무부채권시장의 존폐문제가 현안으로 대두되고 있는데, 만일 재무부채권시장이 사라진다면 금리정책이 실물부문에 영향을 미치는 하나의 경로가 사라짐을 의미한다. 따라서 FRB는 이에 대한 영향 분석과 대응방안 마련에 착수하고 있는 것으로 알려져 있다. 이러한 통화정책에 대한 새로운 조명은 미국에만 국한되어 있지 않고 2002년 세계적으로 주목을 받을 가능성이 높다. 특히 금융기법의 개선에 따른 통화정책의 변화 가능성은 각국의 통화정책당국에 새로운 도전으로 인식되어지고 있는 실정이다. 결국 이러한 도전은 통화정책당국의 장기적인 목표, 즉 급격한 인플레이션을 야기

<표 1> 지역무역협정의 현황

(2000년 7월 현재)

	발효중인 지역무역협정		협상중인 지역무역협정	
	자유무역협정	관세동맹	자유무역협정	관세동맹
갯 수	148	24	67	1

자료: WTO(2000), "Mapping of Regional Trade Agreements".

<표 2> 지역무역협정의 WTO 통보 추이

기 간	갯 수	체결된 지역무역협정의 예
1948~1960	2	EC(유럽공동체; 1957), EFTA(유럽자유무역연합; 1959)
1961~1965	1	CACM(중미공동시장; 1961)
1966~1970	3	아이슬랜드의 EFTA 가입(1970)
1971~1975	9	CARICOM(카리브해공동시장; 1974)
1976~1980	9	EC · 요르단 FTA(1977)
1981~1985	6	미 · 이스라엘 FTA(1985)
1986~1990	0	
1991~1995	32	MERCOSUR(남미공동시장; 1992), NAFTA(북미자유무역협정; 1993)
1996~2001	90	EC · 체코 FTA(1996), 불가리아 · 터키 FTA (1999), EC · 멕시코 FTA(2000)
총 계		152

주: 괄호 안은 통보연도임.

시키지 않는 지속적인 경제성장에 맞추어 정책운용이 재편될 것이다.

앞서 논의된 것처럼 2002년 세계경제는 경기회복이라는 단기적인 목표 아래 세계화, 지역주의, 정보화라는 세 가지 조류에 의해 흘

러갈 것이다. 외환위기 이후 아직 정상적인 성장궤도에 진입하지 못한 우리 경제는 변화된 세계경제환경 속에서 새로운 도전을 맞을 것이다. 이러한 도전을 슬기롭게 극복하고 우리 경제가 잠재적 성장궤도에 진입하기 위해서는 세계화 및 지역주의에 대한 중장기 전략의 수립, 국내 이해단체간의 의견조정, IT부문에 대한 과감한 연구개발(R&D) 투자, 지속적인 구조조정 노력 등이 병행되어야 할 것이다.

APEC 정상회의의 성과

조선일보 2001년 10월 23일

　10월 20일과 21일 양일간 중국상해에서 개최되었던 제9차 APEC 정상회의를 현지에서 관찰할 기회가 있었다.

　고위관리회의와 각료회의에는 APEC 경제위원회 의장자격으로서 직접 참여하였고 정상회의를 비롯한 기타회의는 간접적으로 분위기를 파악할 수 있었다.

　고위관리회의와 각료회의에서는 WTO 뉴라운드 출범과 테러근절이 논의의 중심이 되었다. 날로 침체를 더해가는 세계경기의 회복을 위해서 미국을 위시한 많은 APEC 회원국가들은 이미 금리인하, 조세감면, 재정지출확대등의 경기부양책을 실시하고 있지만, 테러불안 때문에 꽁꽁 얼어붙은 소비심리와 투자의욕을 되살리기에는 역부족인 것으로 보인다.

　설상가상으로 세계교역의 위축은 수출의존도가 높은 우리나라를 비롯한 동아시아 국가들에게 심각한 타격을 주고 있다.

　오는 11월 9일에는 중동국가인 카타르의 도하에서 제 4차 WTO 각료회의가 열리는데 여기에서도 만약에 2년전 시애틀 각료회의에서

처럼 뉴라운드 출범이 좌절된다면 이는 가뜩이나 악화된 시장불안심리를 최악으로 치닫게 하고, 보호무역으로의 회귀움직임이 현실화될 염려마져 있는 것이다.

APEC 통상장관들은 이제 뉴라운드의 출범은 세계경기를 소생시키기 위해서 반드시 성사되어야 하는 절박하고도 시급한 과제라는데에 의견을 같이 하였다.

지난 9월 11일의 테러공격과 연이은 탄저균침투, 아프간전쟁등은 인류의 평화와 안전에 대한 위협일 뿐만 아니라 세계경제에도 심각한 타격을 주고 있다. 금년도 세계경제성장은 1%를 겨우 웃돌것으로 전망될 뿐만 아니라 내년도의 회복전망도 점점 불확실해 지고 있다. 이제 테러위협으로부터의 해방없이는 어떠한 경제정책과 기술혁명도 인류의 번영을 보장해 주지 않는다는 사실이 분명해 지고 있다. APEC 경제위원회가 금년도와 내년도의 경제전망을 보고하였을 때, 많은 각료들은 테러근절과 세계경기회복간의 불가분의 관계를 강조하면서 미국이 주도하는 대테러전쟁에 협력할 것을 강조하였으며 이에 대해서 분명한 반대의사를 개진한 각료는 한명도 없었다.

상해 APEC회의에서 테러논의가 경제문제를 압도하였다는 주장은 두 문제간의 긴밀한 관련성을 헤아리지 못한 피상적인 관찰에 불과한 것이다.

APEC은 1989년 출범이후에 1993년 시애틀에서 연례정상회의가 개시되었고 1994년에는 선진국은 2010년, 개도국은 2020년까지 역내 무역 및 투자자유화를 이룩한다는 보고르선언이 있었으며, 이후 정보기술제품의 관세철폐를 성취하는 등 괄목할 진전이 있었다. 그러나 미국주도의 무역 투자자유화 추진에 대해서 일본 및 개도국들이 반발하고, 자유화보다는 경제 기술 협력을 요구하는 개도국들의 주장이 강해지면서 APEC의 유효성에 대한 회의론이 점점 짙어져왔다. 이번 상해회의에서는 이른바 상해합의를 도출해냄으로써 APEC의 제2 의 도약을 위한 발판이 마련되었다. 상해합의는 보고르선언의 이행을 위한 실효성 있는 조치, 세계화와 신경제혜택의 공유에 필수적인 인 적자원개발, 경제개혁 등에 대한 기본원칙을 천명하고 있는데, 만약에 앞으로 구체적인 실행계획이 마련되고 실천에 옮겨진다면 APEC은 일반국민들에게 더욱 가까이 다가서는 기구가 될 것이다.

APEC의 가장 큰 특징은 21개국 정상들이 매년 함께 회동한다는 점이다. 이는 APEC의 위상강화와 역동성유지에 결정적인 기여를 하 고 있다. 각국 정상들은 이 기회를 십분 활용해서 여타 정상들과의 인 간적인 교분관계설정, 양자간 주요관심사항의 협의는 물론이고 자국 의 대외신뢰도향상을 위한 치열한 외교활동을 전개하고 있다. 금번 회의에서 부시대통령은 반테러공동선언의 성과를 거두었고 푸틴대통 령은 유머감각과 더불어 정치안정 및 시장경제에 대한 신념을 과시함 으로써 특히 기업인들에게 강한 인상을 남겼다. 김대중대통령도 미국, 일본, 중국, 러시아 등과의 4강 외교를 통해서, 월드컵 때의 테러정보 교환, 남북대화지지, 꽁치대체어장확보진전, 북한의 국제사회참여지원 등의 구체적인 성과를 거두었다.

우리나라는 2005년에 APEC정상회의를 개최하도록 되어있다. 지 금부터 준비에 만전을 기해서 APEC의 공동번영에 기여해야 할 것이 다.

李景台

서울대학교 상과대학 경제학과 졸업(1970)
미국 George Washington University 경제학 박사(1983)
산업연구원 부원장(1995~1998)
대외경제정책연구원 원장(現)
APEC 경제위원회(EC) 의장(現)
APEC 교육재단 이사장(現)
세계은행 국제연구연합 이사(現)

著書 및 論文

『금융위기와 동아시아 발전모형』(2001)
『産業强國에의 길』(1998)
『産業政策의 理論과 實現』(1996)
『우리나라 成長潛在力과 國際競爭力 增大方案』(共著, 1994)
Is APEC Moving Towards the Bogor Goal? (2001) 외 다수

한국경제의 세계화전략
— 열린 사고와 부단한 개혁만이 발전을 약속한다 —

초판 인쇄 / 2001년 11월 15일
초판 발행 / 2001년 11월 20일

저 자 / 이경태
펴낸이 / 박기봉
펴낸곳 / 比峰出版社
주 소 / 서울 마포구 서교동 480-10 미리내빌딩 3층
대표전화 / 3142-6551~5 팩시밀리 / 3142-6556
E-mail / beebooks@hitel.net
　　　　　 bbongbooks@hanmail.net
http:// www.beebong.co.kr
등록번호 / 2-301(1980. 5. 23)
ISBN / 89-376-0285-7 93320

값 / 13,000원